AF325725

DICTIONNAIRE

FRANÇAIS-WOLOF

ET

FRANÇAIS-BAMBARA,

SUIVI

DU DICTIONNAIRE WOLOF-FRANÇAIS:

PAR M. J. DARD,

BACHELIER ÈS SCIENCES,

ANCIEN ÉLÈVE DU MUSÉE D'HISTOIRE NATURELLE DE PARIS, ANCIEN INSTITUTEUR DE L'ÉCOLE DU SÉNÉGAL, EX-PROFESSEUR DE MATHÉMATIQUES ET DE NAVIGATION, MAÎTRE DE PENSION À BLIGNY-SOUS-BEAUNE (CÔTE-D'OR).

Allez, portez aux Africains les arts et les bienfaits : semez au milieu d'eux la parole de paix et la morale évangélique.

(Adieu de l'abbé Gauthier à l'auteur partant pour le Sénégal.)

IMPRIMÉ PAR AUTORISATION DU ROI
A L'IMPRIMERIE ROYALE.

—

M. D. CCC. XXV.

Se trouve à Paris chez LOUVARD, libraire, rue du Bac, n.º 76, et chez l'Auteur, à Bligny-sous-Beaune, département de la Côte-d'Or ;

Et à la librairie orientale de DONDEY-DUPRÉ, père et fils, imprimeurs-libraires de la Société asiatique, rue Richelieu, n.º 67, vis-à-vis la Bibliothèque du Roi, et rue Saint-Louis, n.º 46, au Marais.

HOMMAGE DE RECONNAISSANCE

A LA SOCIÉTÉ ÉTABLIE A PARIS

POUR LA PROPAGATION DE L'INSTRUCTION ÉLÉMENTAIRE

ET

A LA MÉMOIRE

DU RESPECTABLE ABBÉ GAUTHIER,

L'UN DE SES PRÉSIDENS,

AUTEUR D'UN GRAND NOMBRE D'OUVRAGES ÉLÉMENTAIRES

QUI ONT PUISSAMMENT CONTRIBUÉ

A L'AMÉLIORATION DES MÉTHODES D'ENSEIGNEMENT.

J. DARD.

AVANT-PROPOS.

LE langage des nègres Wolofs n'est pas une langue
écrite. Soit qu'on ait ignoré ses règles, soit qu'on ait douté
de leur existence, on ne les a, jusqu'à présent, exposées
dans aucun ouvrage ; à peine les voyageurs en ont-ils ras-
semblé quelques mots. Cependant cet idiome est parlé dans
presque toute la Sénégambie, et au-delà de la rive droite
du Sénégal : une foule de tribus le pratiquent ou l'enten-
dent ; après l'arabe (1), c'est celui à l'aide duquel on est le
plus sûr de se faire comprendre des rives de l'Atlantique aux
bords du Niger (2). C'est dire assez combien il serait utile,
dans l'intérêt des découvertes et des relations commerciales,
de le connaître et de l'approfondir. Mais comment peut-on
se flatter de découvrir les lois d'une langue qui ne s'écrit
point ! Ne semble-t-il pas même impossible d'y parvenir,
quand on réfléchit que, chez ces peuples, les langues parlées
éprouvent des variations sans nombre, qui ne leur per-
mettent pas de se fixer ! Il faut avouer que les modifications qu'elles subissent doivent échapper à l'analyse gram-
maticale, et ce serait par conséquent une vaine entreprise

---

(1) C'est en arabe que les gens du pays stipulent avec les Européens dans
leurs traités de commerce. (Voyez *Voyage de Durand au Sénégal*, atlas, *p. 3.*)

(2) Cependant, selon le rapport fait par M. William Singleton, le
mandingue est plus répandu que le wolof. (*Voyez* plus bas.)

que de chercher les règles du wolof (1), si les hommes qui
en font usage étaient toujours restés dépourvus d'instruction. Mais il n'en est pas ainsi. Quoiqu'il soit difficile
d'expliquer pourquoi ils n'écrivent pas leur langue, et comment il se fait qu'à défaut de caractères indigènes, ils ne se
servent pas au moins des signes de l'alphabet arabe (puisque
l'écriture et la loi musulmanes ont pénétré chez eux depuis
tant de siècles), il n'en est pas moins vrai que ce dialecte est
régulier, uniforme, assujetti à des principes fixes : au milieu
de ses imperfections, on découvre des avantages qui n'ap-
partiennent point aux autres langues ; enfin il a des caractères propres, et d'autres qui lui sont communs avec
les langues de l'Afrique orientale, même de l'Europe. Sous
ces divers rapports, il paraît digne de fixer l'attention de

(1) Nous écrivons ce mot ainsi, non-seulement d'après l'orthographe
adoptée par l'auteur du dictionnaire, mais encore d'après M. Prosper Rouzée,
orientaliste, qui est mort sur les rives du Sénégal à la fleur de l'âge, et
qui promettait un voyageur distingué. M. Prosper Rouzée s'était occupé aussi
d'un dictionnaire wolof ; mais il ne se proposait de le publier que dans
le cas où il pourrait encore être utile après celui de M. Dard. On regrette
que les papiers de cet intéressant voyageur aient été égarés après sa mort : il
n'est parvenu de lui, à Paris, que l'itinéraire de Haggi Boubekr, de Sénopalel
à la Mecque. (Voyez les *Annales des voyages*, par MM. Eyriès et Malte Brun.)

Les Anglais écrivent *wa-loof* et *jaloof* ; MM. Golberry, Durand et Mollien,
iolof et *yolof* ; M. Silvestre de Sacy, *jolof*. Adanson, qui paraît avoir fait une
étude suivie de la langue, écrit *olof* et *oualof* (voyez son *Voyage au Sénégal*, in-4.º,
Paris, 1757, pag. 23, et la carte du Voyage). D'ailleurs, ce nom a sans doute de
l'analogie avec celui du royaume de Oualo, qui faisait autrefois partie de
l'empire du Bourba-Ouolof. Ajoutons que, suivant M. William Singleton,
c'est le pays qui est appelé *Jaloof* ou *Jol-uf* ; mais l'habitant et le langage,
wolof. Ce n'est, dit-il, que dans le *Jaloof* et à Cayor que le *wolof* se parle
purement. Cette distinction établit nettement l'orthographe et l'application
des deux noms. *Noir* se dit *jolof* dans la langue wolofe.

ceux qui s'occupent de comparer tous les idiomes connus et de les étudier sous un point de vue philosophique. Sans une circonstance heureuse qui s'est présentée, il y a plusieurs années, et qui a mis un grand nombre de jeunes Wolofs dans la nécessité d'écrire leur langue, il est probable qu'on serait resté encore long-temps dans l'ignorance de la nature de cet idiome. Cette circonstance mérite d'être exposée avec quelque détail, parce qu'elle explique à-la-fois l'origine et l'occasion du travail qui est sous les yeux du lecteur, et les moyens tout nouveaux qu'elle a fournis pour l'exécuter. En 1816, le gouvernement du Roi reconnut l'avantage qu'il y aurait de fonder au Sénégal des écoles pour les noirs et les hommes de couleur. Sur la demande de Son Exc. le Ministre de la marine, M. le Préfet du département de la Seine désigna un sujet pris parmi les élèves instruits à l'école normale élémentaire (1). M. Dard fut choisi pour cette mission ; et les sœurs de Saint-Joseph reçurent les mêmes instructions pour diriger au Sénégal des écoles de filles. Les progrès des enfans furent rapides : en deux ans, plus de quatre-vingts jeunes noirs ou mulâtres profitèrent si bien des leçons de l'école, qu'ils furent capables d'écrire le wolof en caractères français. Leur maître composa avec eux un double vocabulaire ; à force de travail et de rapprochemens heureux, il découvrit les règles de leur langage. Des échantillons de leurs ouvrages furent adressés à la société établie à Paris pour la propagation de l'instruction primaire ; elle les fit examiner, et

(1) Cette école, qu'il a fondée en 1816, a pour objet l'art d'enseigner les méthodes perfectionnées d'instruction primaire.

il fut constaté que les jeunes Africains avaient parfaitement vaincu les difficultés des leçons élémentaires ; qu'ils écrivaient et calculaient correctement , et qu'ils exprimaient leurs idées aussi bien que les enfans européens de Saint-Louis , formés aux mêmes leçons. On comprit qu'à l'aide de ces intéressans auxiliaires , le professeur avait pu faire de grands progrès dans la langue wolofe , progrès qu'on ne pouvait peut-être espérer par aucun autre moyen. Le Dictionnaire et la Grammaire wolofs de M. Dard furent adressés peu de temps après à Paris , et il fut aisé de reconnaître tout l'avantage dont ce travail serait par la suite pour la propagation des écoles dans l'intérieur ; d'autant que les princes de contrées très-éloignées envoyaient déjà leurs enfans à Saint-Louis pour y être enseignés dans l'école française (1). La publication de ces ouvrages était desirée dans le pays , et les rapports adressés par le gouverneur du Sénégal au Ministre de la marine exprimaient le même vœu. Enfin , la société désignée plus haut sollicita de son côté la publication des tableaux en langue wolofe , composés pour l'usage des écoles du Sénégal. En conséquence , à la fin de 1821 , et sur la proposition du Ministre de la marine , le Roi ordonna l'impression , à l'imprimerie royale , des ouvrages composés par M. Dard. Telle est l'occasion qui a fait entreprendre ce travail , et tels sont les moyens qui ont servi à l'exécuter. Sans doute il renferme beaucoup d'imperfections ; mais le lecteur sera disposé à l'indulgence, en considérant les difficultés de l'ouvrage, ainsi que l'utilité dont il pourra être dès-à-présent, soit pour l'a-

(1) Voyez le Journal d'éducation publié par la société.

mélioration de la colonie, soit pour la civilisation des pays
de l'intérieur, soit encore pour les progrès des sciences
géographiques. Quel avantage ne sera-ce pas pour les voyageurs qui explorent en ce moment la Sénégambie, et qui,
sur les traces de Mungo-Park, cherchent à pénétrer jusqu'aux rives du Niger ou même d'en découvrir l'issue, que
de posséder une des langues les plus répandues dans l'intérieur, sur-tout si la connaissance de l'arabe leur est en
même temps familière (1)! Cette acquisition ne sera pas
d'un moindre profit pour l'avancement des découvertes que
pour le bien de l'humanité et le succès de nos établisse-
mens : combien ne leur a pas nui en effet la nécessité du
secours des interprètes, la plupart ignorans ou trompeurs!

Un autre motif plaidera en faveur de l'ouvrage, et fera
excuser les fautes inévitables où l'auteur a pu tomber; c'est
qu'il n'a eu aucun secours en entrant dans cette carrière.
Tout ce qui a été écrit par ses devanciers, se réduit à peu
de chose; personne n'a essayé d'approfondir (du moins dans
un ouvrage connu) la nature du wolof, et la liste des mots
qu'ils ont recueillis est extrêmement bornée (2). Adanson,
qui s'était livré à cette étude, comme on le voit dans son
Voyage, a laissé, dit-on, un grand vocabulaire : il est resté
manuscrit. En 1802, M. Golberry a fait paraître les *Fragmens*

(1) M. de B****, qui va se rendre dans le Sénégal pour un voyage de
découvertes dans l'intérieur de l'Afrique, a emporté, d'après le desir de
Son Exc. le Ministre de la marine, un exemplaire du dictionnaire de M. Dard.

(2) M. Mollien a publié, dans le second volume de son Voyage, environ
cent cinquante mots wolofs.

A l'époque où M. Silvestre de Sacy publiait la traduction des traités de
commerce conclus entre la France et les princes maures, et rédigés en

d'un voyage en Afrique (1), où l'on trouve, avec les noms de nombre, environ cent vingt autres mots wolofs et quelques phrases. A-peu-près à la même époque, a été publié le Voyage au Sénégal, de M. Durand; on n'y voit que les nombres wolofs, et encore ils diffèrent de ceux que renferme la liste de M. Golberry, par exemple : *gnare*, 2; *gnerome*, 5; *gnare foucq*, 20; *gnete foucq*, 30, et *gunée*, 1000; au lieu de *yar*, *gurum*, *nitt*, *fanever* et *gunn*. Or, on trouvera dans le *Dictionnaire wolof* de M. Dard, pour ces mêmes nombres, *niare*, *dhiouroum*, *nitte* ou *niare-fouk*, *fanever* ou *niatte-fouk* et *dhiouney* (2). Enfin, selon Mungo-Park, qui n'a recueilli de la langue wolofe que les dix premiers nombres, deux se dit *yar*, et cinq, *jeudom* (3). La différence de prononciation et d'orthographe explique jusqu'à un certain point ces variations choquantes; mais dans les différens vocabulaires publiés jusqu'à présent, on en trouve d'autres qui sont beaucoup plus considérables; en voici un échantillon :

arabe, on ignorait quels mots wolofs expriment ceux de *vin*, *miroir*, *couteau*. C'est avec raison que ce savant orientaliste conjecturait que *baha* بَال, *sit* سِيت, étaient des mots wolofs introduits dans le texte arabe; en effet, on trouve dans le Dictionnaire wolof, pour miroir, *sétun*, et pour couteau, *pâkâ*, les Arabes étant obligés de substituer un *b* au *p*. A l'égard de *idjin*, كِين, il paraît qu'il y a eu erreur de transcription, puisque, dans le dictionnaire, *viu* est rendu par *bigne*, qu'on peut écrire كِين

(1) Tome II, page 135 et suivantes.

(2) M. Mollien donne pour ces mêmes nombres les mots *niare*, *guronne*, *niare fouque*, *niéti-fouque*, *guné*.

(3) 1.er *Voyage de Mungo Park dans l'intérieur de l'Afrique*. Traduction française, pag. 25, tom. II.

	D'APRÈS M. GOLBERRY.	D'APRÈS M. MOLLIEN.	D'APRÈS LE VOCABULAIRE ANGLAIS.	D'APRÈS LE VOCABULAIRE DE M. DARD.
Coude.	//	//	Nyaï.	Ome.
Dents.	Guené.	Guené.	Boen.	Boigne.
Enfant.	//	//	Do-um.	Ĭaléle.
Garçon.	//	Gour.	Hòlef.	Ĭaléle, gour.
Mamelles.	Leck.	Venne.	//	Ainate.
Esprit.	Khuell.	//	Fe-it.	Njel, sago.
Autruche.	Gaulhinn.	Baha.	//	Bâ, Bandíoli.
Canard.	Cankuet.	Cranquel.	//	Jankĵele.
Chèvre.	Phas.	Beï.	Bae.	Sikette mou diguéne.
Chat.	Géunapé.	Mousse.	//	Mousse, Voundou.
Éléphant.	Guié.	Nieï.	Nae.	Gnéye.
Rat.	//	Guenao..	Genà.	Kagnesoli.
Lion.	//	//	Giande.	Dâaba.
Oiseau.	//	Pitch.	Gunèar (1).	Mpithie.
Tigre.	Schaglé.	//	Tenew.	Saigue.
Cire.	//	//	Sear.	Tiampore.
Palmier.	Teer.	//	//	Garap, sorsor.
Riz.	//	//	Ma-lo.	Thiébe.
Arc-en-ciel.	//	//	Haun.	Ĭone.
Lune.	Burhum safara lionn.	//	Waer.	Vère.
Vent.	//	Guelao.	Galole.	Nguéloo.

(1) Guänàre signifie *poule*.

	D'APRÈS M. GOLBERRY.	D'APRÈS M. MOLLIEN.	D'APRÈS LE VOCABULAIRE ANGLAIS.	D'APRÈS LE VOCABULAIRE DE M. DARD.
Mer.	"	Guéie.	Ga-ij.	Guéthie.
Pierre.	"	Doi.	Haer.	Dothie.
Sœur.	"	Rakdiguen.	Mag.	Dhiguéne.
Aveugle.	Bomena.	"	"	Goumba.
Blanc.	Toulhabé.	Toubabé. (1)	"	Véje.
Méchant.	Bahout.	Bakoul.	Bahool.	Sojor.
Filet.	"	"	Umbal.	Ntiaje.
Près.	"	"	Sorchoul.	Dhiégué.
Eux.	"	Nium.	Neà.	Gnome.
Mien.	"	"	Makomoum.	Sama.
Asseoir (s').	Dongoham.	Diequil (2).	"	Diéki.
Danser.	Fack.	Fequel.	"	Faithiä.
Ignorer.	"	"	Kainn.	Jamadi.
Pleurer.	"	Dioï.	Geoie.	Dioée.
Premier.	"	"	Jukà.	Bennel, diäke.
Maître.	Bur.	"	Borem.	Sangue.
Ligne.	"	"	Leen (3).	Boume.

Cette liste pourrait être prolongée beaucoup plus.

(1) Ce mot s'entend des peuples de couleur blanche, par opposition avec les noirs.

(2) Seconde personne de l'impératif de diéki.

(3) Il est possible que le mot anglais *line* ait été transcrit par distraction sous la forme *leen*, qui a la même prononciation : il y en a d'autres dans le même cas.

Si l'on différait autant sur la nomenclature la plus usuelle, pouvait-on se flatter de posséder une connaissance quelconque de la langue proprement dite! Aussi, quelques imperfections qu'on découvre dans l'ouvrage qui est sous les yeux du lecteur, il se recommandera néanmoins par son utilité comme par la source des matériaux que l'auteur a mis en œuvre, matériaux qui sont neufs et aussi complets qu'on peut le souhaiter pour l'étude d'une langue jusqu'ici inconnue. Le seul ouvrage où l'on ait présenté quelques notions sur la langue wolofe, est un fragment intitulé *Ta-re wa-loof, &c.* (1). Il est composé de leçons formées de monosyllabes et de polysyllabes, de petites phrases pour la lecture, d'un vocabulaire d'environ trois cents mots, et d'une courte définition des diverses classes de mots wolofs. Le but dans lequel cet opuscule a été rédigé était d'apprendre aux jeunes Africains à lire et écrire le wolof; il est l'ouvrage d'une dame anglaise de la société des amis, Hannah Kilham de Sheffield, dame pleine de zèle pour la civilisation et l'instruction des noirs, qui est parvenue à se procurer ces notions par un travail pénible, avec une patience qu'on ne saurait trop admirer et que pouvait seul inspirer un ardent amour de l'humanité. En mars 1820, Hannah Kilham se chargea d'instruire deux noirs intelligens, arrivés depuis peu en Angleterre, *Sandanee*, de Gorée, et *Mahmadee*, né sur les rives de la Gambie. Après trois mois d'étude de la langue anglaise, ces jeunes gens furent en état de traduire des phrases du wolof en anglais; pendant le même temps, leur institutrice acquit les premières notions du wolof. Son travail fut ap-

---

(1) *Ta-re wa-loof, ta-re boo ju-ka, first lessons in-jaloof.* Tottenham, 1820. 24 p.

prouvé par un habitant de Londres, qui avait appris en Afrique le wolof, et aussi par un homme de couleur né au Sénégal, également habile dans les langues foule, wolofe, arabe, française et anglaise (1). Quelque temps après, M. William Singleton, qui s'était aussi occupé de l'instruction des deux jeunes Africains, offrit ses services au comité établi pour la propagation de l'instruction en Afrique, et il fit voile pour la Gambie et Sierra-Leone avec des instructions; à son retour, en 1821, il confirma les idées du comité sur l'aptitude des Africains pour l'instruction élémentaire, et il en fournit bientôt une nouvelle preuve en adressant la traduction de deux passages de l'écriture, faite par Sandanee et Mahmadee. Ils s'occupaient déjà, avec quelque succès, des élémens de la grammaire, de la géographie, de l'agriculture et des arts mécaniques (2). Le lecteur excusera cette digression, qui avait pour objet de montrer qu'on était animé à Paris et à Londres des mêmes vues et de la même sollicitude pour la connaissance des langues de l'Afrique et l'amélioration du sort des indigènes. Au reste, le comité qui a fait imprimer l'opuscule désigné plus haut, a exprimé, dans l'avis qui est en tête, le regret de ne pouvoir s'aider du travail de M. Dard sur la grammaire et le dictionnaire wolofs, qu'il savait avoir été communiqués à la société d'éducation de Paris et qui n'avaient pu encore être livrés à l'impression.

(1) Ces mots s'appliquent à M. Adrien Partarrieu, qui a accompagné le major Gray dans son expédition, et qui a passé à Paris en 1822, retournant en Sénégambie.

(2) *Report of he committee managing a fund raised by some friends, for the purpose of promoting african instruction.* London, 1822.

Il n'est peut-être pas hors de propos de comparer ici rapidement plusieurs des idiomes de l'Afrique septentrionale avec le wolof. Déjà l'on a remarqué qu'à la différence des langues de l'Asie et de l'Europe, et même de l'Amérique, le continent africain possède une multitude de langues qui ont très-peu de rapports ensemble. Les cinq vocabulaires assez étendus recueillis par Burckhardt, et publiés récemment par la société pour les découvertes dans l'intérieur de l'Afrique, sont venus confirmer cette remarque. Entre les dialectes kensi, nouba, bycharyeh, borgou et bornou, que l'on doit à ce savant voyageur, on trouve rarement de l'analogie, si l'on excepte les mots empruntés à l'arabe par les nations qui parlent ces diverses langues. Le même fait est aujourd'hui prouvé pour les idiomes usités dans l'ouest, quoique dans un espace peu étendu, tels que le wolof, le mandingue, le bambara, le foule et le serrère. Selon quelques auteurs, on parle plus de trente langues différentes entre le Sénégal et la côte orientale de l'Afrique (1), sans compter l'arabe, qui s'entend par-tout. Le shelluh ou chillah, que M. Marsden a regardé comme un reste de l'ancien punique (2), a cependant beaucoup de rapport avec la langue de Syouah, et, d'après le vocabulaire de feu Venture, plusieurs mots de ces deux langues s'identifient aussi avec le berber (3). Enfin nous avons remarqué que les mots de la langue de Syouah, connus par Hornemann et M. G. Jackson,

(1) Selon M. Bowdich, on parle six langues différentes chez les Fantees et leurs voisins, dans un espace qui n'a que trois cents milles.

(2) Cette conjecture n'est malheureusement appuyée que sur des aperçus.

(3) M. G. Jackson est d'un sentiment opposé.

sont communs au pays de Sockna ; cette langue se parle
aussi dans l'oasis d'Audjelah, mais elle ne présente rien de
commun avec les dialectes du Niger et des affluens du Sénégal ; les analogies sont infiniment ~~bien~~ plus rares qu'elles
ne paraîtraient devoir l'être entre les langues de peuplades
si voisines, et cette sorte de phénomène dans l'histoire des
langues reste tout entier à expliquer.

Il serait trop long de faire une comparaison suivie de
tous ces idiomes ; nous ferons seulement, dans quinze de
ces langues, le rapprochement de vingt-cinq mots fonda-
mentaux, compris les noms de nombre, et il sera aisé d'en
tirer la conséquence. A l'exception des mots *benne* et *nianette*,
qui signifient, en wolof, 1 et 4, et qui s'expriment, l'un par
bani, chez les Serawalis (1) ; l'autre, par *nia*, *anan* et *ennung*,
chez les Foules, les Fantees et les Aschanties respectivement,
on ne trouve aucune analogie entre les noms de nombre
des Wolofs et ceux des autres nations de l'Afrique septentrionale et centrale.

N. B. Nous laissons, dans le tableau ci-joint, l'orthographe des noms
telle qu'elle a été donnée par les voyageurs.

On y a distingué les différentes langues en trois régions par ces mots,
Ouest, *Centre*, *Est*. Quoique incomplète et peu rigoureuse, cette divi-
sion ne sera pas inutile pour le but qu'on s'est proposé en donnant la
liste annexée ici, extraite d'un tableau comparatif de vingt-cinq langues
de l'Afrique septentrionale et de l'Afrique centrale, et renfermant six
à sept cents mots.

Si le wolof présente tant de différences avec les autres

______

(1) Ou Serawouillis. C'est ainsi que Mungo-Park écrit ce nom de
peuple. M. Dard pense qu'il faut écrire *Sarajoulés* ; c'est le même que les
Serracolets des voyageurs.

[illegible]	[illegible]	[illegible]	[illegible]
[illegible]	[illegible]	[illegible]	[illegible]
[illegible]	[illegible]	[illegible]	[illegible]
[illegible]	[illegible]	[illegible]	[illegible]
[illegible]	[illegible]	[illegible]	[illegible]
[illegible]	[illegible]	[illegible]	[illegible]
[illegible]	[illegible]	[illegible]	[illegible]
[illegible]	[illegible]	[illegible]	[illegible]
[illegible]	[illegible]	[illegible]	[illegible]
[illegible]	[illegible]	[illegible]	[illegible]
[illegible]	[illegible]	[illegible]	[illegible]
[illegible]	[illegible]	[illegible]	[illegible]
[illegible]	[illegible]	[illegible]	[illegible]
[illegible]	[illegible]	[illegible]	[illegible]
[illegible]	[illegible]	[illegible]	[illegible]
[illegible]	[illegible]	[illegible]	[illegible]

EXTRAIT d'un Tableau comparatif de plusieurs Langues de l'Afrique septentrionale et de l'Afrique centrale.

	OUEST.						CENTRE.			EST.					
	[illegible]	MANDINGUE.	FOULE.	BAMBARA.	TOMBOCTOU.	ACHANTÉE.	FOUDNOU.	BAGUIRMA (Soudan).	SAKKATOU (Fellata).	FIGUEH.	RESBEH.	TIBBO.	BORNOU (w. Oby).	NOUBA.	RICHARDIN.
Bouche.	Guenigue.	·	Oud'abe.	Da.	Feta.	Wanmoem.	Dy.	·	Kendekb'on.	·	·	Ichet.	Kaua.	Akka.	Oyaf.
Eau.	Nikidbe.	Gbe.	·	Olig.	Sird.	Izzbba.	Angy.	Lou.	Chbim.	Aoun.	Aowir.	Aci.	Ach-Ily.	Amragn.	Ayan.
Cuisse.	Bebew.	Lobe.	·	Dolg.	·	·	Snilloga.	·	Gaebe.	·	·	·	Mazier.	Windiaga.	·
Feu.	Salam.	Dkomba.	Dkougel.	Tamua.	Oli.	Ogble.	Kiuno.	Guet.	Kira.	·	Haole.	Aani.	Waieyk.	Ieka.	Tonzyn.
Lune.	Vira.	·	·	Kala.	Illna.	Sutrizyan.	Koudal.	·	Lolghroa.	·	Taize.	Aowir.	Ayk.	Izoligla.	Oudlin.
Main.	Lokbo.	·	Dionge.	Ilseba.	Alkbud.	Menm.	Moundoa.	·	Juinga.	Feta.	Elssa.	Aoumi.	Eire.	·	Oyz.
Mère.	Ndezy.	Ba.	Ioumena.	Min.	Emmil.	Mina.	Yazy.	·	Iwima.	·	Iomotta.	·	Tinyng.	Areynga.	Toyele.
Nez.	Bekme.	Noung.	Joma.	Noza.	Hosbd.	Exbin.	Kame.	·	Biork.	·	·	Tchi.	Rkamona.	Senyngo.	Tagenieol.
Œil.	Loom.	Nia.	·	Cae.	Ain.	Nimite.	Slum.	Iddy.	Gira.	Taizm.	Tbitzumbb.	Soza.	Kipil.	Maynga.	TPyly.
Oreilles.	Noza.	Tuolo.	Nafoua.	Tim.	·	Asuro.	Semua.	Koomnh.	Leppl.	Tzronnzkbt.	Amrugh.	·	Kozzh.	Ohtga.	Tzagy.
Père.	Bopi.	Fa.	Bala.	Fa.	Ahon.	Aggah.	Abal.	·	Betoma.	·	Bala.	·	Twanny.	Abmgn.	Bzfon.
Pied.	Toule.	Sing.	Pela.	Soi.	Lddé.	Waommia.	Pellyabybak.	·	Kbbhz.	·	Adim.	·	Ubzunngdy.	Oyp.	Bagad.
Soleil.	Dkeru.	Tlo-ttu.	Nangol.	Tle.	Ottd.	Apoura.	Kiobhil.	·	Nzzngz.	Ibfotl.	Toloaha.	Taggiok.	Angk.	Mzbakka.	Tzm.
Terre.	Kar, &c.	Baoko.	Izzndi.	Koogon-Anako.	·	Fion.	Tbedy.	Kam.	Lzvil.	·	Tzznozim.	·	Dzzzfoet.	Czzoka.	·
Tête.	Bope.	Koun.	Qmam.	Emug.	Agada.	Tbok.	Kela.	·	Boua.	Ak-Isb.	Ilbl.	Doba.	Adly.	Oyzbk.	Ognzinz.
									KLINS,	SOCAAS,			CENT.		
Un.	Benn.	Kibin.	Ge.	Ret.	·	Akoua.	Taula.	Deya.	Duvabz.	Idgen.	Quam.	Twoun.	Woxoua.	Wark.	Zoguoe.
Deux.	Niaw.	Foolu.	Dikba.	Foolz (&c.).	·	Atwo.	Secile.	Bazyza.	Bozyzn.	Somm.	Tbeza.	Chera.	Oheoua.	Ozzghn.	M-dozba.
Trois.	Niatta.	Sabba.	Tema.	Soba.	·	Menia.	Yazkou.	Okim.	Obom.	Sbzzd.	Kezzd.	Agzzioa (ou zgb- zioz).	Fooke.	Tzzbinga.	Mzbay.
Quatre.	Niznena.	Nanh.	Nia.	Nina.	·	Eznong.	Dzzgoa.	Fzndon.	Fzzziaoi.	(Aazbz.)	Cozzb.	Fzzzio (ou nzz zio z).	Kzzzfzza.	Zzzvingk.	Faizy.
Cinq.	D'hnoutawn.	Loolo.	Joubz.	Dozba.	·	Fznoom.	Ozgoa.	Beiz.	Bozt.	(Idzz.)	Szpzozz.	Iz.	Dzzfgza.	Dzzlbz.	Eyzbk.
Six.	D'hnoutawn berou.	Woou.	Je poo.	Vzzo.	·	Inzzzk.	Anabza.	Sbziklzb.	Szzndzk.	(Idzz.)	Sozlk.	Nzzboou (ou ouzzo b).	Gzzfln.	Ghzzlngk.	Lzznguoa.
Sept.	D'hnoutawn niero.	Onoogin.	Je bzbbe.	Oznbaia.	·	Izzbzng.	Tollez.	Bozpzy.	Bozdzl.	(Idzz.)	Soi.	Tzzoouoiz.	Rzbzdza.	Rzbzly.	Enzzzzuz.
Huit.	D'hnoutawn slazn.	Szc.	Je izzdz.	Sezooz.	·	Wzqzon.	Olzm.	Tbzzpzoz.	Tzbzzn.	(Idzz.)	Izzu.	Ozzozza.	Idzz.	Idzznga.	Ezzzzbzy.
Neuf.	D'hnoutawn nzznzn.	Kozzzzm.	Je tiz.	Kzozom.	·	On iounoug.	Sekzz.	Tzzm.	Tzzozib.	(Idzz.)	Dzz.	Kozz.	Idzzdzn.	Ozbzdz.	Oguozbzy.
Dix.	Fook.	Tzng.	Szppz.	Tzok.	·	Edzn.	Mzlgozz.	Gzvonz.	Gzoomzh.	(Idzz.)	Mzozozz.	Szzzdzon.	Ozzzoza.	Dzozzgz.	Tzgozzonz.
Cent.	Teour.	Kemi.	Temeleze.	Kevezy.	·	Ebbz.	Jzrroz.	Dzozy.	·	·	·	·	Inzbzzzo.	Izozwern.	·

Nota. La plupart de ces mots étant tirés des voyageurs anglais Park, Horneman, Jackson, Burckhardt, Bowdich, Lyon, on doit prononcer *a* comme *i*, *u*, *e* et *w* comme *ou*; *ch* comme *tch*; &c.

langues d'Afrique, en revanche il a, ainsi que le bambara, emprunté beaucoup à l'arabe; tels sont les mots, *Dieu, païen, éternel, iman, temps* (1), *paradis, Christ, japper, moi, rusé, vierge, taureau, œil* pris pour sourcils, *livre, mulet, palmier, sceller* (pris pour signer), *canne* (mesure, pris pour condée), les noms des jours de la semaine, la formule *bism'allah*, &c. Ce n'est qu'en arabe qu'écrivent le petit nombre des habitans qui savent écrire. Les Wolofs ont le ‏خ‎ *kh* des Arabes. On trouve aussi chez eux plusieurs mots empruntés du portugais. Le son nasal est dominant dans le wolof: un grand nombre de mots commencent par *mb, mp, nd, nf, ng, nk, nkh, ns, nt, ngn,* &c.

Nous jetterons ici un coup d'œil sur le système grammatical de cette langue. La matière a été traitée complètement dans la grammaire wolofe de M. Dard : mais comme cet ouvrage est encore manuscrit (2), le lecteur ne sera pas

(1) *Dhiamano* prononcé *ziamano*, et ainsi des autres mots renfermant le son *dh*.

(2) Il en est de même des tableaux élémentaires que M. Dard a composés pour l'usage des écoles du Sénégal, et qui forment un volume, ainsi que la grammaire wolofe; ouvrages que l'auteur a été souvent sollicité d'envoyer en Angleterre. Il est remarquable que c'est dans le même temps qu'on songeait, en France et en Angleterre, à se familiariser avec les dialectes de l'Afrique, dans la vue de former de jeunes noirs à la connaissance des langues et des sciences européennes, et de les rendre propres à observer leur pays, à rédiger leurs observations, à nous communiquer une foule de détails ignorés, enfin à transmettre leurs connaissances à leurs compatriotes : il est honorable à la nation française de n'être pas restée en arrière dans cette tentative. Depuis six ans, nous avons des écoles au Sénégal. De jeunes Africains s'y sont instruits et s'y instruisent tous les jours : ils reportent dans l'intérieur les notions qu'ils ont acquises. Des principes

fâché de trouver ici quelques-uns des traits caractéristiques du wolof; ces notions faciliteront l'usage du dictionnaire.

1.° Tout verbe wolof est susceptible de dix-sept modifications, qui consistent à ajouter à chaque radical une ou deux syllabes, et qui étendent ou restreignent l'acception du mot, de la manière la plus riche et la plus variée : on sait que plusieurs langues orientales jouissent d'une propriété analogue. Toutes ces modifications sont énumérées et définies dans les observations générales de M. Dard placées en tête du dictionnaire. La syllabe *kat*, placée après le verbe, correspond au substantif en *eur*, exemples : *diandä*, acheter ; *diandekat*, acheteur ; *faithiä*, danser ; *faithiekat*, danseur, &c. La syllabe *kat* paraît faire assez généralement les fonctions d'augmentatif : c'est *aka* en bambara , &c.

2.° L'article ne précède point le substantif, mais il est

de religion et de morale, des idées positives de dessin et de calculs s'introduisent peu-à-peu dans des intelligences pour ainsi dire toutes neuves, en même temps que l'art de lire et d'écrire; plusieurs princes de l'intérieur envoient leurs enfans au chef-lieu de la colonie française. D'un autre côté , les Anglais établissent des écoles, non-seulement à l'embouchure de la Gambie , mais à plusieurs centaines de milles du Cap de Bonne-Espérance, et les Cafres, comme les Wolofs, acceptent le bienfait de l'éducation. Pendant que le chef de l'école de Saint-Louis adressait en France une grammaire wolofe complète, ainsi qu'un dictionnaire wolof-français et français-wolof composés à l'usage des jeunes Sénégalais, une dame anglaise qu'on a citée plus haut , enseignait deux Wolofs destinés à former leurs compatriotes , et rédigeait en même temps un court vocabulaire. Les deux jeunes Africains, qui en ont fourni les matériaux à l'auteur, en étaient aux premiers élémens de la langue anglaise, quand ils lui donnèrent en échange quelques mots de la langue wolofe et plusieurs des règles de cet idiome, encore presque inconnu en Europe. C'est pendant les trois mois qu'a duré leur instruction qu'elle a pu leur emprunter les notions comprises dans son ouvrage.

appliqué à la fin et semble faire corps avec lui. Voici les règles qu'on met en pratique ; elles sont simples et ingénieuses. Selon que le substantif commence par l'une de ces sept lettres B, D, G, L, M, S, V, l'article se forme également de b, d, g, l, m, s, v, suivis soit de *a*, soit de *y*, soit de *ou*, selon que l'objet dont il s'agit est ou éloigné, ou présent, ou proche (1) ; exemples : *marrema*, le ruisseau ; *mpithiema*, l'oiseau ; *safarasa*, le feu, si les choses sont éloignées ; ce serait *marremy*, *mpithiemy*, *safarasy*, si les choses étaient présentes ; et enfin, *marremou*, *mpithiemou*, *safarasou*, si elles étaient voisines, mais non aperçues de celui qui parle. Il résulte de cette combinaison, des consonnances euphoniques qui contribuent à l'harmonie du langage et à la clarté du discours.

Au pluriel, quelle que soit l'initiale du mot, l'article commence constamment par *y*, et l'on dit *ya*, *yi*, *you*, suivant que l'objet est éloigné, présent ou proche ; exemples : *marreya*, les ruisseaux éloignés ; *mptithieyou*, les oiseaux proches, &c., et toujours cet article est ajouté à la fin du mot. Quand le mot est suivi de la préposition *ou* [de], il ne prend plus l'article final au singulier, et il prend *y* initial au pluriel. Les précédens voyageurs n'ont pas connu ces règles du wolof, et ils ont publié des mots inexacts, où l'article est confondu avec le substantif : on pensait généralement que les verbes wolofs ne pouvaient se conjuguer, et que la langue n'avait pas d'articles (2).

(1) Nous omettons à dessein d'autres développemens sur les règles des articles.

(2) Cette découverte intéressante est due à M. Dard ; nous renvoyons à la grammaire wolofe.

Nous dirons un seul mot des conjugaisons. On en compte cinq, selon M. Dard : le radical se termine par l'un des sons *ă, é, i, o, ou;* et la seconde personne du singulier, à l'impératif, finit respectivement par *al, el, il, ol, oul,* &c.

Le wolof n'est pas la seule langue dans laquelle on mette l'article après le substantif : les articles de la langue valaque sont également placés après le mot auquel ils se rapportent, et y sont attachés comme affixes (1); exemples : *domn-ul,* le seigneur ; *tat ul,* le père ; *kop ul,* la tête ; *tat-ului,* du père : l'article pluriel est *ulé* ou *élé.*

On a vu, dans le cours de cet avant-propos, que la société d'éducation de Paris, quoique animée par les seules vues du bien de l'humanité, n'était pas étrangère aux circonstances qui ont amené la composition du Dictionnaire wolof : il est juste aussi de mentionner honorablement la protection qu'a donnée à ce travail M. le C.ᵗᵉ Portal, pair de France, alors Ministre de la marine et des colonies, d'après l'avis du gouverneur du Sénégal et le vœu de la société; c'est d'après son rapport que M. le C.ᵗᵉ de Serre, Garde des sceaux, a sollicité et obtenu l'ordonnance royale qui autorise l'impression de cet ouvrage à l'Imprimerie royale

******

(1) La langue danoise présente aussi quelques exemples de cette singularité. *Voyez* la Grammaire des langues de l'Europe latine, par M. Raynouard, secrétaire perpétuel de l'académie française, &c. (*Discours préliminaire. pag. lxiv*).

AVIS

POUR L'USAGE DU DICTIONNAIRE.

Toutes les lettres employées dans les dictionnaires wolof et bambara doivent se prononcer; elles ont le même son qu'en français, sauf les remarques suivantes :

j a le son du *kh* arabe خ , ou *j* espagnol, et se prononce du gosier.

ă a un son très-bref, sur-tout au Sénégal : dans l'intérieur du pays, le son est plus sensible. En général, *a* à la fin d'un mot se change en *e* muet.

w équivaut à *ou*.

dh et *th* ont un son qui approche du *z* ; *dhia* se prononce à-peu-près comme *zia*.

v a le même son qu'en français, mais plus doux.

gu se prononce à-peu-près comme, en français, *g* devant *a*, *o*, avec une petite modification ; ainsi *guarap* ne se prononce ni *garap*, ni *gouarap*, mais le son participe des deux.

A ces simples remarques, il suffit d'ajouter que *â*, *ô*, *î*, se prononcent à l'ordinaire, comme des voyelles longues, *é* comme l'*e* fermé, &c.

m, *n*, au milieu d'un mot, se joignent toujours, dans la prononciation, à la lettre suivante : ainsi on prononce *tafa-ntou* et non *tafan-tou*.

On pourra trouver quelques différences légères entre les deux dictionnaires français-wolof et wolof-français : dans ce cas, c'est au premier qu'il faut s'en tenir préférablement.

SUR LA LANGUE WOLOFE,

PAR L'AUTEUR DU DICTIONNAIRE.

LA langue des nègres de Sénégambie n'ayant encore jamais été écrite, on ne doit pas s'attendre à trouver dans le dictionnaire que nous publions, toutes les différentes locutions usitées chez ce peuple. Mais, à l'aide de la méthode que nous allons exposer, on pourra facilement trouver dans le *Dictionnaire wolof* la valeur de tous les mots de la langue française, et réciproquement. Nous déclarons que nous ne répondrons à aucune critique. D'ailleurs nous ne cherchons point à démontrer une théorie ; c'est un essai que nous allons soumettre au lecteur.

Avant de commencer, nous poserons d'abord en principe que toutes les langues primitives ont une régularité qui ne se rencontre jamais dans les idiomes européens, qui sont tous dérivés. Il est de la nature de l'esprit humain de n'inventer, dans une langue primitive, qu'un petit nombre de locutions, puis de les combiner entre elles de toutes les manières. Chaque peuple a ses habitudes, ses conventions et son esprit différens ; mais tous les hommes ont une intelligence égale : du moins c'était l'opinion de Descartes et de Newton. Un mot pris dans une langue

TABLEAU SYNOPTIQUE de la Composition et de la Décomposition des Mots de la Langue Wolofe dérivés des Radicaux ou Infinitifs.

No.	RADICAUX WOLOFS	RADICAUX FRANÇAIS	AVEC ZÈLE, ordinairement AVEC FORCE.	MUTUELLEMENT, réciproquement.	VERBES RÉFLÉCHIS.	FAIRE, PROVOQUER À.	ALLER À, ÊTRE À.	ENCORE, DE NOUVEAU.	PEU, TRÈS-PEU.	NE PAS, (verbe négat.)	NE PLUS, (absolument.)	CONSTAMMENT, TOUJOURS.	CELUI, CELLE QUI.	LE LIEU OÙ L'ON.	COMPAGNON DE.	ÉTAT DE, (manière de).	L'ACTION DE.	LE RESTE DE.	SUBSTANTIFS IRRÉGULIERS.
0.	Exemple : Sepa.	Aimer, avoir de l'amitié pour quelqu'un.	Sepé, aimer avec ardeur.	Seposté, s'aimer mutuellement.	Sepsa, s'aimer soi-même.	Sepla, faire aimer.	Sepi, aller aimer.	Sepaï, aimer encore.	Sepadi, aimer peu.	Sepoi, ne pas aimer.	Sepoun, ne plus aimer.	Sepupé, aimer constamment.	Sepukir, celui qui aime.	Sepoukaye, le lieu où l'on aime.	Sepaley, compagnon d'amour.	Sepaye, l'amour.	Sepé atay, l'action d'aimer.	Sepite, le reste de l'amitié.	Ndiope ma, ce que l'on peut aimer.
1.	Agna.	Dîner.	é.	anté.	ou.	lo.	i.	aï.	adi.	oû.	atou.	Agueugna.	kat.	oukaye.	aley.	aye.	Agne ma.	ite.	Agne ba.
2.	Binda.	Écrire.	é.	anté.	ou.	lo.	i.	aï.	adi.	oû.	atou.	Bindebinda.	kat.	oukaye.	aley.	aye.	Binde ma.	ite.	Mbinde ma.
3.	Diânda.	Acheter.	é.	anté.	ou.	lo.	i.	aï.	adi.	oû.	atou.	Diândedfinda.	kat.	oukaye.	aley.	aye.	Diande ma.	ite.	Ndiânde ma.
4.	Diamantola.	Instruire.	é.	anté.	ou.	lo.	i.	aï.	adi.	oû.	atou.	(Bis.)	kat.	oukaye.	aley.	aye.	Diamantale ma.	ite.	Ndiamantale ma.
5.	Diglé.	Promettre.	é.	anté.	ou.	lo.	i.	aï.	adi.	oû.	atou.	(Bis.)	kat.	oukaye.	aley.	aye.	Diglé ma.	ite.	Ndiglé ma.
6.	Faïthia.	Danser.	é.	anté.	ou.	lo.	i.	aï.	adi.	oû.	atou.	(Bis.)	kat.	oukaye.	aley.	aye.	Faïthie ma.	ite.	Mpaïthie ma.
7.	Faya.	Payer.	é.	anté.	ou.	lo.	i.	aï.	adi.	oû.	atou.	(Bis.)	kat.	oukaye.	aley.	aye.	Faye ma.	ite.	Mpaye ma.
8.	Gaïda.	Bander.	é.	anté.	ou.	lo.	i.	aï.	adi.	oû.	atou.	(Bis.)	kat.	oukaye.	aley.	aye.	Gaïde ma.	ite.	Ngaïde ma.
9.	Gantou.	Refuser.	é.	anté.	ou.	lo.	i.	aï.	adi.	oû.	atou.	(Bis.)	kat.	oukaye.	aley.	aye.	Gantou ma.	ite.	Nguntou ma.
10.	Inà.	Frapper.	é.	anté.	ou.	lo.	i.	aï.	adi.	oû.	atou.	(Bis.)	kat.	oukaye.	aley.	aye.	Inte ma.	ite.	Inte ba.
11.	Matà.	Montrer.	é.	anté.	ou.	lo.	i.	aï.	adi.	oû.	atou.	(Bis.)	kat.	oukaye.	aley.	aye.	Matte ma.	ite.	Matte ma.
12.	Napa.	Pêcher.	é.	anté.	ou.	lo.	i.	aï.	adi.	oû.	atou.	(Bis.)	kat.	oukaye.	aley.	aye.	Nape ma.	ite.	Nape ma.
13.	Sathià.	Voler, dérober.	é.	anté.	ou.	lo.	i.	aï.	adi.	oû.	atou.	(Bis.)	kat.	oukaye.	aley.	aye.	Sathie ma.	ite.	Nthiathe ma.
14.	Tanna.	Choisir.	é.	anté.	ou.	lo.	i.	aï.	adi.	oû.	atou.	(Bis.)	kat.	oukaye.	aley.	aye.	Tannou ma.	ite.	Ntanne ma.
15.	Tangoa.	Être chaud.	é.	anté.	ou.	lo.	i.	aï.	adi.	oû.	atou.	(Bis.)	kat.	oukaye.	aley.	aye.	Tangue ma.	ite.	Ntangue ma.
16.	Sagna.	Baisser.	é.	anté.	ou.	lo.	i.	aï.	adi.	oû.	atou.	(Bis.)	kat.	oukaye.	aley.	aye.	Sagne ma.	ite.	Nsagne ma.
17.	Yêba.	Charger.	é.	anté.	ou.	lo.	i.	aï.	adi.	oû.	atou.	(Bis.)	kat.	oukaye.	aley.	aye.	Yébe ma.	ite.	Yébe ba.
18.	Jaïfa.	Avoir faim.	é.	anté.	ou.	lo.	i.	aï.	adi.	oû.	atou.	(Bis.)	kat.	oukaye.	aley.	aye.	Jaïfe ma.	ite.	Njaïfe ma.
19.	Sopà.	Aimer.	é.	anté.	ou.	lo.	i.	aï.	adi.	oû.	atou.	(Bis.)	kat.	oukaye.	aley.	aye.	Sope ma.	ite.	Nthiope ma.
20.	Diaca.	Vendre.	é.	anté.	ou.	lo.	i.	aï.	adi.	oû.	atou.	(Bis.)	kat.	oukaye.	aley.	aye.	Diace ma.	ite.	Ndiace ma.
21.	Daw.	Courir.	é.	anté.	ou.	lo.	i.	aï.	adi.	oû.	atou.	(Bis.)	kat.	oukaye.	aley.	aye.	Daw ma.	ite.	Ndaw ma.
22.	Niaw.	Coudre.	é.	anté.	ou.	lo.	i.	aï.	adi.	oû.	atou.	(Bis.)	kat.	oukaye.	aley.	aye.	Niaw ma.	ite.	Niaw ma.
23.	Faté.	Oublier.	é.	anté.	ou.	lo.	i.	aï.	adi.	oû.	atou.	(Bis.)	kat.	oukaye.	aley.	aye.	Faté ma.	ite.	Mpaté ma.
24.	Oubi.	Ouvrir.	é.	anté.	ou.	lo.	i.	aï.	adi.	oû.	atou.	(Bis.)	kat.	oukaye.	aley.	aye.	Oubi ma.	ite.	Oubi ba.
25.	Topanda.	Fréquenter.	é.	anté.	ou.	lo.	i.	aï.	adi.	oû.	atou.	(Bis.)	kat.	oukaye.	aley.	aye.	Topinda ma.	ite.	Ntopânda ma.
26.	Yobou.	Porter.	é.	anté.	ou.	lo.	i.	aï.	adi.	oû.	atou.	(Bis.)	kat.	oukaye.	aley.	aye.	Yobou ma.	ite.	Yobou ba.
27.	Gadou.	Porter sur le dos.	é.	anté.	ou.	lo.	i.	aï.	adi.	oû.	atou.	(Bis.)	kat.	oukaye.	aley.	aye.	Gadou ma.	ite.	Ngadou ma.

Les terminaisons é, anté, ou, lo, i, aï, adi, oû, atou, upé, ukir, oukaye, aley, aye, ite, &c., peuvent être ajoutées à chaque verbe. — Pour avec zèle l'action de (1). — Faire faire l'action de. — Se porter à l'action de. — Faire encore ce qu'indique l'action de. — Faire peu l'action de. — Ne pas faire l'action de. — Ne plus faire l'action de. — Faire constamment l'action de. — Qui fait ou sait faire l'action de. — Le lieu où l'on fait l'action de. — Compagnon, confrère, camarade de l'action de. — L'état, la qualité de ce qui fait l'action de. — L'action de. — Le reste, et sous ce qui résulte de l'action de. — Le résultat de l'action de.

(1) Par l'expression l'action de, on entend toujours l'action exprimée par le verbe auquel on donne l'une des particules dont il s'agit dans la colonne indiquée.

primitive présente à l'esprit une image quelconque; il présente à l'imagination une réunion de faits que le mot correspondant dans une langue dérivée ne rappelle en aucune manière. Ainsi, *traduire rigoureusement est impossible*. Il y aurait des volumes à écrire sur ce sujet ; mais nous devons nous borner à quelques réflexions. *Bonsoir* en français a été copié du latin, et imaginé par l'inventeur pour remplacer les mots *faustam noctem*. Cette origine s'est oubliée, et le mot *bonsoir* n'est plus aujourd'hui qu'un signe absolument arbitraire. En *wolof*, ce mot se rend par *fananal ak diam* [repose en paix], qui présente à l'esprit une suite d'idées dont le mot français *bonsoir* n'offre aucune trace. C'est-là une des raisons pour lesquelles traduire littéralement est impossible. Après avoir reconnu ce principe, nous allons montrer cependant comment on peut trouver dans notre dictionnaire wolof l'équivalent approché de tous les mots français.

La langue des nègres wolofs est tellement combinée, que leurs verbes, pris à l'infinitif, peuvent donner, par un mécanisme ingénieux, jusqu'à dix-sept mots différens. Le tableau ci-joint présente le développement de ce mécanisme vraiment merveilleux : nous avons été obligés d'admettre dans ce tableau plusieurs locutions inusitées, et des formes de langage insignifiantes dans la langue française; mais la composition des verbes wolofs n'en est pas moins assujettie à une règle générale.

Ce tableau, composé de dix-neuf colonnes verticales, offre, sous un même coup-d'œil, toutes les finales qu'on peut ajouter aux radicaux ou infinitifs wolofs, pour en modifier la signification. Ces finales sont : *é, anté, ou, lo, i, ati, adi, où, atou,* le radical pris deux fois, *kat, oukaye, aley, aye,* le radical et un article, *ite,* et enfin le radical avec combinaison irrégulière.

Ainsi, par exemple, si au radical ou infinitif *bindä* [écrire] on ajoute la finale *lo,* qui se trouve à la 6.ᵉ colonne, on aura *bindälo,* ou mieux *bindlo,* en retranchant *ä* muet final, ce que l'on fait toujours en pareil cas. Cette expression *bindlo* signifie *faire écrire,* parce qu'elle se compose de la particule *lo* qui la termine et qui veut dire *faire faire l'action,* et de *bindä* ou *bind,* écrire, qui est cette action. Si, au lieu d'avoir choisi la finale *lo,* on eût pris *kat,* qui se voit à la 13.ᵉ colonne, l'infinitif *bindä,* écrire, se serait changé en *bindäkat,* ou mieux *bindekat,* en changeant *ä* muet en *e* muet, ce que l'on fait toujours lorsqu'il s'agit de joindre *kat* à un infinitif terminé en *ä.* Pour connaître la signification du mot *bindekat,* nous remarquons d'abord, au bas de la colonne 13.ᵉ, que la particule *kat* veut dire *qui fait souvent l'action ;* ainsi l'expression *bindekat* signifie, *qui fait souvent l'action d'écrire.* Or, quel est le nom en français de celui qui fait souvent l'action d'écrire ? c'est un écrivain ; *bindekat* veut donc dire *écrivain.* Prenons dans la 14.ᵉ colonne la finale *oukaye,* qui signifie *le lieu où se fait l'action précédente ;* que l'on ajoute cette particule à l'infinitif *bindä,* on aura *bindäoukaye,* ou mieux, *bindoukaye,* en ôtant la lettre *ä* qui termine *bindä.* Ainsi donc, le mot *bindoukaye* peut se rendre par *le lieu où l'on écrit,* ou *le bureau, le secrétaire,* &c. On suit la même marche pour composer ou décomposer les dix-sept combinaisons que tout verbe wolof peut fournir, en observant pour principe constant, que, quand l'infinitif wolof est terminé par *ă*, on retranche toujours cette lettre, excepté pour la 13.ᵉ colonne, où cet *ă* se change en *e* muet, comme dans *bindekat*. Si le verbe wolof n'est point terminé par *ă*, on joint toute espèce de particule au radical sans en rien retrancher.

Par la seule inspection de la colonne horizontale *o*, on voit que du verbe *sopă* [aimer], on peut former *sopé*, colonne 3.ᵉ; *sopanté*, colonne 4.ᵉ; *sopou*, colonne 5.ᵉ; *soplo*, colonne 6.ᵉ; *sopi*, colonne 7.ᵉ; *sopati*, colonne 8.ᵉ; *sopadi*, colonne 9.ᵉ; *sopoŭ*, colonne 10.ᵉ; *sopatou*, colonne 11.ᵉ; *sopsopă*, colonne 12.ᵉ; *sopekat*, colonne 13.ᵉ; *sopoukaye*, colonne 14.ᵉ; *sopaley*, colonne 15.ᵉ; *sopaye*, colonne 16.ᵉ; *sope ma*, colonne 17.ᵉ; *sopite*, colonne 18.ᵉ; *nthiope ma*, colonne 19.ᵉ

De même on peut former avec le radical *diglé* [promettre], dix-sept autres mots; savoir : *diglée, digléanté, digléou, diglélo, digléi, digléati, digleadi, digléoŭ, d'gléatou, diglédiglé, diglékat, digléoukaye, digléaley, digléaye, diglé ma, digléite, diglé ba* ou *naiglé ma*.

Pour mieux faire sentir l'utilité de notre tableau, supposons qu'on veuille savoir ce que signifie le mot wolof *tangaye*, quoiqu'il se trouve dans notre dictionnaire. Ce mot, décomposé d'après les principes de notre tableau, nous donne *tangă aye*: je trouve dans le *Dictionnaire wolof* que *tangă* signifie *avoir chaud*; et la particule *aye* se trouve dans la colonne 16.ᵉ de notre tableau signifiant l'état ou la qualité de ce qui fait l'action, ce qui nous apprend que le mot composé *tangaye* peut se rendre en français par *la chaleur*: car l'état ou la qualité de ce qui fait avoir chaud, est la *chaleur;* de même le mot *boubite* veut dire *balayure, ordure.* Dans le dictionnaire, on ne trouve pas le mot *boubite;* mais on y trouvera *boubă,* qui veut dire *balayer : ite,* qui se trouve dans la 18.ᵉ colonne, signifie, *ce qui reste, ce qui résulte de l'action qui précède;* et puisque la particule *ite* se trouve jointe au verbe *boubă, boubite* veut donc dire *ce qui résulte de l'action de balayer;* ce sont *les balayures, les ordures.*

La colonne 19.ᵉ de ce tableau offrant beaucoup d'irrégularités qu'il serait trop long de démontrer ici, nous renvoyons le lecteur à notre Grammaire wolofe.

Nous avons dit précédemment qu'à l'aide de notre tableau, on pouvait trouver en expressions wolofes l'équivalent des mots français. Supposons, pour premier exemple, qu'on veut rendre en wolof l'expression française *fluide électrique,* qui n'a encore jamais été traduite chez les nègres. Le *fluide électrique,* comme l'on sait, produit le tonnerre, et vraisemblablement l'action de tonner. Les wolofs ont un verbe qui signifie l'action de tonner, *dănou;* or, l'état, la qualité de ce qui fait l'action, se rend par la particule *aye* (16.ᵉ colonne du tableau) : il faudra donc ajouter *aye* au radical wolof qui signifie *tonnerre,* et l'on aura rendu en wolof, autant que possible, le mot de *fluide électrique [dănouaye].*

De même, on peut rendre le mot *oxygène,* sachant que c'est le principe acidifiant; car on trouvera dans notre dictionnaire un mot wolof qui signifie *acide, aigre,* et par conséquent le radical qui veut dire *rendre aigre, rendre acide;* il ne s'agira donc plus que d'ajouter à ce radical la particule *aye*, qui exprimera la qualité, l'état de ce qui rend *aigre* ou *acide*, et on aura *forajaye*, expression qui, quoique n'ayant jamais été articulée en Afrique, n'en sera pas moins comprise et correspondra au mot *oxygène*.

Nos livres français peuvent donc être traduits assez exactement dans le langage des nègres wolofs ; et nous pouvons affirmer que ces mêmes nègres saisiront le sens des mots formés d'après cette méthode, tant ils sont habitués à décomposer et à composer les mots.

Qu'on demande à un nègre wolof ce que signifient les mots, *Bénne défarekat ou najâte* [un passementier] ; il répondra, *bénne* [un] *défarekat* [qui fait souvent] *ou najâte* [des galons, des ornemens], quoiqu'il n'ait jamais entendu articuler ces mots ainsi combinés. De même, il devinera les mots, *forajaye ak doundaye, yope bénne*, qu'il n'a certainement jamais entendus nulle part ainsi arrangés [l'*oxygène* et l'air vital sont la même chose, la même substance, le même principe] ; et ainsi du reste.

REMARQUES SUR LES VERBES.

Sur *AVOIR*.

1.° *Avoir* se rend en wolof par *amă*, lorsqu'il signifie *posséder :* avoir de l'argent, *amă jalisse*.

2.° *Avoir* se rend par *amé*, lorsqu'il signifie *avoir* ou *tenir* ce qui appartient à autrui.

3.° *Avoir, être à, appartenir*, se rend par *momă :* c'est à moi, *ma ko momă*.

Sur ÊTRE.

1.° *Être* se rend par *naikä*, lorsqu'il signifie *être dans un lieu.*

2.° *Être* se rend par *do*, *di*, lorsqu'il signifie *être quelque chose.*

3.° *Être*, précédé de la particule française *ce*, se rend par *â*: c'est moi, c'est toi; *mane â*, *yo â.*

4.° *Être*, précédé de l'adverbe *où*, se rend par *ana* : où est le roi! *ana bour ba!*

5.° *Être*, joint à un nom adjectif, se rend toujours par cet adjectif suivi des pronoms personnels : je suis malade, tu es malade, *opä na*, *opä nga.*

Sur DONNER.

1.° *Donner*, faire présent, récompenser, se rend par *maêr.*

2.° *Donner*, lorsqu'il signifie *céder*, *donner moyennant une récompense*, se rend par *diôjä.*

Sur VOIR.

1.° *Voir*, se servir de l'organe de la vue, se rend par *guissä.*

2.° *Voir*, lorsqu'il signifie *visiter*, *rendre visite*, *aller voir quelqu'un*, se rend par *saitsi.*

Sur FERMER.

1.° *Fermer* ce qui est ouvert, se rend par *oubä.*

2.° *Fermer*, lorsqu'il signifie *clore*, *fermer à clef*, &c. se rend par *tädlhiä.*

Sur les *INFINITIFS WOLOFS TERMINÉS EN ă*.

Chaque verbe wolof, terminé par un *ă* muet, comme *oubă*, fermer, *imbă*, envelopper, *sagnă*, boucher, &c., prend la signification inverse, lorsqu'elle peut avoir lieu, en changeant seulement *ă* en *i*.

EXEMPLES.

1.° *Oubă* [fermer], fait, après avoir mis *i* à la p'ace de *ă*, *oubi* [ouvrir], qui a une signification inverse de fermer.

2.° De même, du verbe *imbă* [envelopper], on forme *imbi*, développer.

3.° *Sagnă* [boucher], fait *sagni*, déboucher.

4.° *Tădhiă* [fermer, clore], fait *tădhi*, ouvrir, déboucher.

5.° *Dadhiă* [planter, clouer], fait *dadhi*, déclouer, déplanter.

6.° *Sanguă* [couvrir], fait *sangui*, découvrir.

7.° *Yéowă* [attacher], fait *yéwi*, détacher.

8.° *Yébă* [charger], fait *yébi*, décharger.

9.° *Laimă* [plier], fait *laimi*, déplier.

Mais on conçoit que le verbe *fótă* [laver] ne peut faire *fóti* : on ne peut pas plus dire *fóti* en wolof, que *délaver* en français. Il en est de même pour tous les autres verbes qui n'ont pas d'inverse.

ABRÉVIATIONS.

Act.	Actif.	B.	Ba.	Le, la.	
Adj.	Adjectif.	D.	Dhia.	Le, la.	
Adv.	Adverbe.	G.	Gua.	Le, la.	
Affirm.	Affirmatif — ive.	L.	La.	Le, la.	Lorsque
Art.	Article.	M.	Ma.	Le, la.	les choses sont
C.-à-d.	C'est-à-dire.	S.	Sa.	Le, la.	éloignées.
Conj.	Conjonction.	V.	Va.	Le, la.	
Démonstr.	Démonstratif.	Y.	Ya.	Les.	
Diminut.	Diminutif.	B.	By.	Le, la.	
&c.	Et cætera.	D	Dhy.	Le, la.	
Fam.	Familier.	G.	Guy.	Le, la.	
Fém.	Féminin.	L.	Ly.	Le, la.	Lorsque
Gramm.	Grammaire.	M.	My.	Le, la.	les choses sont
Impers.	Impersonnel.	S.	Sy.	Le, la.	présentes.
Indéc.	Indéclinable.	V.	Vy.	Le, la.	
Indic.	Indicatif.	Y.	Yi.	Les.	
Infin.	Infinitif.	B.	Bou.	Le, la.	
Interj.	Interjection.	D.	Dhiou	Le, la.	
Interr.	Interrogatif.	G.	Gou.	Le, la.	
Masc.	Masculin.	L.	Lou.	Le, la.	Lorsque
Négat.	Négatif — ive.	M.	Mou.	Le, la.	les choses sont
N.	Neutre.	S.	Sou.	Le, la.	proches.
N. s.	Nom substantif.	V.	Vou.	Le, la.	
Part.	Participe.	Y.	You.	Les.	
Partic.	Particule.				
Pass.	Passif — ive.				
Pers.	Personne.				
Pl.	Pluriel.				
Prép.	Préposition.				
Pron. rel.	Pronom relatif.				
Prov.	Proverbe.				
Subj.	Subjonctif.				
Subst. m.	Substantif masculin.				
Subst.	Substantif.				
V.	Verbe.				
V. a.	Verbe actif.				
V. n.	Verbe neutre.				
V. r.	Verbe réfléchi.				

ERRATA

DU DICTIONNAIRE FRANÇAIS-WOLOF ET WOLOF-FRANÇAIS.

Page 6, ligne 1, Diocélo, *lisez* Dioéelo.

—— 12, —— 4, Thiorono, *lisez* Thiorône.

—— 12, —— 18, Avenir, *lisez* Avertir.

—— 13, —— 18, Fonă, *lisez* Fônă.

—— 23, —— 2, Cataracte, *ajoutez* (maladie).

—— 63, —— 26, Deugne, *lisez* Deugue.

—— 63, —— 27, Kănăme, *lisez* Kaname.

—— 85, —— 32, Diangoro, *lisez* Diangaro.

—— 97, —— 16, Kăname, *lisez* Kaname.

—— 97, —— 29, Adouka, *lisez* Adoukat.

—— 108, —— 1, Tairé, *lisez* Guemelo.

—— 140, —— 28, Kăname, *lisez* Kaname.

—— 141, —— 25, Nâw, *lisez* Naw.

—— 147, —— 11, Nof laye, *lisez* Noflaye.

—— 147, —— 12, An, *pronoucez* Ane.

—— 147, —— 23, Ane, *lisez* Âne.

—— 148, —— 12, Àssa, *lisez* Àssă.

—— 150, —— 8, Faley, *lisez* Filey.

—— 150, —— 20, Baite, *lisez* Baitte.

—— 153, —— 20, Bérkéley, *lisez* Berkeley.

—— 163, —— 8, Danou atou, *lisez* Dânouatou.

—— 165, —— 9, Deugue, C.; *lisez* Deugue, G.

—— 177, —— 1, Tricoter, *lisez* Tricoteur.

—— 180, —— 20, Doûfe, *lisez* Doufe.

—— 184, —— 20, D'un certain, *lisez* Dans un certain.

—— 187, —— 1, Făya, *lisez* Făyă.

—— 187, —— 3, Făyală, *lisez* Fayală.

—— 191, —— 14, Garapou, *lisez* Garap ou.

—— 191, —— 15, Garapou, *lisez* Garap ou.

—— 191, —— 17, Gârekăt, *lisez* Gârekat.

—— 195, —— 6, Faire croire, *ajoutez* Proposer.

—— 195, —— 11, Guenaon, *lisez* Guenaou.

—— 197, —— 13, Jabăne, *lisez* Jabâne.

—— 198, —— 1, Jafra, v.; *lisez* Jafra, *adjectif*.

—— 199, —— 2, Jălasse, *lisez* Jalăsse.

Page 206, ligne 20, Küwé, *lisez* Kawé.
——— 207, ——— 9, Bonate, *lisez* Bonâte.
——— 218, ——— 13, Effacer, *ajoutez* Ponctuer.
——— 218, ——— 21, Matte, *lisez* Mattă.
——— 238, ——— 19, Niänkarbi, *lisez* Niankarbi.
——— 249, ——— 17, Pāka, *lisez* Pâka.
——— 258, ——— 16, *lisez* Sagôre, moineau.
——— 258, ——— 17, *lisez* Săgou, se mettre à l'abri.
——— 279, ——— 13, Thialaba, *lisez* Thialala.

MOTS OMIS DANS LE DICTIONNAIRE FRANÇAIS-WOLOF.

Cou.	Bâte, B.	Là.	Faley.
Canot.	Lothio, G.	Mâle.	Gôre, G.
Étain, plomb.	Merso.	Malle.	Wajandey, D.
Fumier.	Ndese, M.	Maîtresse, amante.	Nthloro, L.
Femme grosse.	Dhiguéne, dhiou-birà, D.	Maîtresse, la femme du maître.	Sangue, B.
Froid.	Liw, G.	Non.	Déte.
Gosier.	Bâte, B.	Peu.	Néou, ntoute.
Jaune.	Vourousse.	Singe.	Golaje, G.
Jusque.	Bel.	Toile.	Ndimo, L.
Jusqu'à.	Bel thia.	Vêtement, habit.	Nthiangaye, L.

DICTIONNAIRE

FRANÇAIS-WOLOF

ET FRANÇAIS-BAMBARA.

A

Français.	Wolof.	Bambara.
	La lettre *A*, dans le wolof, est longue *(â)*, brève *(a)* ou muette *(ă)*.	
A, au, *prépos.*	Thia, thy, thiou.	
Abaissement, *s. m.*	Sousey, B.	Dougouma.
Abaisser, *v. a.*	Soufé.	Dougouma.
Abaisser (s'), se baisser, *v. réf.*	Săguă.	Imadhigui.
Abaisseur, *s. m.*	Soufelkat, B.	
Abalourdir, *v. a.*	Doflo; Dofelo.	Fablaro.
Abandon, *s. m.*	Baï, G.	Abla.
Abandonner, *v. a.*	Baï.	Abla.
Abasourdir, *v. a.*	Tănjală.	Bégantlogoin.
Abattre, *v. a.*	Gorră.	Ategué.

Français.	*Wolof.*	*Bambara.*
Abbé (prêtre), *s. m.*	Sérigne, B.	Mory.
Abcès, *s. m.*	Nab, B.	
Abdomen, *s. m.*	Năkïe, B.	Kegney-koro.
Abecquer, *v. a.*	Jolă.	Igneboussou.
Abeille, *s. f.*	Yämbe, V.	Dikessey.
Ab hoc et ab hac (Parler).	Săbajou, G.	Iékotéro.
Abhorrer, *v. a.*	Sijelou.	Gnougougnougou.
Abigeat, *s. m.*	Léle, G.	Athiey ; Souboli.
Abîme, *s. m.*	Nkane mou jôte, M.	Déngné aka douna.
Abject, *adj.*	Kou gnou dhiépy (1).	Antekériro (1).
Abjuration, *s. f.*	Kou moye yône ăm.	Kafry.
Abjurer, *v. a.*	Moyă yône.	Kafry.
Abnégation, *s. f.*	Toube, G.	Moriya.
Abolir, *v. a.*	Téré.	Akounsaguy.
Abolissement, *s. m.*	Lou gnou térey, L.	Akanamala.
Abolition, *s. m.*	Ntérey, M.	Akounsaguy.
Abominable, *adj.*	Yéfre.	Kafry *ou* Kafry.
Abomination, *s. f.*	Dieuf dhiou bone, D.	Kodhiougou.
Abordage, *s. m.*	Fainnkjo, B.	Agossougnouana.
Aborder, *v. a.*	Diotă.	Gnénassoro.
Aboyant, *adj.*	Baw.	Kassy.
Aboyer, *v. n.*	Baw.	Kassi.
Aboyeur, *s.*	Bawkat, B.	Kassiba.
Abréger, *v. a.*	Gatelo.	Kenadhiagna.
Abreuver, *v. a.*	Veuguă.	Dhibi.
Abreuver (s'), *v. r.*	Veugou.	Dhiby.
Abreuvoir, *s. m.*	Dégue, B ; Veugou-kaye, B.	Dhiby-yoro.
Abri, *s. m.*	Sailou, B.	Sigui-dhorikoro.
Abriter, *v. a.*	Mbâră.	Goua.

(1) Les adjectifs wolofs et bambaras servent pour les deux genres.

Français.	*Wolof.*	*Bambara.*
Absenter (s'), *v. r.*	Touki.	Mbita dougoro.
Absoudre, *v. a.*	Bâalä.	Atoyé.
Abuser, *v. a.*	Najä.	Anéné.
Abuseur, *s.*	Najekat, B.	Anénéba.
Acacia, *s. m.*	Nébnéb, G. ; Gona-key, G.	Boina ; Abouona.
Acajou, *s. m.*	Waje, B. ; Jaye, G.	Dhiala ; Bouo.
Accabler, *v. a.*	Naujelou.	Imadhigui.
Accélérer, *v. a.*	Gawäntou.	Atalia.
Accepter, *v. a.*	Nängou.	Amena.
Accepteur, *s.*	Nangoukat, B.	Amenaba.
Accident, *s. m.*	Ndogal, G. ; Kassara, G.	Athiana.
Acclimater, *v. a.*	Tamä.	Idella.
Accoler, *v. a.*	Längo.	Anoro.
Accord, *s. m.*	Mäné, G. ; Dégo, B.	Ambena.
Accorder, *v. a.*	Mäné ; Dégo.	Asson.
Accoster, *v. a.*	Tassé.	Akabe.
Accoucher, *v. n.*	Vassinä.	Woulola.
Accoucheur, *s.*	Réwtalkat, B.	
Accoupler, *v. a.*	Täkjo.	Anoro.
Accourcissement, *s. m.*	Gataye, B.	Assourougnathiogo.
Accrocher, *v. a.*	Vaikä ; Adhiä.	Adou.
Accrocher (s'), *v. r.*	Vaikou ; Adhiou.	Adou.
Accroissement, *s. m.*	Doliaye, B.	Dofraka.
Accroître, *v. a.*	Doli.	Dofraka.
Accroupir (s'), *v. r.*	Bänkou.	Akourou.
Accroupissement, *s. m.*	Bänkaye, B.	Akourou.
Accumuler, *v. a.*	Dadialé ; Bolé.	Aladhié.
Accusateur, *s.*	Dhiégnekat, B.	Sondalaba.
Accusation, *s. f.*	Ndhiégney, M.	Sondala.
Accuser, *v. a.*	Dhiégnä.	Sondala.
Acheter, *v. a.*	Diändä.	Assan.

Français.	*Wolof.*	*Bambara.*
Acheteur, *s.*	Diăndekat, B.	Assanba.
Achever, *v. a.*	Motali.	Alaban.
Acquitter, *v. a.*	Făyă.	Assara.
Action, *s. m.*	Dienf, D.	Isson.
Adam, *s. m.*	Adamă.	Fadama.
Additionner, *v. a.*	Bolé.	Afaragnouanka.
Adirer, *v. a.*	Rérălă.	Atounouna.
Adjurer, *v. a.*	Gaignă.	Issien.
Admettre, *v. a.*	Năngou.	Sona.
Admirer, *v. a.*	Jolă.	Aflé.
Admoniteur, *s m.*	Yăgălekat, B.	Afouya.
Adorer, *v. a.*	Diamou.	Abaro.
Adosser, *v. a.*	Vairă.	Afiéné.
Adoucir, *v. a.*	Néjală.	Aladia.
Adroit, *adj.*	Jéraigne.	Igoléa.
Adroitement, *adv.*	Bou jéraigne.	Igoléa.
Affaiblir, *v. a.*	Vagni.	Dobola.
Affaire, *s. f.*	Soïela, S.	Mako.
Affamer, *v. a.*	Jaiflo.	Kongnoblara.
Affamé, *adj.*	Jafra.	Kongnoblara.
Affirmer, *v. a.*	Vătă.	Issien.
Affranchi, *s. m.*	Diambour, B.	Boro.
Affront, *s. m.*	Jăsse, V.	Adhialaky.
Affubler, *v. a.*	Sangou.	Abiri.
Afin, *conj.*	Ndigui.	Katougou.
Age, *s. m.*	Atte, Y.	Sandhioly.
Agenouiller (s'), *v. r.*	Soukă.	Ignonkery.
Agiter, *v. a.*	Fătanjalou.	Idoibona.
Agneau, *s. m.*	Mbărtou, M.	Saa-dée.
Agneline, *s. f.*	Kaware, L.	Sü.
Agonie, *s. f.*	Jarjarley, G.	Abignikassa
Agoniser, *v. n.*	Jarjarlé.	Abignikassa.
Agrandir, *v. a.*	Maguă ; Rilo.	Akorla.

Français.	Wolof.	Bambara.
Agrandissement, *s. m.*	Magaye, B. ; Riaye, B.	Akorfa.
Agréable, *adj.*	Naïje.	Akady.
Agriculteur, *s. m.*	Băyekat, B.	Thikéba.
Agriculture, *s. f.*	Mbäye, M.	Thiké.
Ah, *interj.*	Ah ; Iskine.	Edhiala.
Aide, *s. f.*	Ndimal, M.	Adémey.
Aider, *v. a.*	Dimali.	Adémé.
Aïeul, aïeule, *s.*	Mâme, M.	Imama.
Aigle, *s. m.*	Boloumba, B.	
Aigre, *adj.*	Foraje.	Akoumauna.
Aigrette, *s. f.*	Njode, L.	Ngounanidhiey.
Aigrir, *v. a.*	Forajală.	Akoumauna.
Aigu, *adj.*	Laiwe.	Amankoumo.
Aiguayer, *v. a.*	Rajassă.	Ako.
Aiguille, *s. f.*	Poursa, B.	Missély.
Aiguillier, *s. m.*	Noutouthie, B.	
Aiguiser, *v. a.*	Namă.	Adagoué.
Aile, *s. f.*	Lâfe, V.	
Ailleurs, *adv.*	Fainaine.	Yorovérélo.
Aimer, *v. a.*	Sopă ; Nobă.	Kadigné ; Meguika-nou.
Aîné, *s. et adj.*	Taou, B.	Denflo.
Ainsi, *adv.*	Ndégam.	Kory.
Air, *s. m.*	Mpéje, M.	Fien.
Airer, *v. n.*	Défarăntague.	Kononso.
Aise, *s. f.*	Yatou, G.	Lajafia.
Aisé, *adj.*	Yombe.	Amagoley.
Aisselle, *s. f.*	Mpojetane, M.	Kamakoro.
Ajouter, *v. a.*	Doli.	Dofraka.
Ajuster, *v. a.*	Yămalé.	Akakégné.
Ajusteur, *s.*	Yămalékat.	Akakégnéba.
Alan, *s. m.*	Jekje, B.	Woulo.
Alarmant, *adj.*	Loragalo.	Ibissoramigne.

Français.	Wolof.	Bambara.
Alarmer, *v. a.*	Diocélo.	Akakassi.
Albugo, *s. f.*	Jélinte, B.	Gnedhiey.
Alcoran, *s. m.*	Aljourane, D.	Kitabey.
Alène, *s. f.*	Beunou, B.	Bien.
A l'entour, *adv.*	Thia vaite.	Akerafey,
Aliénation, *s. f.*	Ndiaée, M.	Firey.
Aliéner, *v. a.*	Diaée.	Assan.
Aligner, *v. a.*	Yämalé.	Akégna.
Alignement, *s. m.*	Yämaley, B.	Akégna.
Aliment, *s. m.*	Dounde, B.	Kissy.
Allaiter, *v. a.*	Nampalä.	Siami.
Allée, *s. f.*	Yonne, V.	Sira.
Alléguer, *v. a.*	Toudä.	Touada.
Alléluia, *s. m.*	Dägânä yalla.	Ngnala-dely.
Aller, *v. n.*	Demmä.	Taa.
Aller ensemble.	Andä.	Itamagnoua.
Alliage, *s. m.*	Räje, G.	Akoulonso.
Alliance, *s. f.*	Seéye, B.	Fourou.
Allier, *v. a.*	Bolé.	Afaragnouanka.
Allumer, *v. a.*	Talä.	Tamena.
Allumette, *s. f.*	Mathie, M.	Karabo.
Alongement, *s. m.*	Goudaye, B.	Adhiagnathlogo.
Alonger, *v. a.*	Goudälä.	Adhiagna.
Alors, *adv.*	Bôk.	Goinsa.
Alouette, *s. f.*	Ndiobaye, L.	
Altérer, *v. a.*	Yakjä.	Athian.
Alterner, *v. n.*	Diabanté.	Franthiétama.
Altier, *adj.*	Ngnabou.	Gnénakagoley.
Amadou, *s. m.*	Ngändal, L.	
Amadouer, *v. a.*	Naijalä.	Aladia.
Amaigrir, *v. a.*	Ommelo.	Apassaya.
Amant, *s. m.*	Fare, V.	Galaka.
Amarrer, *v. a.*	Yéow ; Täkä.	Assiri.

Français.	Wolof.	Bambara.
Amas, *s. m.*	Diăle, B.	Ato.
Amasser, *v. a.*	Boubă.	Gnamanthié.
Amatir, *v. a.*	Gnassală.	Agnégna.
Ambassadeur, *s. m.*	Ndaw, L.	Thydée.
Ambitieux, *adj.*	Beuguebeugue; Beu-guekat.	Akadigney.
Ambitionner, *v. a.*	Beuguă.	Akadigné.
Ame, *s. f.*	Fitte, V.	Dhia.
Améliorer, *v. a.*	Guenală.	Afsaya.
Amener, *v. a.*	Indi.	Nanaé.
Amer, *adj.*	Vaïje.	Akakounan.
Amèrement, *adv.*	Bouvaïje.	Akakounan.
Ami, *s. m.*	Ande, B.	Ntéry.
Amie, *s. f.*	Nthioro, L.	Sounkourou.
Amincir, *v. a.*	Saiwală.	Misseya.
Amitié, *s. f.*	Nkande, G.; Nthio-fel, G.	Taria.
Amoindrir, *v. a.*	Woigni.	Dobola.
Amollir, *v. a.*	Rouyală; Noéală.	Ayelé.
Amollissement, *s. m.*	Bou rouye, B.; Bou noé, B.	Akabo.
Amonceler, *v. a.*	Dadialé.	Aladhié.
Amorce, *s. m.*	Doumate, B.	
Amorçoir, *s. m.*	Beunou, B.	Bien.
Amour, *s. m.*	Nthiofel, G.; Nobel, G.	Meguikano.
Ample, *adj.*	Yâa.	Akabo.
Amplement, *adv.*	Bou yâa.	Akabo.
Amputer, *v. a.*	Doguă.	Ategué.
Amusant, *adj.*	Kofow.	Tlonka.
Amuser, *v. a.*	Fow.	Tlonka.
An, *s. m.*	Atte, V.	Sang.
Analyser, *v. a.*	Téki.	Akorotiké.

Français.	Wolof.	Bambara.
Ancien, *adj.*	Yague ; Magatte.	Aména ; Makoro.
Ane, *s. m.*	Mbame-seuf, M.	Fali.
Anée, *s. f.*	Gathie, G.	
Ange, *s. m.*	Saâba, S.	Moumina.
Anguille, *s. f.*	Dhiâne ou guéthie, V.	
Angustié, *adj.*	Jäte.	Yorokadoua.
Animal, *s. m.*	Räbe, V.	Koungnossogo.
Annexer, *v. a.*	Takjalé.	Anoro.
Annihilation, *s. f.*	Bou soufey, B.	Dhiguidouma.
Annonce, *s. f.*	Yégaley, B.	Ado.
Annuellement, *adv.*	Atte mou naike.	Ngno-sang.
Annuité, *s. f.*	Apo, B.	Anfenamina.
Anon, *s. m.*	Dome ou mbame-seuf, B.	Faly-dée.
Antan, *s. m.*	Raine, D.	Gnina.
Antécédemment, *adv.*	Bala.	Érébouganebenkey.
Antérieur, *adj.*	Bity.	Bobanama.
Anticiper, *v. a.*	Yégälé.	Ado.
Antipathie, *adj.*	Sijelou ; Mbagne.	Nteney.
Anus, *s. m.*	Bibal, B. ; Gatte, G.	Dhioublé.
Août, *s. m.*	Bäräjelou, V.	
Apaiser, *v. a.*	Dalälä.	Agoria.
Apercevable, *adj.*	Guissou.	Ayéra.
Apercevoir, *v. a.*	Sainä.	Ayéra.
Apetisser, *v. a.*	Gatalä.	Assourougna.
A-peu-près, *adv.*	Diortou.	Abegnana.
Aplester, déferler, *v. a.*	Lemmi.	Aflé.
Apostat, *s. m.*	Mourtode, B.	
Apôtre, *s. m.*	Taliba, B.	Mory-dée.
Apparaître, *v. n.*	Faignalä.	Ayéra.
Apparier, *v. a.*	Tolalé.	Akagna.
Appartenir *v. n.*	Momä.	Itado.

Français.	Wolof.	Bambara.
Appât, *s. m.*	Doumate, B.	
Appauvrir, *v. a.*	Toskarélo.	Abegagnani.
Appeler, *v. a.*	Woé.	Akili.
Appendre, *v. a.*	Vaikă.	Adoung.
Appesantir, *v. a.*	Dissălă ; Disselo.	Akagouri ; Agoria.
Appétit, *s. m.*	Jaife, B.	Kongno.
Apporter, *v. a.*	Yssi ; Indi.	Nanaé.
Apprécier, *v. a.*	Dogală.	Songnoatigué.
Apprendre, *v. a.*	Diamantou.	Idégué.
Apprentissage, *s. m.*	Ndiamantal, M.	Idéguey.
Apprêter, *v. a.*	Faije.	Débéri.
Apprivoiser, *v. a.*	Mină.	Idaladhié.
Approcher, *v. a.*	Dhiégué.	Goréna.
Approfondir, *v. a.*	Jotală.	Adougna.
Approuver, *v. a.*	Warlou ; Vakirlou.	Séra.
Appuyer, *v. a.*	Dăstannă.	Adouakéréfé.
Après-demain, *adv.*	Guenaou-euleuk.	Siny-kéney.
Après-dînée, *s. f.*	Guenaou-agne, B.	Souma-atéméniko.
Après-midi, *s. m.*	Guenaou-digue ou beuthiek, B.	Akotéméniko.
Après-soupée, *s. f.*	Guenaou-raire, B.	Souro-soumako.
Arabe, *s. m.*	Nârre, B.	Sourajey.
Araignée, *s. f.*	Diargogne, B.	
Arbre, *s. m.*	Garap, G.	Dhiry.
Arbrisseau, *s. m.*	Garap gou ntoute, G.	Dhiry-ny.
Arc, *s. m.*	Jală, G.	Kala.
Arc-en-ciel, *s. m.*	Jone, G.	Ngnalamourou.
Archer, *s. m.*	Nitte ou jarey, B.	Kălédé.
Arçon, *s. m.*	Băgne ou ntégue, G.	Kalkagniey.
Ardeur, *s. f.*	Tangaye, B.	Akagouan.
Ardu, *adj.*	Diafey.	Ininomandy.
Argent, *s. m.*	Jalisse, B.	Wory.
Argile, *s. f.*	Binite, B.	Borko.

Français.	Wolof.	Bambara.
Arme, *s. f.*	Ganaye, G.	Marafa.
Armée, *s. f.*	Jarey, B.	Keley.
Armer (s'), *v. r.*	Ganayou.	Yemenaounta.
Armoire, *s. f.*	Dinthioukaye, B.	Ablayoro.
Arracher, *v. a.*	Boudi.	Abo,
Arracheur, *s.*	Boudikat, B.	Aboba.
Arranger, *v. a.*	Défarä.	Adla.
Arrêt, *s. m.*	Mbougal, M.	Agnégoiu.
Arrêter, *v. a.*	Akä.	Ido.
Arrêter (s'), *v. r.*	Akou.	Ido.
Arrière, *s. m.*	Guenaou, G.	Ko.
Arrière-faix, *s. m.*	Togué, B.	
Arrière-petit-fils, *s. m.*	Seute, B.	Mo-dée.
Arriérer (s'), *v. r.*	Moudhiä, Dessä.	Atoro.
Arriver, *v. n.*	Aksi.	Anana.
Arrogance, *s. f.*	Ngnabou, G.	Ignénakogolé.
Arrondir, *v. a.*	Märagalä.	Amoromoro.
Arroser, *v. a.*	Nandalä.	Dhiboforoka.
Arrosoir, *s. m.*	Nandalou, B.	Dhiboforoka.
Arsenal, *s. m.*	Dambe ou ganaye, B.	
Art, *s. m.*	Mänemäne, B.	Gnessey.
Ascarides, *s. m. plur.*	Omate, B.	Kononsa.
Aspiration, *s. f.*	Nôo, G.	Irognon.
Aspirer, *v. a.*	Noï.	Irognon.
Assaillir, *v. a.*	Songuä.	Aporo.
Assaisonner, *v. a.*	Toguä.	Atobi.
Assassin, *s. m.*	Räyekat, B.	Falikeba.
Assassiner, *v. a.*	Räyä.	Afa.
Assemblage, *s. m.*	Takjaley, B.	Anoro.
Assemblée, *s. f.*	Ndadié, M. ; Mbolo, M.	Dhiaman.
Assembler, *v. a.*	Dadialé ; Bolé.	Aladhié.
Asseoir, *v. a.*	Diéki.	Issiguy.

Français.	Wolof.	Bambara.
Assez, *adv.*	Doé.	Atotany ; Akobiyey.
Assiette, *s. f.*	Keule, B.	Kouna.
Assimiler, *v. a.*	Nirolă.	Akakan.
Assistance, *s. f.*	Ndimal, M.	Adémey.
Assister, *v. a.*	Dimali.	Adémé.
Associer (s'), *v. r.*	Bolé.	Afaragnouanka.
Assommer, *v. a.*	Răyă.	Afa.
Assouvir, *v. a.*	Soură.	Fara.
Athée, *s. m.*	Kou jamoul yalla, K.	Kafry.
Attaque, *s. f.*	Songaye, B.	Abégaguiriba.
Atteindre, *v. a.*	Dioté.	Amenaséralo.
Atteinte, *s. f.*	Ndiote, M.	Aminasiralo.
Attendre, *v. a.*	Naiguă.	Akonon.
Attendrir, *v. a.*	Noyală.	Amaya.
Attention, *s. f.*	Farlou, B.	Atalia.
Atténuer, *v. a.*	Woigni-doley.	Dobofangnala.
Attester, *v. a.*	Sédé.	Soliba.
Attifer, *v. a.*	Najătă.	Agnegué.
Attirer, *v. a.*	Jăthiă.	Assaman.
Attiser, *v. a.*	Songuă.	
Attitrer, *v. a.*	Săntă.	Édhiamou.
Attrape, *s. f.*	Naje, B.	Ancéne.
Attraper, *v. a.*	Diapă ; Tăé.	Amena , Amenako-gnouma ; Anéné.
Attrapoire, *s. f.*	Fire, G.	Anéné.
Aube, *s. f.*	Fadiar, D.	Dounoakastoumo.
Aucun, *adj.*	Kaine.	Manaana.
Augmentation, *s. f.*	Ndoly, M.	Dofraka.
Augmenter, *v. a.*	Doli.	Dofraka.
Aujourd'hui, *adv.*	Téye.	By.
Aumône, *s. f.*	Saraje, S.	Săraja.
Aumôner, *v. a.*	Sărajă.	Săraja.
Aumônier, *adj.*	Sarajekat.	Sărajaboba.

Français.	Wolof.	Bambara.
Aurore, *s. f.*	Mbirite, M.	Dolo.
Aussi, *adv.*	Itte; Nagatite.	Wandey.
Autant, *adv.*	Daye.	Afley.
Automne, *s. m.*	Thiorono, B.	Samiada.
Autour, *prép.*	Vaite.	Nkerefey.
Autre, *pron.*	Lénaine; Bénaine.	Dowérey.
Autrefois, *adv.*	Bou diäke.	Folo.
Autruche, *s. f.*	Bandioli, B. ; Bâ, B.	Kononsougo.
Avaler, *v. a.*	Vannă.	Akounou.
Avaleur, *s. m.*	Vannekat, B.	Akounoulaba.
Avancer, *v. a.*	Dăndălă.	
Avancer (s'), *v. n.*	Dandoussi.	Goréna.
Avant-hier, *adv.*	Beurk-démbe.	Kouna-sing.
Avare, *adj.*	Aye.	Mouadhiougou.
Avaricieux, *s.* et *adj.*	Ayekat, B.	Dhiougouba.
Avec, *prép.*	Ak.	Hey.
Avenir, *s. m.*	Loudikat, B.	Doworey.
Avenir, *v. a.*	Yégală.	Afouya.
Avertissement, *s. m.*	Yégale, B.	Afouya.
Aveugle, *s.*	Goumba, G. ; Silma-jă, s.	Fiento.
Aveugler, *v. a.*	Goumbalo ; Silma-jälo.	Fiento.
Avidité, *s. f.*	Beugaye, B.	Akadiaée.
Aviron, *s. m.*	Vate, V.	
Avoir, *v. a.*	Amă ; Amé.	Naflo.
Avoir, *s. m.*	Amame, B.	Naflo-tiguy.
Avoisiner, *v. a.*	Sänthiă.	Dougoukoura.
Avorter, *v. n.*	Délou.	Seguiko.
Avril, *s. m.*	Răk dhi gamou, D.	

B

Français.	Wolof.	Bambara.
Babeurre, *s. m.*	Mbănite, M.	Nonadhy.
Babil, *s. m.*	Nthiauw, L.	Woyo.
Babillard, *s. et adj.*	Sauwkat, B.	Woyo.
Babiller, *v. n.*	Sauw.	Woyoba.
Babouin, *s. m.*	Pata, B.	Gondhiguy.
Badaud, *s.*	Laidhie; Dofe.	Fato.
Badin, *s. et adj.*	Fowkat, B.	Tloba.
Badinage, *s. m.*	Mpôo, M.	Tlo.
Badiner, *v. n.*	Fow.	Tlo.
Bâfrer, *v. n.*	Sakjami.	Agnimil.
Bagatelle, *s. f.*	Bălinte, B.	Komissey.
Bague, *s. f.*	Dhiaro barame, B.	Sanou.
Baguette, *s. f.*	Săde, V.	Bissa.
Baigner, *v. a.*	Sănguă	Iko.
Baigner (se), *v. r.*	Săngou.	Iko.
Baigneur, *s.*	Săngoukat, B.	Ikoba.
Bâiller, *v. n.*	Obăli.	
Baiser, *v. a.*	Fonă.	
Baiseur, *s.*	Fônekat, B.	
Baisser, *v. a.*	Soufélă.	Amadhiguy.
Baladin, *s.*	Loujoussekat, B.	
Balancement, *s. m.*	Yangatou, M.	Ilama.
Balancer, *v. a.*	Yangatou.	Ilama.
Balayer, *v. a.*	Frossă.	Afira.
Balayeur, *s.*	Frossekat, B.	Afiraniba.
Balayures, *s. f. pl.*	Mbalite, M.	Gnama.
Baleine, *s. f.*	Ngaga, L.	
Baleineau, *s. m.*	Dome ou ngaga, L.	
Balourd, *s.*	Dofe, B.	Fato.
Bambou, *s. m.*	Waje, V.	Bouo.

Français.	*Wolof.*	*Bambara.*
Banc, *s. m.*	Tôgou, B.	Kourou.
Bancroche, *s.*	Rinke.	Issedouley.
Bandeau, *s. m.*	Mboumbanda, M.	Gniéassiry.
Bander, *v. a.*	Mboumbandä.	Gniéassiry.
Bandit, *s. m.*	Sayesaye, B.	Mafiéman.
Banqueroute, *s. f.*	Nkorre, G.	Dhianfa.
Banqueroutier, *s.*	Vorrekat, B.	Dhianfaba.
Baquet, *s. m.*	Bagâne, B.	Kounanfa.
Baragouiner, *v. n.*	Dégôou.	Akounka.
Baragouineur, *s.*	Dégôoulkat, B.	Akounkaliba.
Barbare, *adj.*	Kou amoul yône.	Kafry.
Barbe, *s. f.*	Kaware ou sikime, B.	Bon-sy.
Barbet, *s.*	Sambe, B.	Sy-thiama.
Barbon, *s. m.*	Magate, M.	Makoro.
Barbouiller, *v. a.*	Jatimä.	Athian.
Barbouilleur, *s.*	Jatimekat, B.	Athianba.
Bardot, *s. m.*	Mbame, M.	Faly.
Barque, *s. f.*	Gâle, G.	Kounou.
Barre, *s. f.*	Beul, B.	
Bas, *adj.*	Soufey.	Amadhiguy.
Bas (en), *adv.*	Thia soufe.	Dougouma.
Bas, *s. m.*	Kawasse, B.	
Bas-ventre, *s. m.*	Neukje, B.	Kégnikoro.
Bataille, *s. f.*	Jarey, B.	Kelley.
Bâtard, *s.* et *adj.*	Barley.	Dioliflatiguy.
Batate *ou* Patate, *s. f.*	Pätate, B.	
Batteur, *s. m.*	Jaijekat, B.	Kelleba.
Battre, *v. a.*	Jaijä.	Kelley.
Bavard, *s.* et *adj.*	Wajekat, B.	Koumaba.
Bave, *s. f.*	Youloule, B.	Dadhy.
Baver, *v. n.*	Youloulä.	Dadhi.
Beau, elle, *adj.*	Baje ; Raféte.	Kagny.
Beaucoup, *adv.*	Barey.	Athia.

Français.	Wolof.	Bambara.
Beau-frère, s. m.	Goro, B.	Ibira.
Beau-père, s. m.	Goro, B.	Ibira.
Bec, s. m.	Guémigne, G.	Da.
Bêche, s. f.	Iller, B.	Daba.
Bêcher, v. a.	Bäyä.	Thi.
Becquée, s. f.	Jole, G.	Ignéboussobousso.
Becqueter, v. a.	Thiofã.	Assobi.
Bégaiement, s. m.	Bou därä, B.	Sousolily.
Bégayer, v. n.	Därä.	Sousouli.
Bélement, s. m.	Sabe ou njarre, M.	Saa-akaska.
Belier, s. m.	Njafe, M.	Sadhiguy.
Bélitre, s. m.	Sojor, B.	Yaoussey.
Berger, s.	Samme, B.	Sgouéna.
Bergerie, bercail, s.	Guette, G.	Wouérey.
Berlue, s. f.	Päte, B.	Gniékeley.
Besoin, s. m.	Sojela, S.	Mako.
Besson, adj.	Sije.	Foulany.
Bête, s. f.	Räbe, V.; Dofe, B.	Koungnosogo; Fato.
Bêtise, s. f.	Saga, S.; Dofaye, B.	Nellely; Fatoya.
Beurre, s. m.	Diou, G.	Toulou.
Beurrier, s.	Diaéekat ou diou, G.	Toulou-assamba.
Bibliomane, s. m.	Kou sope téré, B.	
Bibliothèque, s. f.	Dinthioukaye ou téré, B.	Kitabe-ablayoro.
Biche, s. f.	Kéwal, G.	Siney.
Bichon, s.	Sämbe.	Sithiaman.
Bien, s. m.	Alale, D.	Naflo.
Bienséance, s. f.	Ntéde, G.	Magnouman.
Bientôt, adv.	Léguy.	Sassa.
Bienvenu, adj.	Dike bou baje.	Inako-agnana.
Bière, s. f. Boisson.	Pouje, B.	Dlo.
Bigle, adj. Louche.	Diéle.	Ibira.
Bigler, v. n.	Diélä.	Ibira.

Français.	Wolof.	Bambara.
Bijou, *s. m.*	Ntăkaye, L.	Massiry.
Bile, *s. f.*	Jayelite, M.	
Bisaïeul, *s. m.*	Mamate, D.	Ikisma.
Bise, *s. f.*	Farajane, M.	Fien.
Bivouac, *s. m.*	Ailey, D.	Sourako-wouérey.
Bizarre, *adj.*	Nangne.	Mbissi-abikassy.
Blanc, *adj.*	Véje.	Akabley-akadhie.
Blanchement, *adv.*	Bou véje.	Dhiéma.
Blanchir, *v. a.*	Véjală; Fotă.	Adhiéya.
Blanchisseur, *s.*	Véjalekat, B.; Fote-kat, B.	Adhiéba.
Blé de Turquie *ou* Maïs, *s. m.*	Makandey, M.	Magno.
Blesser, *v. a.*	Diamă.	Abaramena.
Blesser (se), *v. r.*	Diamou.	Iyéressoua.
Blessure, *s. f.*	Diamdiame, B.	Souareda.
Bleu, *adj.*	Thiévaly.	Tiguela.
Bœuf, *s. m.*	Nague.	Missy.
Bœuf gras.	Jabâne, V.	
Bohémien, *s.*	Kou amoul deuke.	Dougou-tifey.
Boire, *v. a.*	Nână.	Imi.
Bois, *s. m.*	Bănte, B.; Mată, M.	Dhiry.
Boisseau, *s. m.*	Andar, D.	Mourey.
Boiteux, *s.* et *adj.*	Laguy.	Banama.
Bon, *adj.*	Baje.	Kagny.
Bonbon, *s. m.*	Năbenăbe, B.	Fendouma.
Bondir, *v. n.*	Diolă.	Ipan.
Bonheur, *s. m.*	Moure, M.; Wărsăk, V.; Arbarka, D.	Kounakady.
Bonjour, *s. m.*	Diară ak-yéou.	Keney.
Bonnet, *s. m.*	Mbajaney, M.	Fougoula; Fouon.
Bonsoir, *s. m.*	Fănanal diame; Diară ak gonăl.	Ainsihérey.

Français.	Wolof.	Bambara.
Bord, *s. m.*	Vaite, G.	Kéréfey.
Borgne, *adj.*	Päte.	Gnikéley.
Borgnesse, *s. f.*	Päte ou dhiguéne, B.	Moussognékéley.
Bosse, *s. f.*	Jängne, B.	Dhioungno.
Bossuer, *v. a.*	Jängnä.	Dhioungno.
Botte, *s. f.*	Dalle you goude, Y.	Savaradhia.
Bouc, *s. m.*	Sikette, B.	Bakoro.
Bouche, *s. f.*	Guémigne, G.	Da.
Boucher, *v. a.*	Sagnä.	Atougou.
Boucher, *s. m.*	Räyekat ou nague, B.; Tiflékat, B.	Missifa-ba.
Bouchon, *s. m.*	Sagnou, B.	Adatougoula.
Bouffir, *v. a.*	Névi.	Afounouna.
Bouger, *v. n.*	Diéki.	Issigui.
Bouillir, *v. n.*	Bäjalä.	Dakavouli.
Bouilloire, *s. f.*	Bajaloukaye, B.	Dâ.
Bouillon, *s. m.*	Niéje, M.	Na-adhy.
Boulanger, *s.*	Diaéekat ou mbourou, B.; Lakekat ou mbourou.	Déguésamba.
Boulette, *s. f.*	Tibe, B.	Lojama.
Boulon, *s. m.*	Bope, B.	Koung.
Bouquet, *s. m.*	Thiäbe, B.	Abegnougousou.
Bourdonner, *v. a.*	Sauw.	Woyo.
Bourreau, *s. m.*	Räyekat, B.	Faliba.
Bourreler, *v. a.*	Sonnalä.	Assegué.
Bourrique, *s. f.*	Mbame-seuf, M.	Faly.
Bourse, *s. f.*	Nguissey, L.	Dhiba.
Bout, *s. m.*	Ntiate, L.	Anéy.
Bouteille, *s. f.*	Frastou, B.	Bara.
Boutique, *s. f.*	Diaéeoukaye, B.	Sanike-yoro.
Bouton, *s. m.*	Ntortor, L.; Fithie, B.	Kourounimissey.
Boutonner, *v. n.*	Mégnä.	Dhiry-déc.

Français.	Wolof.	Bambara.
Bouverie, *s. f.*	Guette, G.	Wouérey.
Bouvier, *s.*	Samme, B.	Gouénila.
Boyau, *s. m.*	Boutite, B.	Nougou.
Bracelet, *s. m.*	Diara, D.	Bolakonon.
Brachet, *s. m.*	Jadhie ou reube, B.	Gou-amena-woulou.
Brai, *s. m.*	Sändal, s.	Mana.
Braie, *s. f.*	Mbotou, M.	Abombola.
Braillard, *s.*	Dioéekat, B. ; Youje-kat, B.	Kassiba.
Brailler, *v. n.*	Sauw.	Woyo.
Brailleur, *s.*	Sauwkat, B.	Woyoba.
Braire, *v. n.*	Ngnajä.	Abikassi.
Branche, *s. f.*	Banjâsse, B.	Dhiry boulo.
Branchu, *adj.*	Lou amä y banjâsse.	Gnouso-tiguy.
Brandevin, *s. m.*	Sangara, s.	Dlo.
Brandevinier, *s.*	Diaéekat ou sangara, B. ; Défarekat ou sangara.	Dlosaba.
Bras, *s. m.*	Lojo, B.	Boulo.
Brave, *adj.*	Gnomékat ; Gore.	Kafary.
Bravement, *adv.*	Bou gnomey ; Bou gore.	Akafary.
Brebis, *s. f.*	Njärre mou dhiguéne, M.	Sa-mousso.
Bride, *s. f.*	Abdok, B.	Sonitigué.
Brigand, *s. m.*	Sathiekat, B. ; Sojor, B.	Sougnalikaba.
Brigandage, *s. m.*	Nthiathie, G. ; Nthiojor, G.	Sougnaly.
Brigandeau, *s. m.*	Sathie bou ntoute, B.	Dong-sougna.
Brillant, *adj.*	Néraje.	Doungnarey.
Brise, *s. f.*	Guile, B.	Fien.
Briser, *v. a.*	Dämä.	Akari.
Briseur, *s. m.*	Dämekat, B.	Akariba.

Français.	Wolof.	Bambara.
Broder, *v. a.*	Năjată.	Agnégué.
Brodeur, *s.*	Năjatekat, B.	Agnéguéba.
Bronze, *s. m.*	Prăme, B.	Sira.
Brouée, *s. f.*	Sălemir, B.	Gonngno.
Brouillard, *s. m.*	Sălemir, B. ; Laì, B.	Nkomy.
Brouillerie, *s. f.*	Joulo, B.	Koìy.
Brouter, *v. a.*	Sammă.	Gouénila.
Broyer, *v. a.*	Wălă.	Assoussou.
Broyeur, *s. m.*	Walekat, B.	Assoussouba.
Bruine, *s. f.*	Laï, B.	Nkomy.
Bruire, *v. n.*	Riră.	Gnini-begueni.
Bruissement, *s. m.*	Bou rire, B.	Abégueny.
Bruit, *s. m.*	Ntiow, L.	Woyo.
Brûlant, *adj.*	Tangue ; Lăke.	Akagoin.
Brûlement, *s. m.*	Bou tangue, B. ; Bou lăke, B.	Akagoin.
Brûler, *v. a.*	Lăkă.	Adhieni.
Brûleur, *s. m.*	Lăkekat, B.	Adhieniba.
Brûlure, *s. f.*	Lăkelăke, B.	Dhienida.
Brun, *adj. et s.*	Nioule.	Akafy.
Brusquer, *v. a.*	Sagă.	Néleli.
Brusquerie, *s. f.*	Saga, S.	Nélely.
Bûche, *s. f.*	Euke, G.	Dhirikourou.
Bûchette, *s. f.*	Mpognette, M.	Gnonso.
Burlesque, *adj.*	Loujoussekat.	Kodomba.
Burlesquement, *adv.*	Bou loujousse.	Kodomba.
Buveur, *s. m.*	Nânekat, B.	Dlomimbâ.

C

Français.	Wolof.	Bambara.
Çà, *adv.*	Laley.	Yamfey.
Cabane, *s. f.*	Naigue, B.	Boô.

Français.	*Wolof.*	*Bambara.*
Cabas, *s. m.*	Ntägne, L.; Seute, B.	Kori-séguy.
Cabrer (se), *v. r.*	Sädhiou.	Akourou.
Cabri, *s. m.*	Bäy, V.	Thikey.
Cabriole, *s. f.*	Teubantou, B.	Ipan.
Cabrioler, *v. n.*	Teubantou.	Ipan.
Cabrioleur, *s. m.*	Teubantoukat, B.	Ipanba.
Cachalot, *s. m.*	Ngaga, L.	
Cacher, *v. a.*	Neubä.	Adogo.
Cacher (se), *v. r.*	Neubou.	Taidogo.
Cadavre, *s. m.*	Niw, B.	Sou.
Cadeau, *s. m.*	Yôle, B.; Maye, G.	Assara.
Cadet, *s. et adj.*	Nthiate.	Sougnaly.
Cadis, *s. m.*	Ngueldi, L.	Mourfey.
Caduc, *adj.*	Magate.	Makoro.
Cafard, *s. et adj.*	Nafaikje.	
Cage, *s. f.*	Nkâfe, L.	Kononso.
Cagnard, *s. et adj.*	Taélle.	Salabato.
Cagnarder, *v. r.*	Taéllä.	Salabato.
Cagnardise, *s. f.*	Ntaélle, M.	Salabato.
Cagneux, *adj.*	Noudhie.	Séadouley.
Cagot, *s. et adj.*	Nafaikje; Dioulite bou bone.	Mori-dhiougou.
Cahier, *s. m.*	Kaéte, V.	Zéféfra.
Caillebotte, *s. f.*	Vaye, G.	Assimirä.
Cailler, *v. a.*	Vayä.	Assimira.
Caillou, *s. m.*	Dothie, V.	Kourou.
Caïman, *s. m.*	Diassigue, D.	Bama.
Cajoler, *v. a.*	Naïjalä.	Aladia.
Cajolerie, *s. f.*	Naijale, B.	Aladia.
Cajoleur, *s.*	Naijalekat, B.	Aladiaba.
Calamité, *s. f.*	Ndogal, G; Kassara, B.	Abonona.
Calcul, *s. m.*	Woigne, V.	Adang.

Français.	Wolof.	Bambara.
Calculateur, s. m.	Woignekat, B.	Daniba.
Calculer, v. a.	Woignă.	Adang.
Cale, s. f.	Faigarre, B.	Ablakéréfey.
Caleçon, s. m.	Diata, D.	Kouloussy.
Caler, v. a.	Faigarrä.	Ablakéréfey.
Calfater, v. a.	Sàgnă.	Datougoula.
Calme, adj.	Déw.	Fientey.
Calmer, v. a.	Déwală.	Fienté.
Calomniateur, s.	Dhiwkat, B.	Amamakoumaba.
Calomnier, v. a.	Dhiw.	Amamakouma.
Calomnieusement, adv.	Bou dhiw.	Amamakouma.
Calumet, s. m.	Nanou, B.	Dira.
Calvitie, s. f.	Jankje, B.	Koundhié.
Camarade, s.	Ande, B.; Morome, M.	Ntary.
Caméade, s. f.	Dhiăre, G.	
Caméléon, s. m.	Nkaketor, L.	Nonsy.
Caméléopard, s. m.	Gueléme ou ale, G.	Gnamoukoungo.
Camisade, s. f.	Răgnâne, G.	Soufey.
Camp, s. m.	Ailey, D.	Sourako-woirey.
Campagne, s. f.	Deuk, B; Dhiéry, D.	Dougou.
Campos, s. m.	Mbaél, M.	Abégaambela.
Canaille, s. f.	Sayesaye, B.	Mafiéman.
Canapé, s. m.	Ngatane, L.	Dlany.
Canard, s. m.	Jankjele, B.	Boumou.
Canceller, v. a.	Färä.	Akotkagouri.
Cancre, s. m.	Sipsipaje, B.	
Candeur, s. f.	Saitaye ou jole, B.	Ikonokadhié.
Candide, adj.	Saite.	Ikadhiey.
Canne, s. f.	Yéte, V.	Berkey.
Canonnade, s. f.	Ndiore, L.	Akadhian.
Cantique, s. m.	Mada, D.	Mory-donkily.

Français.	Wolof.	Bambara.
Canton, *s. m.*	Deuk, B.	Dougou.
Capable, *adj.*	Mäne.	Gnessey.
Capelet, *s. m.*	Diamärre, D.	Dhioly.
Capitale, *s. f.*	Deuk ou bour, B.	Fama-dougou.
Capituler, *v. n.*	Diébalé.	Assagama.
Capon, *s.*	Rägäle, B.	Abisseran.
Caponner, *v. n.*	Rägälä.	Abisseran.
Captif, *adj.*	Diâme, G.	Dhio.
Captivité, *s. f.*	Ndiâme, G.	Dhiogna.
Caqueter, *v. n.*	Sauw.	Woyo.
Caqueterie, *s. f.*	Nthiauw, L.	Woyo.
Caqueteur, *s.*	Sauwkat.	Woyoba.
Car, *conj.*	Ndigny.	Katougou.
Caractère, *s. m.*	Dhiko, D.	Soo.
Carapace, *s. f.*	Keule ou bonâte, B.	Kouna-kougna.
Caravane, *s. f.*	Ndiägue, L.	Dhiouraou.
Carcasse, *s. f.*	Y yaïe, Y.	Koulo.
Carder, *v. a.*	Feurä.	
Cardeur, *s.*	Feurekat, B.	
Carême, *s. m.*	Nkore, G.	Soung.
Caresse, *s. f.*	Kotiajetey, B.	Itlo-féréférey.
Caresser, *v. a.*	Kotiajeté.	Itlo-séréféré.
Carguer, *v. a.*	Taïagnä.	Amiliké.
Carlin, *s. m.*	Jadhie bou ntoute, B.	Woulou-dée.
Carnage, *s. m.*	Ndiangale, L.	Soboly.
Carnassier, *adj.*	Laikekat ou yape.	Sougodoumba.
Carnassière, *s. f.*	Mbojosse ou reube, M.	
Carpe, *s. m.*	Tiou, B.	Balokala.
Carquois, *s. m.*	Toungâre, B.	Tôo.
Carrer, *v. a.*	Pindalä.	Tousa.
Cartilage, *s. m.*	Koutoutoume, B.	Koulokama.
Casaque, *s. f.*	Thiogou, B.	Woulo.
Case, *s. f.*	Naigue, B.; Keurre, G.	Bôo so.

Français.	Wolof.	Bambara.
Cassant, *adj.*	Lou di gaw todhie.	Minty-kady.
Cataracte, *s. f.*	Jélinte, B.	Gniédhiey.
Catarrhe, *s. m.*	Sodhie, M.	Moura.
Catarrheux, *adj.*	Kou sodhie.	Mouraba.
Catholicisme, *s. m.*	Yône ou Issa, V.	
Catholique, *adj.*	Kou tope yône ou Issa.	
Catin, *s. f.*	Garbo, B.	Dhiado.
Cauchemar, *s. m.*	Mbaithientane, M.	
Causer, *v. a.*	Wajetanä.	Kidéfara.
Causeur, *s. et adj.*	Wajetanekat.	Kidéfaraba.
Cauteleusement, *adv.*	Bou mousse.	Ngnana.
Cauteleux, *adj.*	Mousse.	Ngnana.
Caution, *s. f.*	Wakirlou, B.	Séréy.
Cautionner, *v. a.*	Wakirlou.	Séré.
Cavale, *s. f.*	Wadiäne, V.	Sou-mousso.
Cavalier, *s. m.*	Varrekat, B. ; Gaware, G.	Yélémba.
Cavité, *s. f.*	Beutebeute, B.	Soua.
Ce, cet, cette, *pron.*	Biley, Dhiley, Guiley.	Ny.
Ces.	Yaley, Yiley.	
Ceci, *pron.*	Liley.	Ny.
Céder, *v. a.*	Tinä.	Assolnado.
Ceindre, *v. a.*	Lajassou.	Ithiesséri.
Ceinture, *s. f.*	Lajassaye.	Thiessérila.
Cela, *pron.*	Laley.	Yamfey.
Célébrer, *v. a.*	Woyanä.	Délély.
Célibataire, *s. m.*	Kou amoul diabar, K.	Thiégona.
Celui, celle, *pron.*	Kou, Mome.	Aouhey ; Ambey.
Ceux, celles.	Gnome, Gnou.	
Celui-ci, celle-ci, *pron.*	Liley.	
Ceux-ci, celles-ci.	Yiley.	
Celui-là, celle-là, *pron.*	Baley.	
Ceux-là, celles-là.	Yaley.	

Françaes.	Wolof.	Bambara.
Cendre, *s. f.*	Dôme, B.	Bougouridhié.
Censure, *s. f.*	Mbougal, M.	Kotiya.
Cent, *nomb.*	Témer.	Kémey.
Centenaire, *adj.*	Kou amä témer y atte.	
Centième, *adj.*	Témerel.	
Centre, *s. m.*	Digue, B.	Tlanthiey.
Centuple, *s. m.*	Témer y témer y yone, Y.	
Cercle, *s. m.*	Märgeul, B.	Akory.
Cercueil, *s. m.*	Ntade, G.	Soudoly.
Cérémonie, *s. f.*	Balou, B.	Hakéto.
Cérémonieux, *adj.*	Baloukat.	Hakétoba.
Cerf-volant, *s. m.*	Nawal, B.	
Certain, *adj.*	Deugue.	Thiéndo.
Certainement, *adv.*	Bou deugue ; Lole.	Oo.
Certes, *adv.*	Thia deugue, V.	Thiendo.
Certifier, *v. a.*	Wajä deugue.	Thienfo.
Cerveau, cervelle, *s.*	Yore, G.	Kouney.
Cesser, *v. n.*	Sotalä.	Tlara.
Cet. *Voyez* Ce.		
Cétacé, *s. m.*	Ngaga, L.	
Chabot, *s. m.*	Bédhie, B.	
Chacun, *pron.*	Kounaike.	Mabiey ; Oubiey.
Chagrin, *s. m.*	Nakjar, V.	Dimiga.
Chagrinant, *adj.*	Guétane.	Agnégoin:
Chaîne, *s. f.*	Thialala, G.	Dhioloko.
Chaînette, *s. f.*	Thialala gou ntoute, G.	Dhioloko-ny.
Chair, *s. f.*	Yape, V.	Sogo.
Chaleur, *s. f.*	Tangaye, B.	Akagoin.
Chalit, *s. m.*	Bänte ou lale, B.	Dladhiry.
Chamailler, *v. n.*	Joulo.	Kiri.
Chamarrer, *v. a.*	Näjätä.	Agnigué.

Français.	Wolof.	Bambara.
Chambre, s. f.	Naigue, B.	Boo.
Chambrette, s. f.	Naigue bou ntoute, B.	Boony.
Chameau, s. m.	Gueléme, G.	Gnamon.
Champ, s. m.	Tole, B.	Fourou.
Champignon, s. m.	Mbare ou mbôte, M.	
Chanceler, v. n.	Dhiaétédhiaéti, V.	
Chancellement, s. m.	Ndhiaeténdhiaéty, M.	
Chancre, s. m.	Koulifétangne, B.	Mporo.
Change, s. m.	Véthikou, B.	Afaley.
Changer, v. a.	Véthié.	Afalé.
Changeur, s. m.	Véthiékat, B.	Afaléba.
Chanson, s. f.	Voé, V.	Donkily.
Chanteau, s. m.	Abdok, B.	Kounkourou.
Chanter, v. a.	Voée.	Donkili.
Chanteur, s.	Voékat, B.	Donkilidaba.
Chapelet, s. m.	Kourousse, G.	Korossy.
Chapelle, s. f.	Diangou, B.	Kalagnoro.
Chapon, s. m.	Bädhie, G.	Kobo.
Chaponner, v. a.	Morrä.	Kobo.
Char, s. m.	Mbame, M.	
Charbon, s. m.	Nkărigne, L.	Finfy.
Charbon allumé.	Jäle, V.	Tassemakamy.
Charbonner, v. a.	Nioulalä.	Afigna.
Chardon, s. m.	Jomjome, B.	
Charge, s. f.	Yébe, B.	Dony.
Charger, v. a. { un bâtiment.	Yébä.	Kounoufa.
{ un fusil.	Sojä.	Assoné.
{ sur le dos.	Gadou.	Adaïkamaka.
{ un animal.	Seufä.	Adako.
Charger (se), v. r.	Gadou.	Adaïkamaka.
Charitable, adj.	Särajekat.	Särajaboba.

Français.	*Wolof.*	*Bambara.*
Charitablement, *adv.*	Bou sărăje.	Sărăja.
Charité, *s. f.*	Săraje, s.	Sărăja.
Charivari, *s. m.*	Nthiauw, L.	Woyo.
Charmant, *adj.*	Raféte.	Akagny.
Charme, *s. m.*	Rafétaye, B.	Athiékagny.
Charpente, *s. f.*	Yaite, M.	Adessey.
Charpenter, *v. a.*	Yaită.	Adessé.
Charpentier, *s. m.*	Yaitekat, B.	Desséliba.
Chas, *s. m.*	Nkane ou poursa, B.	Misseli-dengney.
Chasse, *s. f.*	Reube, G.	Sougoufa.
Chasser, *v. a.* (*V.* le *Dictionnaire wolof.*)	Guéné. Dakjă. Reubă.	Bo. Agoué. Sougafa.
Chasseur, *s.*	Reubekat, B.	Sougoufaba.
Chassie, *s. f.*	Lâsse, V.	Gniebo.
Chaste, *adj.*	Dioulite; Moumine.	Moriya.
Chastement, *adv.*	Bou dioulite; Bou moumine.	Aka-moriya.
Chat, chatte, *s.*	Voundou, V.; Mousse, M.; Dhianăbe, D.	Dhiakouma.
Châtiment, *s. m.*	Nguétane, L.	Agnany.
Chatouillement, *s. m.*	Gnăramtale, B.	Agnajaly.
Chatouiller, *v. a.*	Gnăramtală; Niorjălă.	Agnajali; Itlo-féréférey.
Chatouilleux, *adj.*	Gnăramtalekat; Niorjălekat.	Agnajaliba; Féréféréba.
Châtrer, *v. a.*	Morră.	Kobo.
Châtreur, *s. m.*	Morrekat, B.	Koboba.
Chaud, *adj.*	Tangue.	Akagoin.
Chaudement, *adv.*	Bou tangue.	Akagoin-kodhiougou
Chaudière, *s. f.*	Nkawedire, L.	Néguédă.
Chaudron, *s. m.*	Nkassey, L.	Dâny.
Chauffer, *v. a.*	Tangală; Bajală.	Agolegna; Davouli.

Français.	Wolof.	Bambara.
Chauffer (se), v. r.	Diarou.	Idhia.
Chaumière, s. f.	Leule, B.	Bougou.
Chaussure, s. f.	Dalle, V.	Sabara.
Chauve, adj.	Jankje.	Koudhiey.
Chauve-souris, s. f.	Ndhiougoube, L.	Korofiney.
Chavirer, v. n.	Souïă.	Kounouatounouna.
Chef, s. m.	Kaïlifa, G.	Kountiguy.
Chemin, s. m.	Yonne, V.; Ngăre, M.	Sira.
Chemise, s. f.	Mboube, M.; Njoussaba, L.	Dloky.
Chemisette, s. f.	Njoussaba lou ntoute L.; Mboube mou ntoute, M.	Dloky-ny.
Chenille, s. f.	Vérre, V.; Gassaje, V.	Ntoumou.
Cher, adj.	Diafey.	Akagoley.
Chercher, v. a.	Voută.	Agnini.
Chercheur, s. m.	Voutekat, B.	Gniniba.
Chèrement, adv.	Bou diafé.	Akagoley.
Cherté, s. f.	Diaféaye, B.	Agoleya.
Cheval, s. m.	Făsse, V.	So.
Cheveu, s. m.	Kaware, G.	Sy.
Chèvre, s. f.	Sikette mou dhiguéne, M.	
Chevreuil, s. m.	Barôme, B.	Kolony.
Chevron, s. m.	Laâ, B.	Nkory.
Chevroter, v. n.	Teubantou.	Ipan.
Chez, prép.	Thia keurre.	Tanaé-so.
Chicane, s. f.	Joulo, B.	Kiry.
Chicaner, v. n.	Joulo.	Kiri.
Chicaneur, s.	Joulokat.	Kiriba.
Chiche, adj.	Yaïane.	Assago.
Chichement, adv.	Bou yaïane.	Assago.

Français.	Wolof.	Bambara.
Chicorée, *s. f.*	Jaimtane, M.	
Chicot, *s. m.*	Keulkalite, B.	Abilama.
Chien, chienne, *s.*	Jadhie, B.	Woulou.
Chien, *s. m.* (Pièce d'une arme à feu.)	Peureupousse , B.	Kérédoda.
Chier, *v. n.*	Doulă ; Poupă.	Boké.
Chieur, *s.*	Doulekat , B. ; Poupekat, B.	Bokéba.
Chiffon, *s. m.*	Sagare, V.	Finikolo.
Chiffonner, *v. a.*	Gnargo.	Akouroula.
Chignon, *s. m.*	Dokje, D.	Too.
Chiquenaude, *s. f.*	Mouna, B.	Atory.
Chirurgien, *s. m.*	Fadhiekat, B.	Boliboba.
Choc, *s. m.*	Ndagne, L.	Atan.
Choisir, *v. a.*	Tannă.	Arotomo.
Chopper, *v. n.*	Fakatalou.	Ségossila.
Chose, *s. f.*	Leuse, L. ; Dieuf, D.	Féen.
Chouette, *s. f.* Oiseau.	Njerdhiédhie , L.	
Christ, *s. m.*	Issa.	
Christianisme, *s. m.*	Yône ou Issa, V.	
Chute, *s. f.*	Dhielle, B.	Bira.
Cicatrice, *s. f.*	Laigate, B.	Dhiolinon.
Ciel, *s. m.*	Assamană , D.	Ngnalakolo.
Cigale, *s. f.*	Sălire , B.	
Cil, *s. m.*	Jeffe, V.	Gnessy.
Ciller, *v. a.*	Jamjamală.	Gnié-féréférey.
Cinq, *nomb.*	Dhiouroum.	Doulou.
Cinquante, *nomb.*	Dhiouroum fouk.	Tan-doulou.
Cinquantième, *adj.*	Dhiouroum foukel.	Tan-doulouna.
Cinquième, *adj.*	Dhiouroumel.	
Cinquièmement, *adv.*	Bou dhiouroumel.	
Cirage, *s. m.*	Bombe, B.	Afra.
Circoncire, *v. a.*	Tégou.	Forotigué.

Français.	*Wolof.*	*Bambara.*
Circoncis, *s. m.*	Kou tégou, G.	Aforotiguey.
Circoncision, *s. f.*	Tégale, B.	Forotiguey.
Circonférence, *s. f.*	Vorre, B.	Dhianfa.
Circonspect, *adj.*	Saitelou; Téyelou.	Akénéma.
Cire, *s. f.*	Tiampore, B.	Sébéfou.
Cirer, *v. a.*	Bombä.	Afra.
Ciron, *s. m.*	Ngnôtôte, V.	Siempérey.
Cité, *s. f.*	Deuk bou ry, B.	Dougouba.
Citerne, *s. f.*	Taine, B.; Kambe, G.	Kolo.
Citrouille, *s. f.*	Nadhiey, B.	Dhiey.
Civiliser, *v. a.*	Dhioubanti.	Atté.
Civilité, *s. f.*	Ntéde, G.; Téranga, G.	Kognouma.
Clair, *adj.*	Lairre; Téye.	Kanadhiey; Agnékado.
Claque, *s. f.*	Mpesse, M.	Téguérey.
Claquement, *s. m.*	Kotekoty, B.	Yéréyérey.
Claquer, *v. n.*	Tathiou.	Déguéréfo.
Clarification, *s. f.*	Saiguesaigue, B.	Atony.
Clarifier, *v. a.*	Saiguä.	Atoni.
Clarté, *s. f.*	Lairre, G.	Kanadhiey.
Clavicule, *s. f.*	Guénde, G.	Issogora.
Clef, *s. f.*	Dôme, B.	Kounéguey.
Cloche, *s. f.*	Diololy, B.; Walwal, B.	Woyowoyo.
Clocher, *v. n.*	Sôjä.	Yéguery.
Clochette, *s. f.*	Diololy bou ntoute, B.	Woyowoyo-ny.
Cloporte, *s. m.*	Wärwärane, V.	Sanimilimili.
Clore, *v. a.*	Niaguä.	Sinsa.
Clou, *s. m.*	Dinkatite, B.	Pempey.
Clouer, *v. a.*	Dadhiä.	
Coaguler, *v. a.*	Vayä.	Assimira.

Français.	Wolof.	Bambara.
Coccyx, s. m.	Nkousse, G.	Idhioukou.
Cochon, s. m.	Mbame, M.	Faly.
Cœur, s. m.	Jole, B.	Sôo.
Coffre, s. m.	Vajandey, V.	
Cognée, s. f.	Sémigne, V.	Dhiéley.
Cogner, v. a.	Feuguă.	Akonko.
Cogner (se), v. r.	Fainnkjo.	Gossougnana.
Coin, s. m.	Roukje, B.	Dogodogo.
Coït, s. m.	Nioussey, B.	Bekey.
Colère, s. f.	Merre, M.	Selly.
Colérique, adj.	Merrekat.	Selliba.
Colibri, s. m.	Maramelaisselaisse, B.	
Collaborateur, s. m.	Liguéyando, B.	Thiakégnouanfey.
Collation, s. m.	Jade, B.; Ndogou, L.	
Colle, s. f.	Dake, B.	Kanakonon.
Collègue, s. m.	Andaley, B.	Tamagnoa.
Coller, v. a.	Takjală.	Anoro.
Collier, s. m.	Thiakje, B.	Konon.
Colline, s. f.	Tounde vou ntoude, V.	Tindy-ny.
Collyre, s. m.	Nkordio, G.	
Colombe, s. f.	Mpétaje ou mariame, M.	Ntefa.
Colon, s. m.	Băyekat ou souf, B.	Thikéba.
Combat, s. m.	Järey, V.	Kéley.
Combattre, v. a.	Järé.	Kélé.
Combien, adv.	Niata.	Dhiolido.
Combinaison, s. f.	Boley, B.; Woigne, B.	Afaragnouanka ; Adang.
Combiner, v. a.	Bolé; Woignă.	Afaraguouanka ; Adang.
Combler, v. a.	Faissală.	Abosso.

Français.	Wolof.	Bambara.
Combustible, *adj.*	Lou gaw läke.	Adhiénékady.
Combustion, *s. f.*	Läke, G.	Dhiény.
Commandant, *adj.*	Bour, B.; Yéblékat, B.	Fama.
Comme, *adv.*	Naka.	Ébédy.
Commencement, *s. m.*	Ndortey, L.	Koufolo.
Commencer, *v. a.*	Dorä.	Ibolodouaro.
Comment, *adv.*	Naka.	Ébédy.
Commerçant, *s.*	Diaéekat ; Sopandi-koukat, B.	Assamba.
Commerce, *s. m.*	Sopandikou, B.	Akabougou.
Commercer, *v. n.*	Sopandikou.	Akabougou.
Commettre, *v. a.*	Défä.	Haké.
Commission, *s. f.*	Ndigal, L. ; Yaban-tey, B.	Adéguey ; Blafey.
Commotion, *s. f.*	Fainnkjo, B.	Agossignouana.
Compacte, *adj.*	Dägar.	Kouna.
Compagnie, *s. f.*	Mbotaye, G.; Mbolo, M.	Dhiama.
Compagnon, *s. m.*	Andaley, B.	Itamagnoua.
Comparer, *v. a.*	Yämalé.	Akounkégna.
Compassion, *s. f.*	Yärame, G.	Makary.
Complaisance, *s. f.*	Yéney, B. ; Yiwe, v.	Magakanouyé ; Hé-rey.
Complaisant, *adj.*	Yénékat.	Kanouba.
Compléter, *v. a.*	Motali.	Alaba.
Compliment, *s. m.*	Näyou, B.	Afo.
Complimenter, *v. a.*	Näyou.	Afo.
Complimenteur, *s.*	Näyoukat, B.	Foliba.
Comprendre, *v. a.*	Déguä.	Amé.
Comprimer, *v. a.*	Nälä.	Abissi.
Compte, *s. m.*	Woigne, v.	Adang.
Compter, *v. a.*	Woignä.	Adang.
Concasser, *v. a.*	Dämatä.	Ati.

Français.	Wolof.	Bambara.
Concentrer, *v. a.*	Bolé.	Afaragnouanka.
Concert, *s. m.*	Aou, B.	Alamena.
Concevoir, *v. a.*	Diapă ; Birä.	Konon-yeley.
Concitoyen, *s.*	Kou boke deuke.	Baleman.
Conclure, *v. a.*	Dogală.	Sonngnotigué.
Concubinage, *s. m.*	Ndialo, L.	Dhiadoya.
Concurrent, *s.*	Jăthio, B.	Assama-gnouanthiey.
Condamnation, *s. f.*	Mbougal, M.	Agnany.
Condisciple, *s. m.*	Mâsse, G.	Fla.
Conducteur, *s.*	Gounguékat, B.	Amantoba.
Conduire, *v. a.*	Goungué.	Amanto.
Conduite, *s. f.*	Goungué, M.	Amanto.
Confidence, *s. f.*	Ndéye, M.	Mamakoumakey.
Confident, *s.*	Ndéyaley, B.	Nkoumagnoua.
Confins, *s. m. pl.*	Vaite, G.	Akéréfey.
Confirmer, *v. a.*	Warlou.	Aber-kala.
Conflit, *s. m.*	Joulou, B.	Kiry.
Confluent, *s. m.*	Ndadiey ou daïje, G.	Ba-akoumbeyoro.
Confluent, *adj.*	Ndiambale, L.	
Confondre, *v. a.*	Diajassé.	Akoulonso.
Conforme, *adj.*	Niro.	Oukakan.
Conformer, *v. a.*	Nirolé.	Oukakagna.
Confrère, *s. m.*	Ande, B. ; Andaley, B. ; Boke, B.	Ntary.
Confus, *adj.*	Roussekat.	Maloba.
Congé, *s. m.*	Mbaél, M.	Abegaambela.
Congédier, *v. a.*	Dakjä ; Guéné.	Agoué.
Congrégation, *s. f.*	Ndadiey, L.	Dhiama.
Conjecture, *s. f.*	Mbougal, M. ; Ndéfey, M.	Abegnana.
Conjointement, *adv.*	Bou takjalo.	Akanorala.
Connaissable, *adj.*	Lou gnou mănă jamă.	Ouyamindo.
Connaisseur, *s.*	Jamekat, B.	Adonba.

Français.	Wolof.	Bambara.
Connaître, *v. a.*	Jamă.	Adon.
Conquérir, *v. a.*	Dakjă ; Gnodi.	Agoué.
Conscience, *s. f.*	Ntéde, G.	Magnouma.
Conseil, *s. m.*	Ndigăle, L.	Adéguey.
Conseiller, *v. a.*	Digălă.	Adégué.
Conserver, *v. a.*	Dinthiă.	Ablakagnouma.
Considérer, *v. a.*	Térală.	Kognoumakeyey.
Consigner, *v. a.*	Dinkă.	Akalifa.
Consistance, *s. f.*	Făre, B.	Akagoury.
Consolateur, *s.*	Dakjekat ou nakjar, B.	Adhialakiba.
Consoler, *v. a.*	Dakjă nakjar.	Adhialaki.
Consommer, *v. a.*	Diéjală.	Abana.
Conspiration, *s. f.*	Nkore, G.	Dhianfa.
Conspirer, *v. n.*	Orră.	Dhianfa.
Consterner, *v. a.*	Roussă.	Malo.
Constipation, *s. f.*	Sănke, B.	Ikono-adhiara.
Constiper, *v. a.*	Sănkă.	Ikono-adhiara.
Construire, *v. a.*	Défară ; Tabajă ; Bintă.	Adla.
Consultant, *adj.*	Ko diojey ndigale.	Adhialakiba.
Consulter, *v. a.*	Digală.	Adhialaki.
Consumer, *v. a.*	Yakjală.	Athiana.
Consumer (se), *v. r.*	Yakjou.	Nthiana.
Contagion, *s. f.*	Wale, B.	Sa-ya.
Conte, *s. m.*	Laîbe, V.	Nangataleda.
Contemplateur, *s.*	Saiteloukat, B.	
Contempler, *v. a.*	Saitelou.	
Contenance, *s. f.*	Attane, B.	Gniesse-koro.
Contenant, *adj.*	Lou attane.	Gniessegaminta.
Contenir, *v. a.*	Attană.	Gniesse-koro.
Contenter, *v. a.*	Néjală.	Aladia.
Contenter (se), *v. r.*	Néjatou.	Gnajaly.
Contentieux, *adj.*	Joulokat.	Kiriba.

Français.	Wolof.	Bambara.
Contenu, *s. m.*	Défe, B.	
Conter, *v. a.*	Nétali.	Koumalatali.
Contestation, *s. f.*	Joulo, B.	Kiry.
Contester, *v. a.*	Joulo.	Kiri.
Conteur, *s.*	Nétalikat, B.	Koumalataliba.
Continence, *s. f.*	Ndioulite, M.; Moumine, M.	Moria.
Continuateur, *s. m.*	Motalikat, B.	Alababa.
Continuer, *v. a.*	Motali.	Alaba.
Contour, *s. m.*	Vaite, G.	Kéréfey.
Contracter, *v. a.*	Leblé.	Donoli.
Contradicteur, *s. m.*	Joulokat, B.	Kiriba.
Contradiction, *s. f.*	Joulo, B.	Kiry.
Contradictoire, *adj.*	Vaidi.	Assossola.
Contradictoirement, *adv.*	Bou vaidi.	Assossola.
Contraindre, *v. a.*	Nopi.	Imanton.
Contrainte, *s. f.*	Diégnetale, B.	Ablala.
Contraire, *adj.*	Lou bone.	Kodhiougou.
Contrarier, *v. a.*	Sonalé.	Ibeganségué.
Contrariété, *s. f.*	Joulo, B.	Kiry.
Contrat, *s. m.*	Ndiändey, L.	Assama.
Contre, *prép.*	Thy vaite.	Abey.
Contredire, *v. a.*	Vaidi.	Adaladhié.
Contredisant, *adj.*	Vaidikat, B.	Adaladhiéba.
Contredit, *s. m.*	Nvaidi, M.	Adaladhiey.
Contrée, *s. f.*	Deuk, B.	Dougou.
Contremander, *v. a.*	Vaidi beutajel.	
Contribution, *s. f.*	Nkoubal, L.	Sajaley.
Contrister, *v. a.*	Nakjarlo.	Demiadouaro.
Contrition, *s. f.*	Réthiou, M.	Mado.
Contusion, *s. f.*	Néau, B.	Afounouna.
Convaincre, *v. a.*	Yégallä.	Afouyoukadon.

Français.	Walof.	Bambara.
Convenir, *v. n.*	Apă.	Inférnamima.
Convention, *s. f.*	Wajaley, B.	Sonngnofo.
Convertir, *v. a.*	Véthié.	Afalé.
Copeau, *s. m.*	Étite, B.	Dhiry-féléman.
Copier, *v. a.*	Soti.	Ayelema-kokoura.
Coq, *s. m.*	Saikje, G.	Donoou.
Coqueluche, *s. f.*	Jourette, B.	Souassoua.
Coquillage, coquille, *s.*	Jorre, V.	Kanko.
Corail, *s. m.*	Korothie, G.	Kaboro.
Corbeau, *s. m.*	Bajaigne, B.	
Corbeille, *s. f.*	Nıägue, L.	Korisséguy.
Cordage, corde, *s.*	Boume, G.	Dhiourou, Fou.
Cordeler, *v. a.*	Wăgnă.	Garifouga.
Cordelette, *s. f.*	Boume gou ntoute, G.	Dhiourou-ny.
Cordelle, *s. f.*	Ntéréte, L.	
Cordon, *s. m.*	Tăkou, B.	
Cordonnerie, *s. f.*	Nkoudey, G.	Garankey.
Cordonnier, *s. m.*	Oudey, B.	Garankey.
Corne, *s. f.*	Bédhine, B.	Bien.
Corps, *s. m.*	Yarame, V.	Fary.
Correspondre, *v. n.*	Tontou.	Alamena.
Corriger, *v. a.*	Dhioubănti.	
Corrigibie, *adj.*	Lou gnou mănă dhioubănty.	
Corrompre, *v. a.*	Yakjă; Jassaw; Noură.	Athian.
Coryza, *s. m.*	Niändajite, V.	Noundhy.
Côte, *s. f.*	Fâre, V.	Galaka.
Côté, *s. m.*	Vaite, G.	Ikérey.
Cotillon, *s. m.*	Mpindalâte, M.	Dhioulafiny.
Coton, *s. m.*	Vouténe, V.	Kory.
Cotonnier, *s. m.*	Garap ou vouténe, V.	Kory-dhiry.

Français.	*Wolof.*	*Bambara.*
Craintivement, *adv.*	Bou răgalou.	Abisseran.
Crampe, *s. f.*	Sidite ou bouki, B.	Gnongno-passadhia.
Cramponner, *v. a.*	Dérou.	Igoleya.
Crâne, *s. m.*	Nkangne, L.	Kounkoulo.
Crapaud, *s. m.*	Mbôtê, M.	Ntory.
Craquer, *v. n.*	Rală.	
Craqueur, *s.*	Narrekat, B.	Kalontiguela.
Crasse, *s. f.*	Terre, B.	Noua.
Crasseux, *s. et adj.*	Terrékat.	Nouaba.
Cravan, *s. m.*	Diélore, B.	
Créancier, *s.*	Kou gnou laïbă, K.	Bougamindono.
Crédit, *s. m.*	Borre, B.	Dhiourou.
Crépuscule, *s. m.*	Mbirite ou ngône, G.	
Crête, *s. f.*	Jore, V.	Kanko.
Crêteler, *v. n.*	Dhiéndhiă.	
Crevasse, *s. f.*	Jarjare, B.	
Crever, *v. n.*	Dée.	Saya.
Creuser, *v. a.*	Gassă.	Déngnessé.
Creux, *adj.*	Jôte.	Akadoun.
Cri, *s. m.*	Youjou, B.; Sabine, V.	Kassy.
Criard, *adj.*	Dioéekat.	Kassiba.
Cribler, *v. a.*	Dhiéri.	Afié.
Cribleur, *s. m.*	Dhiérikat, B.	Afiéba.
Crier, *v. n.*	Yéné.	Gangnali.
Crierie, *s. f.*	Yéney, B.	Gangnaly.
Crime, *s. m.*	Bakar bou ry, B.	Gnama.
Crin, *s. m.*	Nthiounkore, L.	Sy.
Crispation, *s. f.*	Ngnodhie, B.	Kouloudhiara.
Crocodile, *s. m.*	Mayemayedo, B.	Bama.
Croire, *v. a.*	Guemă; Défé.	Ndalara.
Croître, *v. n.*	Maguă.	Korla.
Croquignole, *s. f.*	Mouna, B.	Atory.
Crottin, *s. m.*	Ndéfe ou făsse, V.	Soubo.

Français.	Wolof.	Bambara.
Croupe, *s. f.*	Falarey, D.	Kokoun.
Croupion, *s. m.*	Nkousse, L.; Ntiou-te, L.	Boda.
Croupir, *v. n.*	Tâa.	Dhy-siguiyoro.
Croupissant, *adj.*	Tâa.	Dhy-siguiyoro.
Croûte, *s. f.*	Ake, V.	Fara.
Croûton, *s. m.* Morceau de croûte de pain.	Ake ou mbourou, M.	Deguey-fara.
Croyance, *s. f.*	Geumaye, B.	Adlara.
Cru, *adj.*	Niauroul.	Amamo.
Cruauté, *s. f.*	Ntiojor, G.	Yavessey.
Cruche, *s. f.*	Goute, B.	
Cruchon, *s. m.*	Kanne bou ntoute, B.	
Crudité, *s. f.*	Lou niauroul, L.	Amamo.
Crue, *s. f.*	Ndoly, M.	Afraka.
Cruel, *adj.*	Sojor.	Yavessey.
Cruellement, *adv.*	Bou sojor.	Yavessey-dhiougou.
Cu. *V.* Cul.		
Cubital, *s. m.*	Yaje ou lojo.	Bolokolo.
Cueillir, *v. a.*	Gãttä.	Ateké.
Cueilli, *part.*	Gätte.	Atekey.
Cuiller, *s. f.*	Nkoudou, G.	Guirbey.
Cuir, *s. m.*	Dairre, B.	Voulo.
Cuire, *v. n.*	Niaurä; Vadhiä.	Amona; Adhieni.
Cuit, *part.*	Niaure; Vadhie.	Amona; Adhieny.
Cuisant, *adj.*	Järrejarre.	
Cuisine, *s. f.*	Vâgne, V.	Gouabougou.
Cuisinier, *s.*	Toguekat, B.	Tobeliba.
Cuisse, *s. f.*	Loupe, B.	Wouro.
Cuisson, *s. f.*	Niaure, B.; Vadhie, B.	Amona; Adhieny.
Cuivre, *s. m.*	Jandiar, B.	Sira.
Cul, *s. m.*	Gatte, G.; Date, B.	Dhiou.
Culbute, *s. f.*	Seupädiallégne, B.	Abira.

Français.	Wolof.	Bambara.
Culbuté, *part.*	Dhioulôtou.	Abira.
Culotte, *s. f.*	Toubéye, D.	Kouloussy.
Cultivateur, *s. m.*	Băyekat, B.	Thiba.
Cultiver, *v. a.*	Bayă.	Thi.
Cultivé, *part.*	Băye.	Thy.
Culture, *s. f.*	Mbăye, M.	Thy.
Cupide, *adj.*	Aye.	Kadhiougou.
Curable, *adj.*	Lou gnou mănă fad-hie.	Nigna.
Curage, *s. m.*	Fompaye, B.	Afera.
Cure, *s. f.*	Véraye, B.	Akénéya.
Cure-dent, *s. m.*	Sothiou, B.	Gniarobo.
Cure-oreille.	Dhiougôte, B.	Aféréférey.
Curer, *v. a.*	Fompă ; Bombă.	Assey.

D

Français.	Wolof.	Bambara.
Dame, *s. f.*	Ndaossy, B.	Sounkourou.
Dandin, *s. m.*	Dofe, B.	Fato.
Danger, *s. m.*	Răgalou, B.	Séra.
Dans, *prép.*	Thia, thy, thiou, thia bire.	Abey-akono.
Danse, *s. f.*	Mpaithie, M.	Dôo.
Danser, *v. n.*	Faithiă.	Dôo.
Dard, *s. m.*	Faite, G.	Bien.
Darder, *v. a.*	Sanni faite ; Jathi.	Bien-abon.
Dartre, *s. f.*	Euroumbăte, B.	Kaba.
Datte, *s. f.*	Tandarma, D.	Tamaro.
Dattier, *s. m.*	Garap ou tandarma, G.	Tamaro-dhiry.
D'autant, *adv.*	Daye.	Abéféley.
Davantage, *adv.*	Eupe.	Akathia.

Français.	*Wolof.*	*Bambara.*
De, *prép.*	Ou.	A.
Débarbouiller, *v. a.*	Sälmou.	Ignéako.
Débarquement, *s. m.*	Yéby, B.	Abo.
Débarquer, *v. n.*	Wathié ; Yébi.	Dhigui.
Débat, *s. m.*	Joulo, B.	Kiry.
Débattre, *v. a.*	Jouloatou.	Kiri-kokoura.
Débauche, *s. f.*	Nthiayenthiaye, G.	Mafiéman.
Débaucher, *v. a.*	Sayesayelo.	Mafiéman.
Débiter, *v. a.*	Diaée.	Assan.
Débiteur, *s. m.*	Kou laibe, K.	Adono.
Débonnaire, *adj.*	Yombe.	Amagoley.
Débonnairement, *adv.*	Bou yombe.	Amagoley.
Déboucher, *v. a.*	Sagni.	Adayélé.
Débourrer, *v. a.*	Sokji.	Assony.
Débourser, *v. a.*	Fäyä.	Assara.
Debout, *adv.*	Tajaw.	Idôo.
Débrider, *v. a.*	Dindi lajabe.	Karbébo.
Débris, *s. m.*	Todhite, B.	Atty.
Débuter, *v. n.*	Dorä.	Kokoura.
Décéder, *v. n.*	Dée.	Saya.
Déceler, *v. a.*	Faignalä.	Ayéra.
Décembre, *s. m.*	Tabaski, V.	
Décence, *s. f.*	Ntéde, G. ; Ndiou-lite, M.	Agnako.
Décès, *s. m.*	Ndée, G.	Saya.
Déchaîner, *v. a.*	Dhiéngui.	Neguébola.
Déchaîner (se), *v. r.*	Dhiénguikou.	Neguébo.
Décharger, *v. a.*	Yébi.	Abo-kounoukono.
Décharger (se), *v. r.*	Yénikou.	Ignou.
Déchirer, *v. a.*	Joti.	Afara.
Déchirure, *s. f.*	Jotire, B.	Afara.
Décider, *v. a.*	Yébou.	Tabékonon.
Décider (se), *v. r.*	Yébou.	Tabékonon.

Français.	Wolof.	Bambara.
Décision, s. f.	Yébou, B.	Abékonon.
Déclamateur, s. m.	Nétalikat, B.	Ataliba.
Déclamation, s. f.	Nétaly, B.	Ataly.
Déclamer, v. a.	Nétali.	Atali.
Déclarer, v. a.	Yégalä.	Adon.
Déclore, v. a.	Sakji.	Sinsa-abo.
Déclouer, v. a.	Dadhi.	Athian.
Décoration, s. f.	Najâte, B.	Agnéguey.
Décorer, v. a.	Najâtä.	Agnégué.
Découcher, v. n.	Fananä ale.	Assira-nkengnoro.
Découdre, v. a.	Tépi.	Aflé.
Découler, v. n.	Sitä ; Sainä.	Avibon.
Découper, v. a.	Dogatä.	Arotégué.
Découpeur, s. f.	Dogatekat, B.	Arotéguéba.
Décousure, s. f.	Tépikou, B.	Aflénia.
Découverte, s. f.	Faignale, B.	Ayéra.
Découvrir (se), v. r.	Soumikou.	Imavoro.
Décrasser, v. a.	Räguä.	Akoou.
Décrépitude, s. f.	Magate, B.	Ikorla.
Décrocher, v. a.	Adhi.	Adhiguy.
Décroissement, s. m.	Vagnikou, B.	Dobola.
Décroître, v. n.	Vagni.	Dobola.
Décrotter, v. a.	Jaitä.	Assan.
Décrotteur, s. f.	Jaitekat, B.	Assanba.
Décrottoire, s. f.	Jaitoukaye, B.	Sannila.
Dédaigner, v. a.	Niawalä.	Ntékériro.
Dédaigneusement, adv.	Bou niawale.	Ntékériro.
Dédaigneux, adj.	Niawalekat.	Ntékériroba.
Dédain, s. m.	Jaite ou niawal, B.	
Dedans, adv.	Thia bire.	Akonon.
Dédire (se), v. r.	Vaidi.	Adaladhié.
Dédit, s. m.	Vaidy, B.	Adaladhiey.

Français.	*Wolof.*	*Bambara.*
Dédorer, *v. a.*	Jobi.	Aworo.
Déesse de la beauté.	Diongoma, D.	Athiékagny.
Défâcher (se), *v. r.*	Sijä.	Idoussou.
Défaire, *v. a.*	Tassä.	Athian.
Défaut, *s. m.*	Dioume, B.	Mflila.
Défendre, *v. a.*	Tairé.	Akanaké.
Défendre (se), *v. r.*	Tairéou.	
Défense, *s. f.*	Tairey, B.	Akanakey.
Défenseur, *s. m.*	Tairékat, B.	Akanakéba.
Déférer, *v. n.*	Tinä.	Assonado.
Défier, *v. a.*	Ragalou.	Abisseran.
Définir, *v. a.*	Téki.	
Défrayer, *v. a.*	Fäyalä ; Siw.	Assara.
Défrichement, *s. m.*	Bou daye, B.	Abefley.
Défricher, *v. a.*	Bayä ; Dayä.	Abeflé.
Défricheur, *s. m.*	Bayekat, B. ; Daye-kat, B.	Abefléba.
Dégaîner, *v. a.*	Bothi.	Aboussi.
Dégobillis, *s. m.*	Wathiou, B.	Tassaly.
Dégourdir, *v. a.*	Niakjalä.	Wossi.
Dégoutter, *v. n.*	Sitä.	Abitony.
Dégradation, *s. f.*	Jobikou, B.	Abiworo.
Dégraisser, *v. a.*	Dindi ndouféle.	Kée-abo.
Dégringoler, *v. a.*	Teubä ; Wathie bou gaw.	Ipan ; Dhiguy-dhio-na.
Dégrossir, *v. a.*	Wagni.	Dobola.
Dégueuler, *v. n.*	Wathiou.	Tassali.
Dehors, *adv.*	Thy bity.	Banama.
Déjà, *adv.*	Diaigue.	
Déjection, *s. f.*	Doûle, V.	Bo.
Déjeûner, *v. n.*	Ndéki.	Sougoumanfana.
Déjeûner, *s. m.*	Ndéky, L.	Sougoumanfana.
Déjoindre, *v. a.*	Téjali.	Afaragnouana.

Français.	*Wolof.*	*Bambara.*
De là, *adv.*	Thia fofaley.	Yanfey.
Délaisser, *v. a.*	Wathiä.	Afli.
Délassement, *s. m.*	Nopälikou, B.	Irofien.
Délasser, *v. a.*	Färlou.	Atalia ; Irofien.
Délateur, *s. m.*	Dhiëgnékat, B.	Adalaba.
Délation, *s. f.*	Ndhiégney, M.	Adala.
Délayement, *s. m.*	Jodhie, B.	Agniguy.
Délayer, *v. a.*	Jodhiä.	Agnigui.
Délectable, *adj.*	Kou naïje.	Akady.
Délecter (se), *v. r.*	Banéjou.	Gnajali.
Délibération, *s. f.*	Jélo, B. ; Saitelo, B.	
Délibérer, *v. n.*	Saitelou.	Akorbo.
Délicat, *adj.*	Naïje.	Akady.
Délices, *s. f. pl.*	Banéje, B.	Gnajaly.
Délicieusement, *adv.*	Bou naïje.	Akady.
Délicieux, *adj.*	Naïje.	Akady.
Délier, *v. a.*	Yéwi; Téki.	Aflé.
Délit, *s. m.*	Bakar ou nthiathie, L.	Gnama.
Délivrance, *s. f.*	Diébale, B.	Asségama.
Délogement, *s. m.*	Rognou, B.	Ayéléma.
Déloger, *v. n.*	Rognou.	Ayéléma.
Déloyauté, *s. f.*	Niake téranga, G.	Kountila.
Déluge, *s. m.*	Mbänne, B.	
Démaillotter, *v. a.*	Imbi.	
Demain, *adv.*	Euleuk.	Siny.
Demande, *s. f.*	Ladhie, B.	Agninika.
Demander, *v. a.*	Ladhiä.	Agninika.
Demandeur, *s. m.*	Ladhiekat, B.	Agninikaba.
Démarche, *s. f.*	Dojine, V.	Atamathiogo.
Démarrer, *v. a.*	Teki ; Yéwi.	Aflé.
Démâter, *v. a.*	Danélä.	Abi.
Démêlé, *s. m.*	Joulo, B.	Kiry.
Démêler, *v. a.*	Fassalé.	Afaragnouana.

Français.	Wolof.	Bambara.
Déménager, *v. a.*	Rognä.	Adony.
Démence, *s. f.*	Ndofe, M.	Fato.
Démenti, *s. m.*	Narlo, B.	Kalo.
Démentir, *v. a.*	Narlo.	Kalo.
Demeure, *s. f.*	Deuke, B.	Dougou.
Demeurer, *v. n.*	Deukä.	Dougou.
Demi, *adj.*	Guénne wal.	Tlanthiey.
Demi (à), *adv.*	Thy guénne wal.	Atlanthiey.
Demie, *s. f.*	Guénne wal, G.	Tlanthiey.
Demoiselle, *s. f.*	Diankje, B.; Jaigue, B.	Kimba.
Démolir, *v. a.*	Tassä ; Yakja.	Athiana.
Démolition, *s. f.*	Tassite, V.	Athiana.
Démon, *s. m.*	Nopijaléle, D.; Dhiney, D.	Koungnofey.
Démonstrateur, *s. m.*	Vanékat, B.	Adhiralaba.
Démonstratif, *adj.*	Deugue.	Thien.
Démontrer, *v. a.*	Văné.	Adéirala.
Dénicher, *v. a.*	Tagatou.	
Dénicheur, *s. m.*	Tagatoukat, B.	
Dénoncer, *v. a.*	Yéné.	Gangna.
Dénoncé, *part.*	Yéné.	Gangna.
Dénonciateur, *s. m.*	Yénékat, B.	Gangnaba.
Dénouer, *v. a.*	Faithi.	Aflé.
Dénoué, *part.*	Faithi.	Afley.
Denrée, *s. f.*	Dounde, G.; Dhiour, G.	Mimbéafey.
Dense, *adj.*	Toukje ; Dăgăre ; Disse.	Adournou.
Dent, *s. f.*	Boigne, B.	Gny.
Denture, *s. f.*	Signe, M.	Davoulo.
Dépareiller, *v. a.*	Jadhialé.	Afaragnouana.
Déparier, *v. a.*	Fässalé.	Afaragnouana.

Français.	Wolof.	Bambara.
Déparler, *v. n.*	Nopi.	Imanto.
Départ, *s. m.*	Ndioke, M.	Vouly.
Départir, *v. a.*	Saidalé.	Atla.
Dépayser, *v. a.*	Guennă ; Gadayelo.	Issali.
Dépêcher, *v. a.*	Gawantou.	Atalia.
Dépêcher (se), *v. r.*	Gawantou.	Atalia.
Dépendre, *v. a.*	Adhi.	Adhiguï.
Dépense, *s. f.*	Sanke, D.	Athiana.
Dépenser, *v. a.*	Sankă.	Athiana.
Dépérir, *v. n.*	Dânou ; Toškaré ; Omă.	Abira, gnani, passara.
Dépit, *s. m.*	Nakjar, V. ; Merre, M.	Makary. Saly.
Déplacer, *v. a.*	Taigui.	Ata.
Déplaire (se), *v. r.*	Nakjarlo.	Démiadouaro.
Déplanter, *v. a.*	Boudi.	Abo.
Déplantoir, *s. m.*	Boudikou, B.	Abora.
Déplier, déployer, *v. a.*	Lemmi.	Aflé.
Déplorer, *v. a.*	Réthiou.	Tounkado.
Déplumer, *v. a.*	Soukjī.	Sibo.
Déplumer (se), *v. a.*	Soukjikou.	Assibo.
Dépolir, *v. a.*	Gnassală.	Afary-akangnégné.
Déposer, *v. a.*	Taigui.	Ata.
Déposter, *v. a.*	Dakjă.	Agoué.
Dépouillement, *s. m.*	Bou dessite ; B. Gnory, B.	Ato.
Dépouiller, *v. a.*	Gnori.	Abola.
Dépouille, *s. f.*	Bouty, B.	Akounofara.
Déprédation, *s. f.*	Léle, B.	Souboly.
Dépréder, *v. a.*	Lélă.	Souboli.
Déprendre, *v. a.*	Téki.	
Dépression, *s. f.*	Săgaye, B.	Atony.
Déprimer, *v. a.*	Săgală.	Atoni.
Dépriser, *v. a.*	Sédé.	Séréba.

Français.	Wolof.	Bambara.
Dépuceler, *v. a.*	Todhiä raou ; Lékä.	Timba.
Depuis, *prép.*	Thy.	
Dépurer, *v. a.*	Séttalä.	Adhiéra.
Députer, *v. a.*	Yobanté.	Tanaé.
Déracinement, *s. m.*	Boudy garap, B.	Dhiery-bo.
Déraciner, *v. a.*	Boudi garap.	Dhiery-bo.
Déraison, *s. f.*	Kou amoul deugue, G.	Kafry.
Dérangement, *s. m.*	Yakjou, B.	Athiana.
Déranger, *v. a.*	Yakjä.	Athian.
Dérégler, *v. a.*	Sayesayä.	Mafiéman.
Dérision, *s. f.*	Saibe, B.	Amadigney.
Dériver, *v. a.*	Moyä yône.	
Dernier, *adj.*	Moudhiel.	Kossata.
Dernièrement, *adv.*	Bou moudhiel.	Kossata.
Dérober, *v. a.*	Sathiâ.	Sougnali.
Dérober (se), *v. r.*	Sathiou.	Sougnali.
Dérouiller, *v. a.*	Dindi jomake.	Abo-noua.
Dérouler, *v. a.*	Lénimi.	Aflé.
Déroute, *s. f.*	Ndaw, M.	Boly.
Derrière, *s. m.*	Guenaou, G. ; Bity, B.	Nko.
Dès, *prép.*	Bà.	Ntaley.
Désagréable, *adj.*	Thiono.	Gnany.
Désagréer, *v. n.*	Bagnä.	Iban.
Désagrément, *s. m.*	Thiono, B.	Gnany.
Désapprendre, *v. a.*	Faté.	Gninana.
Désargenter, *v. a.*	Jobi.	Awora.
Désarmer, *v. a.*	Dindi ganaye.	
Désassembler, *v. a.*	Fässalé.	Afaragnouana.
Désastre, *s. m.*	Toskarey, D.	Gnany.
Désastreux, *adj.*	Toskarékat.	Gnaniba.
Désavouer, *v. a.*	Mimä.	Iladhié.
Descendans, *s. m. pl.*	Domedomâte, B.	

Français.	Wolof.	Bambara.
Descendre, *v. n.*	Wathiä.	Dhigui.
Descendre, *v. a.*	Soufélä; Wathié.	Dhigui.
Descente, *s. f.*	Wathie, B.	Dhiguy.
Désembarquer, *v. a.*	Wathié; Yébi.	Dhigui.
Désemparer, *v. n.*	Gadayä.	Saly.
Désemplir, *v. a.*	Soti.	Abo.
Désenchaîner, *v. a.*	Dhiéngui.	Neguebola.
Désenfler, *v. a.*	Mojä.	Adhiguila.
Désennuyer, *v. a.*	Dakjä vaîte.	
Désenrouer, *v. a.*	Dindi sodhie.	Moura-assoumana.
Désensevelir, *v. a.*	Gnori niw.	
Désentêter, *v. a.*	Féralä.	Abossina.
Désert, *s. m.*	Ale, B.	Koungno.
Déserter, *v. a.*	Daw.	Boli.
Déserteur, *s. m.*	Dawkat, B.	Boliba.
Désertion, *s. f.*	Ndaw, M.	Boly
Désespérant, *adj.*	Ndiaje.	Kono-fiila.
Désespérer (se), *v. r.*	Diajä.	Kono-fiila.
Désespoir, *s. m.*	Ndiaje, M.	Kono-fiila.
Déshabillé, *s. m.*	Soumikou, B.	Amaworo.
Déshabiller (se), *v. r.*	Soumikou.	Amaworo.
Déshabitué, *part.*	Toubelo.	Sogoinsa.
Déshonnête, *adj.*	Taidadi.	Makountan.
Déshonnêteté, *s. f.*	Taidaîdy, B.	Makountan.
Déshonneur, *s. m.*	Ntorrajetey, L.	Malo.
Déshonorable, *adj.*	Ntorrajetey.	Malo.
Déshonorer, *v. a.*	Torrajalä.	Amafégna.
Desir, *s. m.*	Yébou, G.; Beugue, B.	Tabékonon.
Desirer, *v. a.*	Yébou; Beuguä.	Tabékonon.
Desireux, *adj.*	Yéboukat; Beugue-kat.	Tabékononba.
Dès-lors.	Thia fofaley.	Yanfey,
Désobéissance, *s. m.*	Bagnediamou, G.	Ibandiognama.

Français.	Wolof.	Bambara.
Désobéissant, *adj.*	Ko bagne diamou.	Ibandiognama.
Désordre, *s. m.*	Ndiangal, L.	Ngnalabouakey.
Désosser, *v. a.*	Dindi y yaje.	Koulobo.
Despumer, *v. a.*	Dindi mpourite.	Kangna-bo.
Desquamation, *s. f.*	Vâsse, B.	
Dessangler, *v. a.*	Dindi noujoura.	Nougoura-bo.
Desséchant, *adj.*	Lou vove.	Dhiala.
Desséchement, *s. m.*	Loudy vove, L.	Dhiala.
Dessécher, *v. a.*	Vovală.	Adhiala.
Dessein, *s. m.*	Jélo, G.	
Desseller, *v. a.*	Dindi ntégue.	Kiriké-bo.
Desserrer, *v. a.*	Dinthiatou.	Ablayoro.
Desserte, *s. f.*	Dessite, B.	Ato.
Desservir, *v. a.*	Taigui.	Ata.
Dessoûler, *v. a.*	Dindi mandi.	
Dessous, *adv.*	Soufe.	Dougouma.
Dessous, *s. m.*	Soufe, S.	Dougouma.
Dessus, *adv.*	Kaw.	Saro.
Dessus, *s. m.*	Kaw, G.	Saro.
Destiner, *v. a.*	Diémmă.	Digala.
Destituer, *v. a.*	Folli.	
Destructeur, *s. m.*	Yakjekat, B.	Athienba.
Détacher, *v. a.*	Téki ; Yéwi.	Aflé.
Détacher (se), *v. r.*	Tékikou.	Aflé.
Déteindre (se), *v. r.*	Fouri.	
Détendre, *v. a.*	Yolămbală.	Amaya.
Détente, *s. f.*	Soule ou faital, G.	Kala.
Déterger, *v. a.*	Fompă gaume.	Dhioly-afira.
Détériorer, *v. a.*	Yakjă.	Athien.
Détestable, *adj.*	Yéfre ; Kou gnou dhiépy.	Kafir.
Détestablement, *adv.*	Bou yéfre.	Kafir.
Détirer, *v. a.*	Yolămbală.	Amaya.

Français.	Wolof.	Bambara.
Détordre, *v. a.*	Tekjargni.	Afaragnouana.
Détour, *s. m.*	Wagnarou, **B.**	Ténomy.
Détourner, *v. a.*	Wagni.	Akounsigny.
Détracter, *v. a.*	Dhiw.	Amamakoumé.
Détracteur, *s. m.*	Dhiwkat, **B.**	Amamakouméba.
Détraction, *s. f.*	Ndhiw, **M.**	Amamakoumey.
Détremper, *v. a.*	Jodhiä.	Agniguy.
Détromper, *v. a.*	Dhioubanti.	Atlé.
Détromper (se), *v. r.*	Dioubantikou.	Atlé.
Détrôner, *v. a.*	Folli.	
Détruire, *v. a.*	Danélä.	Agossy.
Dette, *s. f.*	Borre, **B.**	Dhiourou.
Deuil, *s. m.*	Tindhie, **B.**	
Deux, *nomb.*	Niare.	Foula; Fla.
Deuxième, *adj.*	Niarel.	Foulana; Flana.
Deuxièmement, *adv.*	Bou niarel.	Foulana; Flana.
Dévaler, *v. a.*	Wathié.	Dhigui.
Devancer, *v. a.*	Dhitou.	Témagné.
Devant, *prép.*	Vaite; Thy kaname.	Nkérey.
Devant, *s. m.*	Kaname, **G.**	Gniey.
Dévastation, *s. f.*	Ntodhie, **M.**	Athy.
Dévaster, *v. a.*	Todhiä.	Athi.
Développer, *v. a.*	Imbi.	Aflé.
Dévêtir (se), *v. r.*	Soumikou.	Amaworo.
Dévêtu, *part.*	Soumikou.	Amaworo.
Dévider, *v. a.*	Saw.	Gnegnéné.
Dévideur, *s. m.*	Sawkat, **B.**	Gnegnénéba.
Dévidoir, *s. m.*	Sawoukaye, **B.**	Gneguéné-kayoro.
Devin, *s. m.*	Guissaney, **G.**	Thienda.
Deviner, *v. a.*	Guissané.	Thienda.
Devineur, *s. m.*	Guissanékat, **B.**	Thiendaba.
Dévoiement, *s. m.*	Birbodow, **B.**	Konobéboly.
Devoir, *v. a.*	Laibä.	Dhiourou.

Français.	Wolof.	Bambara.
Devoir, *s. m.*	Liguéye, B.	Thia.
Dévorant, *adj.*	Jampekat.	Akégniba.
Dévorer, *v. a.*	Jampă.	Akégni.
Dévotion, *s. f.*	Ndioulite, G.	Moria.
Dévouer, *v. a.*	Diamou.	Abaro.
Dévoyer, *v. a.*	Vagni.	Dobola.
Diable, *s. m.*	Dhiney, D.	Koungnofey.
Diablement, *adv.*	Bou dhiney.	
Diablerie, *s. f.*	Ndeume, G.	Souba.
Diadème, *s. m.*	Diognale, G.	Kounou-dhiala.
Dialogue, *s. m.*	Wajetane, V.	
Dialoguer, *v. a.*	Wajetană.	
Diamant, *s. m.*	Diaro, B.	Sanou.
Diamètre, *s. m.*	Yaâye, B.	Akabon.
Diantre, *exclamation.*	Bissimilaé, B.	Bissimila (بسم ا لله).
Diaphane, *adj.*	Lairre.	Kalodhiey.
Diaphanéité, *s. f.*	Lairraye, B.	Kalokadhiey.
Diaséné, *s. m.*	Bolle ou layedour, D.	
Dicter, *v. a.*	Dianguă.	Kalan.
Dictionnaire, *s. m.*	Téré ou bâte, Y. ; Kitabe, B.	Kitabey (كناب).
Diète, *s. m.*	Ndadié, L.	Dhiama.
Dieu, *s. m.*	Yalla, D.	Ngnala (ا لله).
Différent, *adj.*	Voutey.	Iko.
Différer, *v. a.*	Naiguă.	Akonon.
Difficile, *adj.*	Diafey.	Ikagoley.
Difficulté, *s. f.*	Diafey, G.	Ikagoley.
Difforme, *adj.*	Niaw.	Ikadhiougou.
Difformer, *v. a.*	Niawală.	Abedhiougouy1.
Diffus, *adj.*	Guenne goude.	Sou-keley.
Diffusément, *adv.*	Bou guenne goude.	Sou-keley.
Digestif, *adj.*	Raigue.	Ifara.
Digestion, *s. f.*	Raigue, B.	Imafa.

Français.	Wolof.	Bambara.
Digne, *adj.*	Varre.	Mingafsa.
Dignement, *adv.*	Bou varre.	Mingafsa.
Dignité, *s. f.*	Varre, B.	Mingafsa.
Digue, *s. f.*	Faigarre, B.; Făte, B.	Anoro ; Akéréfey.
Dimanche, *s. m.*	Dibér, D.	
Dimension, *s. f.*	Riaye, B.; Yaâye, B.	Akabon.
Diminuer, *v. a.*	Vagni.	Dobola.
Diminution, *s. f.*	Vagni, B.	Dobola.
Dinde, *s. m.*	Kopine bou dhiguène, B.	
Dindon, *s. m.*	Kopine, B.	
Dindonneau, *s. m.*	Dome ou kopine, B.	
Dîner, *v. n.*	Agnă.	Tléro-souma.
Dîner *ou* dîné, *s. m.*	Agne, B.	Tléro-souma.
Dîneur, *s. m.*	Agnekat, B.	Doumakéba.
Dire, *v. a.*	Wajă.	Kouma.
Direct, *adj.*	Dioube.	Thïama.
Diriger, *v. a.*	Goungué.	Amanton.
Disciple, *s. m.*	Taliba, B.	Mory-dée.
Discorde, *s. f.*	Joulo, B.	Kiry.
Discours, *s. m.*	Varey, B.	Adhialaky.
Discussion, *s. f.*	Joulo, B.	Kiry.
Disette, *s. f.*	Sojela, S.	Mako.
Diseur, *s.*	Wăjekat, B.	Koumaba.
Disgracier, *v. a.*	Folli.	
Disjoindre, *v. a.*	Făssalé.	Afaragnouana.
Dispenser, *v. a.*	Saidalé.	Atla.
Disposer, *v. a.*	Faijé.	Débéli.
Disposition, *s. f.*	Mpaijey, M.	Débély.
Dispute, *s. f.*	Joulo, B.	Kiry.
Disputer, *v. n.*	Joulo.	Kiri.
Dissension, *s. f.*	Joulo, B.	Kiry.
Dissiper, *v. a.*	Yakjă.	Athian.

Français.	Wolof.	Bambara.
Dissolu, *adj.*	Sayesaye.	Maſſeman.
Dissolution, *s. f.*	Saidaley, B.	Atla.
Dissoudre, *v. a.*	Tassä.	Athian.
Dissuader, *v. a.*	Téré.	Kanaké.
Distinction, *s. f.*	Jadhialey, B.	Atla.
Distinguer, *v. a.*	Jadhialé.	Atla.
Distraire, *v. a.*	Saitou.	Blakoro ; Dakorobo
Distribuer, *v. a.*	Saidalé.	Atla.
Distributeur, *s. m.*	Saidalékat, B.	Atlaba.
Distribution, *s. f.*	Saidaley, B.	Atla.
Divers, *adj.*	Dhieup; Barey.	Thiaman.
Diversement, *adv.*	Bou barey.	Thiaman.
Divertir, *v. a.*	Banéjou.	Niajalé.
Divertir (se), *v. r.*	Banéjou.	Niajalé.
Divertissement, *s. m.*	Banéje, B.	Niajali.
Divination, *s. m.*	Guissaney, G.	Thienda.
Diviser, *v. a.*	Saidalé.	Atla.
Divisible, *adj.*	Lou gnou manä saidalé.	Atla.
Division, *s. f.*	Saidaley, B.	Atla.
Divorce, *s. m.*	Fässey, B.	Abla.
Divorcer, *v. n.*	Fässé.	Abla.
Dix, *nomb.*	Fouk.	Tank.
Dixaine, *s. f.*	Foukel, B.	Atagnoua.
Dixième, *adj.*	Foukel.	Atagnoua.
Dixièmement, *adv.*	Bou foukel.	Atagnoua.
Docile, *adj.*	Diamou.	Abaro.
Docilement, *adv.*	Bou diamou.	Abaro.
Docilité, *s. f.*	Ndiamou, G.	Abaro.
Dodu, *adj.*	Doufe.	Tloro.
Doigt, *s. m.*	Bârame, B.	Blokony.
Dol, *s. m.*	Naje, B.	Anéney.
Domaine, *s. m.*	Ndonel, G.	Mſathien.

Français.	Wolof.	Bambara.
Domesticité, *s. f.*	Mbeukanégue, G.	Korossiguy.
Domestique, *adj.*	Beukanégue.	Korossiguy.
Domestiquement, *adv.*	Bou beukanégue.	Korossiguy.
Domicile, *s. m.*	Keurre, G.	So.
Domicilier (se), *v. r.*	Tamä.	Ndélila.
Domination, *s. f.*	Sagnesagne, B.	Gniessey.
Dominer, *v. n.*	Yéblé.	Afoyé.
Dommage, *s. m.*	Yakje, B.	Athien.
Dompter, *v. a.*	Dakjä.	Agoué.
Dompteur, *s. m.*	Dakjekat, B.	Agouéba.
Don, *s. m.*	Maée, B.	Asson.
Donc, *conj.*	Boôk.	
Donnant, *adj.*	Diojekat.	Assonba.
Donner, *v. a.*	Diojä ; Maée.	Asson.
Donneur, *s. m.*	Diojekat, B. ; Maée-kat, B.	Assonba.
Dont, *pron.*	Lane.	Ikody.
Dorade, *s. f.*	Dianjarféte, D.	
Dorénavant, *adv.*	Ganaoulola.	Otéminiko.
Dorer, *v. a.*	Jobä.	Agnégué.
Doreur, *s.*	Jobekat, B.	Agnéguéba.
Dorloter, *v. a.*	Néjalä.	Aladia.
Dormant, *adj.*	Lo nélaw.	Myessouna.
Dormeur, *s.*	Nélawkat, B.	Sounaba.
Dormir, *v. n.*	Nélaw.	Souna.
Dormitif, *adj.*	Lo diojey nélaw.	
Dorure, *s. f.*	Njobe, B.	Agnéguey.
Dos, *s. m.*	Guenao, G. ; Dianjaye, D.	Nkama ; Akoun.
Dot, *s. f.*	Dhiour ou séeye, G.	Fourou-naflo.
Douaire, *s. m.*	Ntäke, G.	
Doubler, *v. a.*	Dambé.	Afaragnouana.
Doucement, *adv.*	Ndanke.	

Français.	Wolof.	Bambara.
Douceur, *s. f.*	Naïjaye, B.	Adiathiogo.
Douillet, *adj.*	Jibonne.	Makouloung.
Douleur, *s. f.*	Maïtite, G.	Dimy.
Douloureusement, *adv.*	Bou maïty.	Abi-dimy.
Doute, *s. m.*	Ragale, B.	Siran.
Douter, *v. n.*	Wôrou ; Défé.	Malada.
Douteusement, *adv.*	Bou wôrou ; Bou défé.	Ataly.
Doux, *adj.*	Naïje ; Laïwate.	Akady.
Douzaine, *s. f.*	Fouk ak niarel, B.	Tank-ni-foula.
Douze, *nomb.*	Fouk ak niare, Y.	Tank-ni-foula.
Dragée, *s. f.*	Guertey, G. ; Aréne, D.	Tiga.
Dresser, *v. a.*	Dhioubanti.	Atlé.
Driller, *v. n.* Courir.	Gawantou.	Atalia.
Droit, *s. m.*	Sagnesagne , B. ; Yône, V.	Gnessey.
Droitement, *adv.*	Bou dhioube.	Akatley.
Drôle, *adj.*	Sayesaye ; Loujousse-kat, B.	Mafiéman.
Dromadaire, *s. m.*	Gueléme ou ale, G.	Gnamou-nkoungno.
Dru, *adj.*	Saje doungne.	
Ductile, *adj.*	Nôé.	
Dune, *s. f.*	Tounde, V.	Tendy.
Dupe, *s. f.*	Naje, B.	Anéney.
Dupé, *part.*	Naje.	Anéney.
Duper, *v. a.*	Najä.	Anéne.
Dur, *adj.*	Dägare.	Akagoley.
Durée, *s. f.*	Yague, B.	Aména.
Durement, *adv.*	Bou dägare.	Akagoley.
Durer, *v. n.*	Yaguä.	Aména.
Dureté, *s. f.*	Dägaraye, B.	Akagoley.
Duvet, *s. m.*	Jétaje, B.	Gnegney.

Français.	*Wolof.*	*Bambara.*
Dynastie, *s. f.*	Jaite ou bour, Y.	Fama-si.
Dyssenterie, *s. f.*	Birbodow, B.	Kono-biboly.

E

Français.	*Wolof.*	*Bambara.*
Eau, *s. f.*	Ndoje, M.	Dhy.
Ébahir (s'), *v. r.*	Titou.	Dhiateguéra.
Ébahissement, *s. m.*	Tite, G.	Oudhiateguéra.
Ébat, *s. m.*	Fow, B.	Tlo.
Ébattement, *s. m.*	Foăntou, B.	Tlo.
Ébattre (s'), *v. r.*	Banéjou ; Fow.	Gnajali.
Ébaubi, *adj.*	Tite.	Oudhiateguéra.
Ébénier, *s. m.* Arbre.	Dialambâne, B.	
Éborgner, *v. a.*	Pătelo.	Agnebo.
Ébranlement, *s. m.*	Yănkjaye, B.	Ayiguiyiguy.
Ébranler, *v. a.*	Yankjală.	Akama.
Ébrécher, *v. a.*	Namă.	Atagoué.
Écarter, *v. a.*	Saurélo.	Akadhia.
Écervelé, *adj.*	Dofe.	Fato.
Échalote, *s. f.*	Sobley, s.	Dhiaba.
Échancrure, *s. f.*	Jotaye, B.	Akadou.
Echange, *s. m.*	Véthiey, B.	Afaley.
Échanger, *v. a.*	Véthié.	Afaley.
Échapper, *v. n.*	Dăw.	Boli.
Échauffer, *v. a.*	Tangală.	Agoin.
Échauffer (s'), *v. r.*	Diarou.	Idhia.
Échine, *s. f.*	Thirire, B.	Kokolo ; Dhieguy.
Écho, *s. m.*	Mbilôre, M.; Rire, M.	Guiny.
Échouement, *s. m.*	Véke, B.	
Éclair, *s. m.*	Mélaje, M.	Ngnala-yéreyérey.
Éclipser, *v. a.*	Neubă.	Adogo.
Éclore, *v. n.*	Tostană.	Atoro.

Français.	Wolof.	Bambara.
École, s. f.	Diangou, B.	Kalagnoro.
Écolier, s.	Taliba, B.; Ndongo, B.	Mori-dée.
Écorcher, v. a.	Faissă.	Abousso.
Écorcheur, s. m.	Faissekat, B.	Boussoliba.
Écourter, v. a.	Gattală.	Assoligna.
Écouter, v. a.	Déglou.	Itlomado.
Écrier (s'), v. r.	Jâthiou.	Mperempérey.
Écrire, v. a.	Bindă.	Agnégué.
Écrit, s. m.	Mbinde, M.	Agnéguey.
Écritoire, s. f.	Toungue, B.	Barény.
Écriture, s. f.	Mbinde, M.	Agnégué-thiogo.
Écrivain, s. m.	Bindekat, B.	Agnéguéba.
Écroûter, v. a.	Akati.	Aworo.
Écuelle, s. f.	Nkoke, L.; Batou, B.	Konsoro; Galama.
Éculer, v. a.	Yakali.	Dafraka.
Écume, s. f.	Mpourite, M.	Kangna.
Écumer, v. n.	Dindi mpourite.	Kangna-bo.
Écurie, s. f.	Voude, V.	Soubo.
Écuyer, s. m.	Sante, B.	Sogouéna.
Édenté, adj.	Mémăgne.	Amoni-dou.
Effacer, v. a.	Fără.	Afra.
Effarer, v. a.	Jăbălă.	Ababa.
Effaroucher, v. a.	Saurélă; Ragalo.	Adhiagna.
Égal, adj.	Yame.	Akakan.
Également, adv.	Bou yame.	Akakan.
Église, s. f.	Diangou, B.	Kalagnoro.
Égoutter, v. a.	Sită.	Abitonni.
Égratigné, part.	Auke.	Affara.
Égratigner, v. a.	Jossi; Aukă.	Affara.
Égrener, v. a.	Bodhiă; Deurră.	Agouloussi.
Eh, interj.	Bissimilaé.	Bissimila.
Éhonté, adj.	Kou amoul gathiey.	Malotila.

Français.	Wolof.	Bambara.
Élancer (s'), v. r.	Sobou.	Bidhiro.
Élargir, v. a.	Yâală.	Akabo.
Élargir (s'), v. r.	Yâatou.	Akabo.
Élargissement, s. m.	Yâaye, B.	Akabo.
Élection, s. f.	Tanne, B.	Arotomo.
Éléphant, s. m.	Gnéye; V.	Kafely.
Élève, s. m.	Taliba, B.	Mori-dée.
Élever, v. a.	Kawélă.	Akorta.
Élire, v. a.	Tannă.	Arotomo.
Élite, s. f.	Ntanne, M.	Arotomo.
Éloigner, v. a.	Sauré.	Akadian.
Éloigner (s'), v. r.	Sauréo.	Amadian.
Embarquer, v. a.	Dougală.	Adong.
Embarrasser, v. a.	Jătălă.	Ibeguidonabo.
Emblaver, v. a.	Dhiă.	Adang.
Embonpoint, s. m.	Doufe, B.	Tlora.
Embrasser, v. a.	Fônă.	
Émincer, v. a.	Saiwală.	Amsaya.
Emmaillotter, v. a.	Eumbă ; Bôte.	Akourou.
Emparer (s'), v. r.	Diapou.	Amené.
Empêcher, v. a.	Tairé.	Akounsaguî.
Empereur, s. m.	Fari, D.	Fama.
Empester, v. a.	Jassaw.	Assouma.
Employer, v. a.	Douguă.	Adong; Mako.
Empoigner, v. a.	Ti.	Apro.
Empoisonner, v. a.	Jompă.	Donkŏnon.
Empoisonneur, s.	Jompekat, B.	Donkononba.
Emporté, s. et adj.	Yobou, B.	Tanaey.
Emporter, v. a.	Yobou.	Tanaé.
Emprisonner, v. a.	Tădhiă.	Atougou.
Emprunt, s. m.	Abley, B.	Assingna.
Emprunter, v. a.	Abă.	Assingnan.
Emprunteur, s. m.	Abekat, B.	Assingnaba.

Français.	Wolof.	Bambara.
En, *prép.*	Thia.	Yamfey.
Enceindre, *v. a.*	Vorrä.	Amounomounou.
Enchaîner, *v. a.*	Dhiénguä.	Néguey-douala.
Enclume, *s. f.*	Daik, B.	Gouey.
Encoffrer, *v. a.*	Tädhiä.	Atougou.
Encorné, *adj.*	Lou amä bédhine.	Bien-tiguy.
Encourager, *v. a.*	Yolä.	Sara.
Encre, *s. f.*	Dâa, D.	Séfendhy.
Encrier, *s. m.*	Toungue, B.	Bareny.
Endetter, *v. a.*	Laibä.	Dhiourou.
Endommager, *v. a.*	Yakjä.	Athiana.
Endormeur, *s.*	Nélawkat, B. ; Néjä-lekat, B.	Sounaba.
Endormir, *v. a.*	Nélaw.	Souna.
Endormir (s'), *v. r.*	Guemontou.	Tingo.
Endroit, *s. m.*	Bérab, B.	Yorolä.
Endurcir, *v. a.*	Dägaralä.	Agoléya.
Endurer, *v. a.*	Mougnä.	Imougnou.
Enfance, *s. f.*	Njaléle, G.	Démesey.
Enfant, *s. m.*	Jaléle, B.	Démesey.
Enfantement, *s. m.*	Ndhioure, M.	Awoulo.
Enfanter, *v. a.*	Vassinä.	Awoulo.
Enfantin, *adj.*	Ndaw.	Démesey.
Enfer, *s. m.*	Thiäau, G. ; Safara, S.	Tassema-lajira.
Enfermer, *v. a.*	Tädhiä.	Atougou.
Enfiler, *v. a.*	Nassä.	Assoni.
Enflammer, *v. a.*	Tallä.	Tamena.
Enfler, *v. a.*	Névi.	Afounouna.
Enfoncer, *v. a.*	Dadhi.	Athian.
Enfonceur, *s. m.*	Dadhikat, B.	Athianba.
Enfumer, *v. a.*	Banjanassä.	
Engager (s'), *v. r.*	Tayelé.	Aténomada.
Engraisser, *v. a.*	Ninalä ; Douffo.	Amou.

Français.	Wolof.	Bambara.
Enhardir, *v. a.*	Farfarlé.	Fraka.
Enivrer, *v. a.*	Mandi.	Dlobéla.
Enjamber, *v. n.*	Diégui.	Issago.
Enjoindre, *v. a.*	Yéblé.	Afoyé.
Enjoler, *v. a.*	Najă ; Néjală.	Anéné.
Enjoleur, *s.*	Najekat, B. ; Néjale-kat, B.	Anénéba. Akagney.
Enjolivement, *s. m.*	Bou raféte, B.	
Enjoliver, *v. a.*	Rafétă.	Akagné.
Enlever, *v. a.*	Fabă ; Dindi.	Ata ; Abo.
Ennemi, *s. et adj.*	Bagney, B.	Dhiougou.
Enorgueillir, *v. a.*	Ngnaboulo.	Afégney.
Enrhumer, *v. a.*	Sodhiă.	Moura.
Enseigner, *v. a.*	Dhiamantală.	Idéguéala.
Ensemble, *adv.*	Ndo.	Akégnouanfey.
Ensemencer, *v. a.*	Dhiă.	Adan.
Ensuite, *adv.*	Ganaoulola.	Oko.
Entamer, *v. a.*	Japati.	Awalo.
Entamure, *s. f.*	Japati, B.	Awalo.
Entasser, *v. a.*	Taiglé.	Adagnouanka.
Entendre, *v. a.*	Déguă.	Amé.
Enterrer, *v. a.*	Robă.	Sou-adon.
Enterrement, *s. m.*	Robe, B.	Sou-adon.
Entêtement, *s. m.*	Dăgare bope, B.	Ikoung-kâgoley.
Entonner, *v. a.*	Sollă.	Akékonon.
Entortiller, *v. a.*	Tăjăgnă.	Akourou.
Entourer, *v. a.*	Gnaguă.	Sinsa.
Entrailles, *s. f. pl.*	Boutite, B.	Nougou.
Entre, *prép.*	Digantey.	Franthiey.
Entre-deux, *s. m.*	Digantey niare, V.	Franthiey.
Entrée, *s. f.*	Yônne, V.	Sira.
Entremêler, *v. a.*	Bolé.	Faragnouanka.
Entreprendre, *v. a.*	Diémma.	Idéguéala.

Français.	Wolof.	Bambara.
Entrer, *v. n.*	Järäfä.	Dong.
Entr'ouvrir, *v. a.*	Délo.	Isséguy.
Envers, *prép.*	Thy.	Yamfey.
Environ, *adv.*	Dhiortho.	Abégnana.
Environner, *v. a.*	Vairä.	Amounomouna.
Envoi, *s. m.*	Yoninte, B.	Abeganthy.
Envoyer, *v. a.*	Yonné.	Athi.
Épais, *adj.*	Deule.	Akolokagoury.
Épaissir, *v. a.*	Deulalä ; Färä.	Akolokagouri.
Épaississement, *s. m.*	Bou deule, B.	Akolokagoury.
Epargner, *v. a.*	Yajanä.	Akabougou.
Épaule, *s. f.*	Mbägue, M.	Kama.
Épée, *s. f.*	Karre, G.	Mfa.
Épeler, *v. a.*	Idhiä.	
Épi, *s. m.*	Mbole, M.	Gnokourou.
Épié, *part.*	Yôote.	Agnouari.
Epier, *v. a.*	Yôotä.	Agnouari.
Épilepsie, *s. f.*	Jäme, B.	Akirila.
Épiler, *v. a.*	Soukji.	Sibo.
Épinards, *s. m. pl.*	Niajoumkeur, G.	Bingne.
Épouser, *v. a.*	Séeyä.	Fourou.
Épouseur, *s. m.*	Séeyekat.	Fourouliba.
Épouvanter, *v. a.*	Ragalo.	Ababa.
Époux, *s.*	Diakar, D.	Ithiey.
Éprouver, *v. a.*	Firä.	Ayéra.
Errant, *adj.*	Mangue.	
Esclavage, *s. m.*	Ndiâme, G.	Dhiogna.
Esclave, *s. et adj.*	Diâme, B.	Dhiogna.
Espérance, *s. f.*	Naigue, M.	Konontassey.
Espérer, *v. a.*	Naiguä.	Akonon.
Espion, *s. m.*	Narrekat, B. ; Orrekat, B.	Kalontiguéba.
Esprit, *s. m.*	Njel, M. ; Sago, S.	Fakly.

Français.	Wolof.	Bambara.
Esquille, s. f.	Todhite ou yaïe, B.	Athy-koulo.
Esquinancie, s. f.	Maitite ou bâte, B.	Kandimy.
Essarter, v. a.	Dayă.	Adamandi.
Essorer, v. a.	Vairă.	Afiéné.
Essuyer, v. a.	Fompă.	Afara.
Est, s. m.	Pinkou, B.	Koronon.
Estimer, v. a.	Dogală.	Assonngnotigué.
Estime, s. f.	Dogale, B.	Assonngnotiguey.
Estomac, s. m.	Deune, B.	Nkoua ou doussou.
Estropier, v. a.	Lagui.	Banama.
Étable, s. f.	Guétte, G.	Wérey.
Établir, v. a.	Sănthiă.	Dougoukoura.
État, s. m.	Mănemăne, B.	Gnessey.
Éteindre, v. a.	Făyă.	Atoufa.
Étendre, v. a.	Foudou.	Irossoma.
Éternel, adj.	Môsse.	Abada.
Éternité, s. f.	Alfoûne, D.; Abada, D.	Abada.
Éternuer, v. n.	Teusselli.	Iteusseu.
Étoile, s. f.	Bidow, B.	Doly.
Étonnement, s. m.	Ntite, M.; Diomi, B.	Idhiatiguéra.
Étonner, v. a.	Tiă; Diomi.	Idhiatiguéra; Kabako.
Étouffer, v. a.	Jădhiă.	Akirila.
Étourdir, v. a.	Mьră.	Gnanamounou.
Étranger, v. a.	Gané.	Denâa.
Étranger, s. m.	Gane, G.	Denâa.
Être, v. aux.	Naikă; Do; Di. (*V.* la *Grammaire.*)	Mbé.
Eux, pron.	Gnome.	Aou.
Évaluer, v. a.	Dogală.	Sonngnotigué.
Évangile, s. m.	Yône ou Issa, V.	
Évaporer (s'), v. r.	Ngnissă.	Adhiara.
Éveiller, v. a.	Yée.	Akounou.
Éveiller (s'), v. r.	Yéou.	Kounou.

Français.	Wolof.	Bambara.
Exact, *adj.*	Dhioube.	Atléna.
Examiner, *v. a.*	Saitelou.	Akorotigué.
Excepté, *prép.*	Guenaou.	Téméniko.
Exciter, *v. a.*	Yolā ; Néjalā.	Assara ; Aladia.
Exclure, *v. a.*	Dakjā.	Agoué.
Excuser, *v. a.*	Baâlā.	Atoya.
Exemple, *s. m.*	Ndigale, M.	Afoya.
Exercice, *s. m.*	Madhie, B.	Sinama.
Exhaler, *v. a.*	Jégnelou.	Assoumamena.
Exigeant, *adj.*	Dăgâne.	Adelly.
Exigence, *s. f.*	Dăgâne, B.	Adelly.
Exiger, *v. a.*	Dăgână.	Adelli.
Exiler (s'), *v. r.*	Sauré ; Guéné.	Dhiagna.
Expatrier, *v. a.*	Guéné.	Bo.
Expédier, *v. a.*	Yébalā.	Mablakata.
Expliquer, *v. a.*	Téki.	Affé.
Exposer, *v. a.*	Vané.	Adhirala.
Extase, *s. f.*	Ntite, M.	Dhiateguéra.
Extirper, *v. a.*	Boudi.	Aboô.
Extraordinaire, *adj.*	Kawtef.	Kabako.
Extravagant, *adj.*	Dofe.	Fato.
Extravaguer, *v. n.*	Dofedoflou.	

F

Français.	Wolof.	Bambara.
Fable, *s. f.*	Laibe, V.	Taly.
Fabricateur, *s. m.*	Défarkat.	Adlaba.
Fabriquer, *v. a.*	Défară.	Adla.
Fabuleux, *adj.*	Lou doul deugne.	Thientey.
Face, *s. f.*	Kănăme, G.	Gnénéno.
Facétie, *s. f.*	Nthiayenthiaye, G.	Mañéman.
Fâcher, *v. a.*	Merlo.	Assella.
Fâcheux, *adj.*	Lou dy merlo.	Moumouga-asselly.
Facile, *adj.*	Yombe.	Amangoley.

Français.	Wolof.	Bambara.
Facilement, *adv.*	Bou yombe.	Amangoley.
Facilité, *s. f.*	Yombaye, B.	Amangoley.
Faciliter, *v. a.*	Yombalä.	Kanagoléa.
Façon, *s. f*	Jaite, V.	Assy.
Faculté, *s. f.*	Njel.	Fakly.
Fagot, *s. m.*	Mpognette, M.	Gnonso.
Faiblesse, *s. f.*	Newdoley, G.	Fangnata.
Faim, *s. f.*	Jaife, B.	Kongno.
Fainéant, *adj.*	Taéle.	Salabato.
Fainéantise, *s. f.*	Ntaélä, M.	Salabato.
Faire, *v. a.*	Défä.	Ninké.
Fait, *s. m.*	Dieuf, D.	Issondo.
Falloir, *v. n.*	Ellä.	Akakan.
Famille, *s. f.*	Jaite, V.	Baléma.
Famine, *s. f.*	Bougue, B.	Kongno.
Fanfaron, *s. m.*	Damou.	Yiédia.
Fanon, *s. m.*	Boloje, B.	Kankourou.
Fantaisie, *s. f.*	Dhiorton, B.	Abegnana.
Faon, *s. m.*	Dome ou kéwale, G.	Sina-dée.
Farce, *s. f.*	Loujousse, B.	
Farceur, *s. m.*	Loujoussekat.	
Farine, *s. f.*	Bolle, B.	Mougou.
Fat, *s. et adj.*	Damoukat, B.	Fatoya.
Fatiguer, *v. a.*	Taï.	Asseguéna.
Faucher, *v. a.*	Goubä.	Biaka.
Faulx, *s. f.*	Sarte, B.	Wolosso.
Fausser, *v. a.*	Sädhiä.	Akourou.
Faute, *s. f.*	Dhioume, B.	Flila.
Fauvette, *s. f.*	Mpithie mou ntoute, M.	Kono-ny.
Faux, *adj.*	Narre.	Kalo.
Faux-feu, *s. m.*	Dhiéry, B.	Akory.
Favori, *s. m.*	Dague, B.	Korossiguy.
Favoriser, *v. a.*	Guenalé.	Afsaya.

Français.	Wolof.	Bambara.
Fécale, *adj. f.*	Wălankey, v.; Doule, v.	Bouba.
Félon, *adj.*	Sojor; Sayesaye.	Yaossey; Mäfiéman.
Femelle, *s. f.*	Dhiguéne, D.	Mousso.
Femme, *s. f.*	Dhiguéne, D.	Mousso.
Fendeur, *s. m.*	Jarekat, B.	Athiba.
Fendre, *v. a.*	Jară.	Athi.
Fer, *s. m.*	Vaigne, G.	Néguey.
Ferme, *adj.*	Tădhie.	Atougou.
Fermer, *v. a.*	Tădhiă; Oubă.	Atougou.
Férule, *s. f.*	Săde, v.	
Fesse, *s. f.*	Tate, v.	Dhiou.
Fessée, *s. f.*	Itte thy tate, v.	Agossy-adhiouro.
Fête, *s. f.*	Njaiou, M.	Selly-dôo.
Feu, *s. m.*	Safara, s.	Tassema.
Feuille, *s. f.*	Jobe, v.	Fera.
Février, *s. m.*	Digui, v.	
Fi, *interj.*	Touke.	Tou.
Ficelle, *s. f.*	Woigne, G.	Gary.
Fidelle, *adj.*	Tăkou.	Magnouma.
Fiel, *s. m.*	Véjetane, v.	Kounou.
Fiente, *s. f.*	Ndéfe, L.; doule, v.	Missibo.
Fierté, *s. f.*	Ngnabou, G.	Ignenakogoley.
Fièvre, *s. f.*	Fébre, B.	Goin.
Figure, *s. f.*	Kaname, G.	Gninano.
Fil, *s. m.*	Woigne, G.	Gary.
Filament, *s. m.*	Thiampore, M.	Fou.
Filer, *v. a.*	Euthiă.	Ourindy.
Filet, *s. m.*	Ntiaje, L.	Dhio.
Fileur, *s. m.*	Euthiekat, B.	Ourindiba.
Fille, *s. f.*	Dome ou diguène, D.	Dée-mousso.
Filou, *s. m.*	Sathiekat, B.	Sougnalikéba.
Fils, *s. m.*	Dome ou gore, G.	Dée-nkey.

E

Français.	*Wolof.*	*Bambara.*
Filtration , s. f.	Saigaye , B.	Atonithiogo.
Filtrer , v. a.	Saiguä.	Atoni.
Fin , s. f.	Soty , B. ; Moudliie , G.	Atlara ; Atofley.
Fin , adj.	Saiou.	Akamessey.
Finir , v. a.	Soalä.	Abana.
Firmament , s. m.	Assamänä , s.	Ngnala-koulo.
Flageller , v. a.	Dounia ; Dânä.	Agossi.
Flatter , v. a.	Néjalä.	Aladia.
Flatteur , s. m.	Néjalekat , B.	Aladiaba.
Fléau , s. m.	Ndogal , L.	
Flèche , s. f.	Faite , G.	Bien.
Fléchir , v. a.	Sädhjä.	Akourou.
Fleur , s. f.	Ntortor , L.	Fiérey.
Fleuve , s. m.	Daïje gou ry , G.	Baba.
Flot , s. m.	Dousse , V.	
Flûte , s. f.	Lite , G.	Filey.
Flûter , v. n.	Litä	Filé.
Flûteur , s. m.	Litekat , B.	Fileaféba.
Foie , s. m.	Resse , V.	Bien.
Foin , s. m.	Ngogne , L.	Souoboulou.
Fois , s. f.	Yone , V.	Sira.
Foncer , v. n.	Dadhi.	Athian.
Fond , s. m.	Tate , V.	Dhiou.
Fondre , v. a.	Rouyalä.	Ayéri.
Fontaine , s. f.	Taine , B.	Koloô.
Force , s. f.	Doley , D.	Fangna.
Forcément , adv.	Ak doley.	Ani-fangna.
Forcer , v. a.	Diälä ak dolé.	Atani-fangna.
Forêt , s. f.	Jerre , B.	Touro.
Forge , s. f.	Teugue , G.	Noumou.
Forger , v. a.	Teuguä.	Noumouba.
Forgeron , s. m.	Teuguekat , B.	Noumouliba.
Fort , adj.	Barey doley.	Fangnatiguy.

Français.	*Wolof.*	*Bambara.*
Fortune, *s. f.*	Alale, D.	Nafoulo.
Fou, *adj.*	Dofe.	Fato.
Fouet, *s. m.*	Säde, V.	Bissâ.
Fouetter, *v. a.*	Doumă ; Dână.	Agossi.
Fouetteur, *s. m.*	Doumakat, B. ; Dâne-kat, B.	Gossiba.
Fouler, *v. a.*	Denguä.	Issédaka.
Fourbe, *s. f.*	Naje, B.	Faklitagna.
Fourmi, *s. f.*	Sanjalégne, V.	Ménéméney.
Fourreau, *s. m.*	Mbarre, B.	Goua.
Frapper, *v. a.*	Ittä.	Agossi.
Frappeur, *s. m.*	Ittekat, B.	Agossiba.
Fréquenter, *v. a.*	Topando.	Anomena.
Frère, *s. m.*	Rake, D. ; Magne, M.	Doua ; Koro.
Fricasser, *v. a.*	Pirki.	
Frire, *v. a.*	Tasă.	Adhira.
Froisser, *v. a.*	Bänkou.	Akourou,
Fronde, *s. f.*	Mbakje, M.	Dhiala.
Front, *s. m.*	Dhié, D.	Ifon.
Fruit, *s. m.*	Dome ou garap, G.	Dhiry-dée.
Fuir, *v. n.*	Daw.	Boli.
Fumée, *s. f.*	Sajar, S.	Sissy.
Fumeur, *s. m.*	Tojekat, B.	Dolimimba.
Funeste, *adj.*	Kassara.	Abonoma.
Fureur, *s. f.*	Merre, M.	Assaliba.
Fusil, *s. m.*	Faital, G.	Marfa.
Futur, *adj.*	Loudikat.	Minatoyé.

G

Gage, *s. m.*	Ntayeley, M.	Aténomada.
Gager, *v. a.*	Tayelé.	Aténomada.

Français.	*Wolof.*	*Bambara.*
Gagner, *v. a.*	Gnodi ; Omelé.	Abougoura.
Gale, *s. f.*	Rame, B.	Magna.
Galeux, *adj.*	Ramekat.	Magnatiguy.
Galopin, *s. m.*	Sayesaye, B.	Mafiéman.
Gamelle, *s. f.*	Bagâne, G.	Kounanfa.
Garce, *s. f.*	Garbo, B.	Dhiado.
Garçon, *s. m.*	Jaléle ou gôre, B.	Blakoro.
Garde, *s. f.*	Vătou, B.	Ikolossy.
Garder, *v. a.*	Vătou.	Ikolossi.
Gardeur, *s. m.*	Vătoukat, B.	Ikolossiba.
Gargariser, *v. a.*	Galajendikou.	Idaromougoury.
Garnir, *v. a.*	Najâtă.	Agnégué.
Gâté, *part.*	Yakje.	Athian.
Gâter, *v. a.*	Yakjă.	Athian.
Gauche, *adj.*	Ntiamogne.	Nouma.
Gémir, *v. n.*	Yărămlou, V.	Imakari.
Gêner, *v. a.*	Jatală, V.	Ibéguidouabo.
Genou, *s. m.*	Ôme, B.	Koumbiley.
Gent, *s. f.*	Nitte, G.	Mâ.
Gentil, *adj.*	Raféte ; Kou jamoul yalla.	Kagny.
Geste, *s. m.*	Maibe, B.	Ibolota.
Gesticulateur, *s. m.*	Maibekat, B.	Ibolotaba.
Gesticuler, *v. n.*	Maibă.	Ibolota.
Gigot, *s. m.*	Loupe, B. ; Tanke, B.	Woro.
Girofle, *s. m.*	Jorompoley, G.	
Giroflier, *s. m.*	Garap ou jorompoley, G.	
Glaire, *s. f.*	Nangaintane, B.	
Glissé, *part.*	Rătăje.	Akanoua.
Glisser, *v. n.*	Rătăjă.	Akanoua.
Gloire, *s. f.*	Ndame, L.	Thiéya.
Glorifier, *v. a.*	Diamou.	Baro.

Français.	*Wolof.*	*Bambara.*
Gluant, *adj.*	Rätäje.	Akanoua.
Gobelet, *s. m.*	Nkoke, L.	Konsoro.
Gober, *v. a.*	Gawantou.	Atalia.
Goberge, *s. f.*	Tore, B.	Banameny.
Gobin, *s. m.*	Jangne, B.	Dhiengney.
Gomme, *s. f.*	Dakandey, D.	Mana.
Gonflé, *part.*	Foki.	Founou.
Gorge, *s. f.*	Mpoute, M.; Bâte, B.	Kâa.
Goufre, *s. m.*	Nkane mou jôte, M.	Dengné-akadoung.
Gourde, *s. f.*	Gämbe, B. ; Deurä-me, D.	Bara; Wory.
Gourdin, *s. m.*	Ntape, L.	Bérikey.
Gourmand, *s. m.*	Foukjalékat, B.	Doumounikadiyaba.
Gourmandise, *s. f.*	Foukjaley, B.	Doumounikadiya.
Goût, *s. m.*	Nthiafo, L.	Akathimy.
Goûter, *v. a.*	Mossä.	Atangny.
Goûter, *s. m.*	Ndiogänäl, L.	Woulala-sounia.
Grâce, *s. f.*	Yiwe, V.	Hérey.
Grain, *s. m.*	Guije, G.	Kessey.
Graisse, *s. f.*	Nébonne, G.	Kéey.
Grand, *adj.*	Ry.	Akabon.
Grandement, *adv.*	Bou ry.	Bélébéley.
Grandeur, *s. f.*	Riaye, B.	Abognathiogo.
Grandir, *v. n.*	Maguä.	Akorola.
Gras, *adj.*	Doufe.	Atlora.
Gratter, *v. a.*	Jaitä.	Assan.
Grattoir, *s. m.*	Jaitoukaye, B.	Assanila.
Graver, *v. a.*	Rädä.	Ati; Akori.
Graveur, *s. m.*	Rädekat, B.	Atiba; Akoriba.
Grelotter, *v. n.*	Kotekoti.	Iféréféré.
Grenier, *s. m.*	Dambe, B.	Bo.
Griffonnage, *s. m.*	Mbinde mou bone, M.	Gneguékodhiougou.

Français.	Wolof.	Bambara.
Grignoter, *v. n.*	Gnimantou.	Amonidou.
Griller, *v. a.*	Vadhiä.	Adhiény.
Grillon, *s. m.*	Sälire, B.	
Grimace, *s. f.*	Saibey, B.	Dhiougou.
Grimacer, *v. n.*	Saibé.	Dhiougou.
Grimacier, *adj.*	Saibékat.	Dhiougouba.
Grimoire, *s. m.*	Téré ou dhiney, D.	
Gris, *adj.*	Bidiaw.	Sidhiey.
Griser, enivrer, *v. a.*	Mandilo.	
Groin, *s. m.*	Bakaneoumbame, M.	Falinouou.
Gronder, *v. n.*	Jirou.	Jorondi ; Korondi.
Grondeur, *adj.*	Jiroukat, B.	Jorondiba.
Gros, *adj.*	Didhie ; Bou ry.	Kabo.
Grossesse, *s. f.*	Bire, B.	Konoma.
Grosseur, *s. f.*	Riaye, B.	Abognathiogo.
Grossir, *v. a.*	Rialä.	Abognathiogo.
Grotte, *s. f.*	Naigue, B.	Boo.
Guéable, *adj.*	Joussou, B.	Akoussouba.
Guenille, *s. f.*	Sägar, V.	Fanikolo.
Guenon, *s. f.*	Garbo, B. ; Jolaje ou dhiguéne, D.	Dhiado.
Guérir, *v. a.*	Véralä.	Kénéa.
Guérissable, *adj.*	Kou gnou manä véralä.	
Guerre, *s. f.*	Järey, B.	Kéley.
Guerrier, *adj.*	Järékat.	Kéléba.
Gueule, *s. f.*	Guémigne, G.	Da.
Guensaille, *s. f.*	Sayesaye, B.	Mafiéman.
Guider, *v. a.*	Goungué.	Amanton.
Guilleri, *s. m.*	Sabe ou sagore, B.	
Guinée, *s. f.* Toile.	Ndimo, L.	Alkontä.

H

Français.	Wolof.	Bambara.
Habiller, *v. a.*	Jàgnă.	Massiry.
Habitant, *adj.*	Ndioudou.	Vouloyoro.
Habitation, *s. f.*	Deuk, B.; Keurre, G.	Assiguiyoro.
Habiter, *v. a.*	Deukă.	Assiguiyoro.
Habitude, *s. f.*	Tame, B.	Ndélila.
Habituellement, *adv.*	Bou tame.	Ndélila.
Habituer, *v. a.*	Tamă.	Ndélila.
Habler, *v. n.*	Narră.	Kalong.
Hablerie, *s. f.*	Narre, V.	Kalong.
Hache, *s. f.*	Sémigne, V.	Dhieley.
Hacher, *v. a.*	Dogătă.	Arotigué.
Hachette, *s. f.*	Sémigne vou ntoute, V.	Dhieley-ny.
Hagard, *adj.*	Bagne nitte.	Ibaro.
Haie, *s. f.*	Niague, B.	Sinsa.
Haillon, *s. m.*	Săgar, V.	Finikoulo.
Haine, *s. f.*	Mbagne, M.	Iténey.
Haineux, *adj.*	Bagnekat.	Atasson.
Haïr, *v. a.*	Băgnă.	Iténé.
Haïssable, *adj.*	Kou gnou dhiépy.	Téguériro.
Haler, *v. a.*	Jăthiă.	Assaman.
Hallebarde, *s. f.*	Jaidhie, B.	Tama.
Hameau, *s. m.*	Deuk bou ntouté, B.	Dougou-ny.
Hameçon, *s. m.*	Dolinka, B.	Nkory.
Hanche, *s. f.*	Ndigue, L.	Ko.
Hangar, *s. m.*	Mbâre, M.	Goua.
Hanneton, *s. m.*	Gounour, B.	Bokolilonkoulo.
Haquenée, *s. f.*	Gole, G.	Passara.
Harangue, *s. f.*	Varey, B.	Adhialaky.

Français.	Wolof.	Bambara.
Haranguer, *v. a.*	Varé.	Adhialaki.
Harangueur, *s. m.*	Varékat, B.	Adhialakiba.
Hardes, *s. f.*	Nthiangaye, L.	Birila.
Hardi, *adj.*	Gnomey; Gôre.	Kafary.
Hardiesse, *s. f.*	Gnomey, B.	Kafary.
Hardiment, *adv.*	Bou gnomey; Bou gôre.	Akafary.
Haricot, *s. m.*	Niébey, D.	Souo.
Harmonie, *s. f.*	Dégo, B.	Agagnaouamouna.
Harmonieusement, *adv.*	Bou dégo; Ak dégo.	Agagnaouamouna.
Harper, *v. a.*	Tässä.	Abissi.
Hasard, *s. m.*	Tăndaley, B.	
Hausse, *s. f.*	Dioke, B.	Atougala.
Hausser, *v. a.*	Yékati.	Korta.
Hausser (se), *v. r.*	Youkjolou.	Ikorta.
Haut, *adj.*	Kaw.	Sanon.
Hauteur, *s. f.*	Kawéaye, B.	Sanonya.
Hélas, *interj.*	Yskine; Ah.	Edhiala.
Hémorrhagie, *s. f.*	Bory, B.	Inouabitony.
Hennir, *v. n.*	Ngnéjală.	Akassi.
Hennissement, *s. m.*	Ngnéjale, B.	Akassy.
Herbage, *s. m.*	Niaje mou naike, M.	Bing-noby.
Herbe, *s. f.*	Niaje, M.	Bing.
Herbeux, *adj.*	Bérab bou amă niaje, B.	Bing-yoro.
Herboriser, *v. n.*	Voută garap.	Bassignini.
Hérisson, *s. m.*	Sougnăle, B.	Kourouny.
Héritage, *s. m.*	Ndonel, L.	Thien.
Hériter, *v. a.*	Donă.	Thien.
Héritier, *s.*	Dono, D.	Thien.
Hernie, *s. f.*	Joujâne, B.	Kéyétiguy.
Hésiter, *v. n.*	Diajelé.	Abamignana.

Français.	Wolof.	Bambara.
Heure, *s. f.*	Vajetou, v.	
Heureusement, *adv.*	Bou barey moure; Bou soutourlou.	Kounakady.
Heureux, *adj.*	Soutourlou.	
Heurter, *v. n.*	Fainnkjo.	Agossignouana.
Heurtoir, *s. m.*	Fainnkjo, b.	Agossignouana.
Hibou, *s. m.*	Njerdhiédhie, m.	
Hideux, *adj.*	Niawaye, b.	Adhiougouyako.
Hiène, *s. f.*	Safandou, s.	
Hier, *adv.*	Démbe.	Kounoun.
Hippopotame, *s. m.*	Lébére, d.	Many.
Hirondelle, *s. f.*	Njargaine, l.	
Histoire, *s. f.*	Laibe, v.	Taly.
Historien, *s. m.*	Défarkat ou laibe, v.	
Hiver, *s. m.*	Naure, b.	Tlema.
Hocher, *v. a.*	Yängatalä.	Ilama.
Holà, *interj.*	Ouy.	Omba.
Homard, *s. m.*	Sipesipaje, b.	
Homicide, *s. m.*	Rayekat ou nitte, b.	Mafaba.
Homicider, *v. a.*	Räyä.	Afa.
Hommage, *s. m.*	Térale, b.	Gnoumankey.
Homme, *s. m.*	Nitte, g.	Maha.
Honnête, *adj.*	Téde.	Magnouma.
Honnêtement, *adv.*	Bou téde.	Magnouma.
Honnêteté, *s. f.*	Ntéde, g.	Magnouma.
Honorer, *v. a.*	Diamou.	Abaro.
Honte, *s. f.*	Gathiey, g.	Malo.
Honteux, *adj.*	Barey gathiey.	Malo-tiguy.
Hoquet, *s. m.*	Youkjole, b.	Yiguerey.
Horizon, *s. m.*	Mile, m.	
Hormis, *prép.*	Guenaou.	Oko.
Horreur, *s. f.*	Sijelou, b.	Gnougou.
Horrible, *adj.*	Sijelou.	Gnougou.

Français.	Wolof.	Bambara.
Hospitalité, *s. f.*	Săraje, s.	Saraja.
Houe, *s. f.*	Iller, B.	Daba.
Houppelande, *s. f.*	Thiogou, B.	Woulo.
Houspiller, *v. a.*	Diajaffé.	Akouloffo.
Houssine, *s. f.*	Săde ou făsse, V.	Bissa.
Huile, *s. f.*	Diw ou bérafe, G.	Zaratoulo.
Huisserie, *s. f.*	Dhiore ou mată, M.	Toou.
Huit, *adj.*	Dhiouroum niătte.	Seguey.
Huître, *s. f.*	Sathiôme, s.	
Humain, *adj.*	Sărăjekat, B.	Sarajatiguy.
Humanité, *s. f.*	Ntéde, G.	Magnouma.
Humble, *adj.*	Kou ngnabou oul.	
Humecter, *v. a.*	Toyală.	Agnigui.
Humer, *v. a.*	Vannă.	Akounou.
Humeur, *s. f.*	Dhiko, D.; Mbére, M.	Song.
Humilier, *v. a.*	Rousselo.	Amalola.
Humilité, *s. f.*	Ndioulite.	Moria.
Huppe, *s. f.*	Dhioube, B.	Tlou.
Hurlement, *s. m.*	Sabe, B.	Kassy.
Hure, *s. f.*	Bope ou mbame, M.	Faly-koung.
Hydromel, *s. m.*	Ndoje ak laime, G.	Di-ani-dhy.
Hydropisie, *s. f.*	Gadâme, G.	Nina.
Hymen, *s. m.*	Séeye, B.	Fourou.
Hymne, *s. m.*	Mada, D.	Mory-donkily.
Hysope, *s. f.*	Njassawane, M.	Goungoumey.

I

Français.	Wolof.	Bambara.
Ici, *adv.*	Filey.	Yang.
Idée, *s. f.*	Njel, M.	Fakly.
Idem, *adj. lat.*	Yope benne.	Oubédékéligney.
Idiot, *adj.*	Dofe.	Fato.

Français.	*Wolof.*	*Bambara.*
Ignorant, *s.*	Jamadi, B.	Kodombaly.
Ignorer, *v. a.*	Jamadi.	Kodombali.
Il *ou* elle, *pron.*	Mome; Nă.	Hey.
Iman, *s. m.*	Sérigne, B. ; Élimane, D.	Mory.
Immobile, *adj.*	Dhioube.	Itlé.
Impatience, *s. f.*	Mougnady, B.	Itimougnou.
Impatient, *adj.*	Mougnadikat.	Itimougnouba.
Imperceptible, *adj.*	Lou gnou mănoul guisse.	Gnéatemiye.
Imperfection, *s. f.*	Dhioume, B.	Flila.
Impertinence, *s. f.*	Saga, s.	Neny.
Impertinent, *s. m.*	Sagakat, B.	Neniba.
Impie, *s.* et *adj.*	Kou amoul yône, K.	Kafry.
Implorer, *v. a.*	Dăgănă.	Adali.
Impoli, *adj.*	Tédady.	Soutratila.
Impolitesse, *s. f.*	Ntédady, G.	Soutratila.
Importance, *s. f.*	Sojela, s.	Mako.
Impossible, *adj.*	Lou mănoul amă.	Nitekey.
Imprécation, *s. f.*	Reube, G.	Adangna.
Impropre, *adj.*	Sétrady.	Amadhiey.
Imputation, *s. f.*	Dhiégney, B.	Adala.
Imputer, *v. a.*	Dhiégnă.	Adala.
Inattention, *s. f.*	Kou amoul mpâle, K.	Faklétila.
Incapable, *adj.*	Kou mănoul.	Itessokola.
Incendie, *s. m.*	Yoje, M.	Atougala.
Incendier, *v. a.*	Yojă.	Atougala.
Incertain, *adj.*	Orady.	Madala.
Incivilisé, *adj.*	Kou amoul yône.	Kafry.
Incommode, *adj.*	Lou bajoul.	Amagny.
Incommoder, *v. a.*	Tankjală.	Ibégatlogoin.
Incomplet, *adj.*	Lou faisoul.	Amafa.
Inconnu, *adj.*	Arame.	Mbeguarame.

Français.	Wolof.	Bambara.
Incorrigibilité, *s. f.*	Lou mănoul dhiou-bantikou, B.	Itlé.
Incorruptible, *adj.*	Lou doul neubou.	Mintedougou.
Incroyable, *adj.*	Lou doul deugue.	Thientey.
Indépendant, *adj.*	Diambour.	Foro.
Index, *s. m.*	Sannikaye, B.	Blokony.
Indigence, *s. f.*	Toskarey, D.	Gnény.
Indigène, *adj.*	Ndioudou.	Wouloyoro.
Indignation, *s. f.*	Merre, M.	Selly.
Inégal, *adj.*	Lou yămoul.	Amanka.
Inénarrable, *adj.*	Lou gnou mănoul nétali.	Tesguidigui.
Inévitable, *adj.*	Lou gnou mănoul făkou.	Ithiékabokoro.
Inévitablement, *adv.*	Bou ragalou.	Bissragney.
Inexpérience, *s. f.*	Kou jamoul, K.	Kodombaly.
Infaisable, *adj.*	Kou mănoul défă.	Itassékakey.
Infame, *adj.*	Yéfre.	Kafry.
Infecter, *v. a.*	Jassaw.	Agnany.
Infini, *adj.*	Lou doul soty.	Atéban.
Ingrat, *adj.*	Jarabekat, B.	Kodombaly.
Inhumain, *adj.*	Sojor ; Tédady.	Yaossey.
Injure, *s. f.*	Jăsse, v. ; Saga, s.	Nénély ; Anény.
Injurier, *v. a.*	Sagă ; Jăssă.	Nénéli ; Anéni.
Injurieux, *adj.*	Sagakat ; Jassekat.	Nénéliba ; Anény.
Inquiétude, *s. f.*	Amoul noflaye, B.	Agnégoin.
Inspecter, *v. a.*	Saită.	Oumatié.
Inspecteur, *s. m.*	Saitekat, B.	Fléliba.
Instant, *s. m.*	Sâ, s.	Ita.
Insultant, *adj.*	Saga ; Jăsse.	Anény ; Dhialakey.
Insulte, *s. f.*	Saga, s. ; Jăsse, v.	Anény ; Dhialakey.
Insulter, *v. a.*	Sagă ; Jăssă.	Anéni ; Dhialaké.
Intelligence, *s. f.*	Njel, M. ; Sago, s.	Fakily.

Français.	Wolof.	Bambara.
Intention, *s. f.*	Beugue, B.	Akadigney.
Intercéder, *v. n.*	Tinou.	Amena.
Interdit, *s. m.*	Tairey, B.	Afoya-kanakey.
Intérieur, *adj.*	Thia bire.	Akonon.
Interprète, *s. m.*	Alkaty, D. ; Lapeto, B.	Adalamena.
Interpréter, *v. a.*	Téki ; Lapeto.	Adalamena.
Interroger, *v. a.*	Ladhiä.	Agninika.
Intestins, *s. m. pl.*	Boutite, B.	Nougou.
Intime, *adj.*	Sopäntey.	Kokadigouagne.
Intimement, *adv.*	Bou sopäntey.	Kokadigouagne.
Intimider, *v. a.*	Jokjetalä ; Ragalo.	Ababa.
Intolérant, *adj.*	Kou doul bâale, K.	Ataloyo.
Intrépide, *adj.*	Gnomey.	Akafary.
Introduit, *part.*	Jarafey.	Adong.
Inutile, *adj.*	Lou doul diérigne.	Anafa.
Invariabilité, *s. f.*	Lou doul sopikou, L.	Atayelima.
Invectiver, *v. n.*	Sagä.	Anéni.
Invincible, *adj.*	Kou gnou mănoul dakje.	Itasgagouey.
Invisible, *adj.*	Lou doul guissou.	Gnieatémigney.
Invité, *part.*	Yégale.	Adon.
Inviter, *v. a.*	Yégalä.	Adon.
Iris, *s. m.*	Jone, V.	Gnala-mourou.
Ironie, *s. f.*	Jässe, V.	Adhialaky.
Irréconciliable, *adj.*	Kou doul défä diame.	Atessodhiognama.
Irrépréhensible, *adj.*	Kou guou mănoul diapä.	Manakodhiougou.
Irrigation, *s. f.*	Nandale, B.	Amy.
Irriter, *v. a.*	Merrä ; Merlo.	Isselli.
Isoler, *v. a.*	Jadialé.	Afaragnouana.
Ivoire, *s. m.*	Boigne ou gnéye, B.	Kafigny.
Ivre, *adj.*	Mandy.	Dlobéla.
Ivrogne, *adj.*	Mandikat.	Dlobélaba.

J

Français.	Wolof.	Bambara.
Jabot, *s. m.*	Roke, B.	Dhioguy.
Jactance, *s. f.*	Damou, G.	Yérétanou.
Jadis, *adv.*	Bou diäke.	Nfolo.
Jaillir, *v. a.*	Sérati.	Sérani.
Jaillissement, *s. m.*	Sératy, B.	Sérany.
Jalouser, *v. a.*	Firä.	Kélia.
Jalousie, *s. f.*	Mpire, M.	Kélia.
Jamais, *adv.*	Mouk.	Abada.
Jambe, *s. f.*	Yéle, B.	Sanakoulou.
Jambon, *s. m.*	Loupe, B. ; Tanke, B.	Wourou.
Janvier, *s. m.*	Tamjaret, D.	Dhionsaly.
Japper, *v n.*	Baw.	Wowo.
Jardin, *s. m.*	Tôle, B.	Fourou.
Jardiner, *v. n.*	Bäyä.	Thiké.
Jardinier, *adj.*	Bayekat.	Thikalaba.
Jarre, *s. f.*	Ndâa, L.	Figney.
Jarret, *s. m.*	Tinkjo, B.	Toukoulo.
Jaser, *v. n.*	Vajetanä.	Korofo.
Jaseur, *s.*	Vajetanekat, B.	Korofoba.
Jatte, *s. f.*	Keule, B.	Kouna.
Javeline, *s. f.*	Faite, G.	Bien.
Javelle, *s. f.*	Sabäre, B.	Gnoséguy.
Jeter, *v. a.*	Sanni.	Akiri.
Jeter (se), *v. r.*	Sôbou.	Bidhiro.
Jeu, *s. m.*	Mpo, M.	Tlo.
Jeudi, *s. m.*	Aljamesse, D.	Aljamsa.
Jeune, *adj.*	Ndaw.	
Jeûne, *s. m.*	Nkore, G.	Soum.
Jeûner, *v. n.*	Aurä.	Mbessoum.

Français.	Wolof.	Bambara.
Jeûneur, *s. m.*	Aurekat, B.	Soumba.
Joie, *s. f.*	Banéje, B.	Akadina.
Joindre, *v. a.*	Takjalo.	Anorala.
Joli, *adj.*	Rafére.	Akagny.
Joliment, *adv.*	Bou raféte.	Arhie-kagny.
Joue, *s. f.*	Léje, B.	Kingué.
Jouer, *v. n.*	Ouri.	Tlo.
Jouer (se), *v. r.*	Fôw.	Tlo ; Kanagnajari.
Joueur, *s. m.*	Fowkat, B. ; Ourikat, B.	Tloba.
Jouir, *v. n.*	Amă banéje.	Akadina.
Jour, *s. m.*	Bésse, B.	Doo.
Journée, *s. f.*	Făne, V.	Doo.
Journellement, *adv.*	Făne vou naike.	Doo-ngnodoo.
Joûter, *v. n.*	Băré.	Sien.
Joûteur, *s. m.*	Bărékat, B.	Sienboba.
Joyeusement, *adv.*	Ak banéje.	Akadina.
Joyeux, *adj.*	Naije dérette.	Ininokady.
Jucher, *v. n.*	Dallă.	Siguiyoro.
Juge, *s. m.*	Atékat, B.	Thienfoba.
Juger, *v. a.*	Até.	Thienfo.
Juif, *s. m.*	Yéfre, B.	Kafiry.
Juillet, *s. m.*	Ndéey ou kore, G.	
Juin, *s. m.*	Mame ou kore, G.	
Jumeau, *adj.*	Sije.	Flaniou.
Jument, *s. f.*	Wadiane, V.	Somousso.
Jupon, *s. m.*	Péndale, M.	Finy.
Jurer, *v. a.*	Wată.	Isien.
Jurisconsulte, *s. m.*	Ndigăle, L.	Fouyé.
Juste, *adj.*	Yăme.	Akakégné.
Juste, *adv.*	Yamaley.	Akounguégney.
Justice, *s. f.*	Yône, V.	Atassăra.

K

Français.	Wolof.	Bambara.
Kaey, *s. m.* Arbre.	Jaye, B.	Dhiala.
Kahouanne, *s.f.* Tortue	Dayaye, B.	Taw.
Kératoglosse, *s.m.* Muscle de la langue.	Laâ, B.	Nendhiourou.
Kératophyllon, *s. m.* Plante marine.	Diapantane, B.	
Kussir, *s. m.* Lyre.	Njalam, L.	Kony.
Kynancie, *s.f.*	Maïtite ou bâte, B.	Kandimy.

L

Français.	Wolof.	Bambara.
Labeur, *s. m.*	Liguéye, B.	Thia.
Laboratoire, *s.m.*	Liguéyoukaye, B.	Thiakayoro.
Laborieux, *adj.*	Liguéyekat.	Thiakaba.
Labourable, *adj.*	Fonde.	Fougakeney.
Labourer, *v. a.*	Bäyă.	Thiké.
Laboureur, *s. m.*	Bäyekat, B.	Thikeba.
Lac, *s. m.*	Mărre, M.	Badla.
Lacérer, *v. a.*	Joti.	Afara.
Lâche, *adj.*	Răgale.	Issaräna.
Lâcher, *v. a.*	Baï.	Abla.
Ladre, *adj.*	Eure.	Kaba.
Lagophthalmie, *s.f.*	Vaninte, V.	Gnedimi.
Laid, *adj.*	Niaw.	Thiekadhiougou.
Laideur, *s.f.*	Niawaye, B.	Adhiougouyako.
Laie, *s.f.*	Mbame ale ou dhiguéne, M.	Dée-mousso.
Laine, *s.f.*	Kaware, G.; Dănke, D.	Gariblé ; Sy.

Français.	Wolof.	Bambara.
Laineux, *adj.*	Sămbe.	Sithiama.
Lainier, *s. m.*	Diaéekat ou dănke, B.	Gariblé-samba.
Laisser, *v. a.*	Baï.	Abla.
Lait, *s. m.*	Sauô, M.	Nono.
Laite *ou* laitance, *s. f.*	Mpotaje, M.	Fourou.
Laiteux, *adj.*	Ndioéndioé.	Dhirignédy.
Laitière, *s. f.*	Diaéekat ou sauô, M.	Nono-samba.
Lambeau, *s. m.*	Săgar, V.	Finingolo.
Lambin, *s.*	Yijekat, B.	Soumaba.
Lambiner, *v. n.*	Yijă.	Souma.
Lamentation, *s. f.*	Ntawate, M.; Yaram-lou, B.	Idarokathia ; Ima-kary.
Lamenter, *v. a.*	Réthiou; Tawată.	Mountora.
Lampe, *s. f.*	Lairre, G.; Nitou, G.	Kalodhiey.
Lance, *s. f.*	Jaidhie, B.	Tama.
Lancer, *v. a.*	Deubă.	Assona.
Lande, *s. f.*	Fonde, G.	Fougakeney.
Langage, *s. m.*	Lamigne, V.; Lâk, V.	Kouma.
Lange, *s. m.*	Layetaye, G.	Dendăla.
Langue, *s. f.*	Lamigne, V.	Kouma.
Langueur, *s. f.*	Thiono, B.	Séguéna.
Languir, *v. n.*	Onkă.	Ngnouna.
Languissant, *adj.*	Onkekat.	Ngnounaba.
Laper, *v. n.*	Jabă.	Abédhinon.
Lapin, *s. m.*	Leugue, G.	Sounsa.
Lapine, *s. f.*	Leugue ou dhiguéne, G.	Sounsa-mousso.
Laquais, *s. m.*	Beukanégue, B.	Korossiguy.
Larcin, *s. m.*	Nthiathie, G.	Sougnany.
Large, *adj.*	Yaâ.	Akabon.
Largement, *adv.*	Bou yaâ.	Akabon.
Largeur, *s. f.*	Yaâye, B.	Abognathiogo.
Larme, *s. f.*	Dăngogne, V.	Gnedhy.

Français.	*Wolof.*	*Bambara.*
Larmoyant, *adj.*	Dioéekat.	Kassiba.
Larmoyer, *v. n.*	Dioée.	Kassi.
Larron, *s.*	Sathie, B.	Sougnaly.
Larronneau, *s. m.*	Sathie bou ntoute, B.	Demsé-sougnaïdo.
Las, *interj.*	Yskine.	Édhiala.
Lasser, *v. a.*	Taï.	Ségué.
Lassitude, *s. f.*	Taï, B.	Séguey.
Lavage, *s. m.*	Mpôte, M.	Koly.
Laver, *v. a.*	Fôtă.	Ako.
Laver { pour la 1.re fois.	Aară.	Koli-folo-foula.
Laver { pour la 2.e fois.	Adanti.	Koli-fla-foula.
Laveur, *s.*	Fôtekat, B.	Akoliba.
Le, la, les, *art. et pron.*	Ko ; Laine.	Nimbey.
Lécher, *v. a.*	Mărră.	Anon.
Leçon, *s. f.*	Sâre, V.	Itaffey.
Lecteur, *s. m.*	Dianguekat, B.	Kalanba.
Lecture, *s. f.*	Diangue, B.	Akala.
Léger, *adj.*	Voyofe.	Akafien.
Légèrement, *adv.*	Bou voyofe.	Akafien.
Légèreté, *s. f.*	Voyofaye, B.	Afegnédhiougou.
Lendemain, *s. m.*	Besse bou tope, B.	Dominatoé.
Lent, *adj.*	Yïje.	Akassouma.
Lente, *s. f.*	Dăgne, B.	Gnimikily.
Lentement, *adv.*	Bou yïje.	Kassouma.
Lèpre, *s. f.*	Eure, B.	Kaba.
Lépreux, *adj.*	Eurekat, B.	Kabatiguy.
Lequel, laquelle, *pron. relat.*	Banne ; Dhianne. (*V.* la *Grammaire.*)	Adhiouma.
Léser, *v. a.*	Tognă.	Ibarama.
Lessive, *s. f.*	Mpôte, M.	Koly.
Lessiver, *v. a.*	Fôtă.	Ako.
Lettre, *s. f.*	Beutajel, B.	Sébé-afara.
Leur, *pron. person.*	Saine.	

Français.	Wolof.	Bambara.
Levant, *s. m.*	Pinkou, B.	Koroo.
Levée, *s. f.*	Dioke, B.	Ouly.
Lever, *v. a.*	Yaïkati; Diokă.	Akorta.
Lever (se), *v. r.*	Yaïkatikou; Diokă.	Ouli.
Lèvre, *s. f.*	Ntougne, M.	Dawoulou.
Lézard, *s. m.*	Sindaje, B.	Bassa.
Libéral, *adj.*	Sărajekat.	Sarajaba.
Libéralité, *s. f.*	Saraje, S.	Saraja.
Liberté, *s. f.*	Ndiambour, M.	Foro.
Libertinage, *s. m.*	Nthiayenthiaye, G.	Mafiéman.
Licou, *s. m.*	Lajabe, G.	Karafey.
Lie, *s. f.*	Najite, V.	Bouroubourou.
Lier, *v. a.*	Yéow.	Assiri.
Lieu, *s. m.*	Bérab, B.	Yoro.
Lièvre, *s. m.*	Leugue, G.	Sounsa.
Lignage, *s. m.*	Jaite, B.	Assiw.
Ligne, *s. f.*	Boume ou dolinka, B.	Dhiourou-dhiegué-ménala.
Lignette, *s. f.*	Boume ou ntiaje, L.	Dhio-dhiourou.
Limaille, *s. f.*	Njathîte, L.	Mougou.
Lime, *s. f.*	Njathie, L.	Kaga.
Limer, *v. a.*	Njathiă.	Kaga.
Limier, *s. m.*	Jadhie ou reube, B.	Sougo-menawoulou.
Linge, *s. m.*	Yérey, Y.	Ifary-alafini.
Linger, *adj.*	Diaéekat ou yérey.	Fini-sanba.
Lion, *s.*	Dâaba, D.; Gayendey, G.	Waraba.
Lionceau, *s. m.*	Dôme ou gayendey, G.	Waraha-dée.
Liquider, *v. a.*	Rouyală.	Ayélé.
Liquidité, *s. f.*	Rouyale, B.	Ayéléthioko.
Lire, *v. a.*	Dianguă.	Kalan.
Liseur, *s.*	Dianguekat, B.	Kalanba.

Français.	Wolof.	Bambara.
Lit, *s. m.*	Lal, B.	Dela.
Livraison, *s. f.*	Ndiébal, M.	Asségama.
Livre, *s. m.*	Téré, B.	Kitabey. (Arabe.)
Livrer, *v. a.*	Diébală.	Adima.
Logement, *s. m.*	Naigue, B.	So.
Loger, *v. a.*	Deukă.	Dougou.
Logette, *s. f.*	Naigue bou ntoute, B.	
Logis, *s. m.*	Keurre, G.	So.
Loi, *s. f.*	Yône, V.	Gnalassera.
Loin, *adv.*	Saurey.	Akadian.
Long, *adj.*	Goude.	Akadian.
Long-temps, *adv.*	Bou yague.	Aména.
Longueur, *s. f.*	Goudaye, B.	Adiagnan.
Lot, *s. m.*	Tiér, B.	Iny.
Lotissement, *s. m.*	Saidaley, B.	Atla.
Louange, *s. f.*	Năw, B.	Kagny.
Louanger, *v. a.*	Năw.	Kagni.
Louangeur, *s.*	Năwkat, B.	Kagniba.
Louche, *adj.*	Diéle.	Gnépery.
Loucher, *v. n.*	Diélă.	Gnépery.
Loup, *s. m.*	Bouki, B.	Namakoro.
Lourd, *adj.*	Disse.	Akagouri.
Louve, *s. f.*	Bouki ou dhiguéne, B.	Namakoro-mousso.
Lui, *pron.*	Mome.	Ny.
Luire, *v. n.*	Lairră.	Kaloudhié.
Luisant, *adj.*	Lairre ; Rătaje ; Né-raje.	Kaloudhiey.
Lumière, *s. f.*	Lairre, G.	Kaloudhiey.
Lumineux, *adj.*	Lou amă lairre.	
Lunaison, *s. f.*	Vêre, V.	Kalo.
Lundi, *s. m.*	Altiné, D.	Nténé.
Lune, *s. f.*	Vêre, V.	Kalo.
Lustre, *s. m.*	Mélaje, B. ; Néraje, B.	Tledhia.

Français.	*Wolof.*	*Bambara.*
Lustrer, *v. a.*	Mélajă ; Nérajă.	Akanougou.
Lutter, *v. n.*	Bărĕ.	Sienbo.
Lutteur, *s. m.*	Bărékat, B.	Sienboba.
Luxe, *s. m.*	Ngnabou, G.	Ignékagolé.
Luxure, *s. f.*	Nobnobatey.	
Lynx, *s. m.*	Safandou, S.	Nansiley.
Lyre, *s. f.*	Njalam, L.	Kony.

M

Français.	*Wolof.*	*Bambara.*
Ma, *adj. pron. fém.*	Sama.	Y.
Mâcher, *v. a.*	Makjă.	Amouga.
Mâcheur, *s. m.*	Makjekat, B.	Amougaba.
Mâchoire, *s. f.*	Ngnàam, V.	Dagoulékey.
Madame, *s. f.*	Gnara, D.	Initely.
Magasin, *s. m.*	Dambe, B.	Mbomba.
Magnifique, *adj.*	Amoul morome.	Agnouanté.
Mai, *s. m.*	Rakate dhigamou, D.	
Maigre, *adj.*	Omme.	Apassara.
Maigrir, *v. n.*	Ommelo.	Apassaya.
Main, *s. f.*	Loïo, B.	Boulou.
Maintenant, *adv.*	Téw.	Médhioula.
Mais, *conj.*	Wandey.	Nka.
Maïs, *s. m.*	Makandey, M.	Magno.
Maison, *s. f.*	Keurre, G.	So.
Maître, *s. m.*	Săngue, B. ; Waye, D.	Iman.
Malade, *s. et adj.*	Ope.	Goin.
Maladie, *s. f.*	Diangoro, D.	Goin.
Malaguette, *s. f.*	Kany, G.	Fouronto.

Français.	Wolof.	Bambara.
Malheur, *s. m.*	Ndogal, L.; Ndoôle, M.; Kassara, B.	Abgakey.
Malheureux, *adj.*	Toskarey.	Gnénibato.
Malicieux, *adj.*	Dhiongney.	Akakéw.
Malignité, *s. f.*	Ndhiongney, M.	Akakéw.
Malin, *adj.*	Mousse.	Akakéw.
Malpropre, *adj.*	Tilime.	Noua.
Maman, *s. f.*	Yaye, D.	Mba.
Mamelle, *s. f.*	Ainate, B.; Véne, V.	Singn.
Mander, *v. a.*	Ni.	Ako.
Manger, *v. a.*	Laikă.	Adoum.
Mangeur, *s. m.*	Laikekat, B.	Adoumba.
Marchand, *s.*	Diaéekat, B.; Sopan-dikoukat, B.	Saniba.
Marchander, *v. a.*	Wajalé.	Afoualé.
Marchandise, *s. f.*	Dhiour, G.	Nafoulo.
Marché, *s. m.*	Ndiaée, M.; Dié, B.	Assan.
Marcher, *v. n.*	Dojă.	Tama.
Mardi, *s. m.*	Talata, D.	
Mari, *s. m.*	Diakar, D. (Mâle.)	Thiey.
Mariable, *adj.*	Mătte séeye.	Assera-fourouma.
Mariage, *s. m.*	Séeye, B.	Fourou.
Marier, *v. a.*	Sécyă.	Fourou.
Mars, *s. m.*	Gamou, G.	
Marteau, *s. m.*	Dadhiou, B.	Koulanw.
Martin-pêcheur, *s. m.*	Babakar, B.	Dhirokonon.
Massacrer, *v. a.*	Răyă.	Afă.
Massif, *adj.*	Disse.	Akagoury.
Massue, *s. f.*	Ntape, L.	Bérékoumba.
Masure, *s. f.*	Todhîte, V.; Niana-te, B.	So-tira.
Matamore, *s. m.* Faux brave.	Ragale, B.	Assarana.

Français.	Wolof.	Bambara.
Matin, *s. m.*	Lélăke, s.	Sogoma.
Matrice, *s. f.*	Dhiouréf, G.	Deé-so.
Maudire, *v. a.*	Reubă; Molou.	Adagna.
Maudit soit, *interj.*	Soubôo.	
Mauvais, *adj.*	Bone.	Akadhiougou.
Méchant, *adj.*	Sojor.	Yaoussey.
Méconnaissable, *adj.*	Jamoul.	Ntédo.
Mécontenter, *v. a.*	Néjalou.	Aladéa.
Médiocre, *adj.*	Guené.	Akafsa.
Mêler, *v. a.*	Bolé.	Akoulosso.
Melon, *s. m.*	Jâle, B.	Nsara.
Membre, *s. m.*	Tanjasse, B.	Tougou.
Même, *pron. relat.*	Săje.	Koi.
Mendiant, *s. m.*	Yelwanekat, B.	Sarajagniniba.
Mendier, *v. a.*	Yelwanâ.	Sarajagniba.
Mensonge, *s. m.*	Narre, V.	Kalo.
Menteur, *s. et adj.*	Narrekat, B.	Kalotékéba.
Mentir, *v. n.*	Narsă.	Kalotéké.
Menton, *s. m.*	Sikime, B.	Bomo.
Méprisable, *adj.*	Niawalou.	Ngnounafajey.
Méprise, *s. f.*	Dioume, B.	Nflila.
Mépriser, *v. a.*	Niawală.	Ngounafaje.
Mer, *s. f.*	Guéthie, G.	Guéthy.
Merci, *s. f.*	Diara dieuf, D.; Guérăme, D.	Inissey.
Mercredi, *s. m.*	Alarba, D.	
Merde, *s. f.*	Doule, V.	Bo.
Mère, *s. f.*	Ndéey, D.	Mba.
Mériter, *v. a.*	Dăgână.	Delli.
Merveille, *s. f.*	Kawtef, M.	Hey-dialla.
Mésentère, *s. m.*	Ntiangue, L.	Keey.
Mesure, *s. f.*	Andar, D.	Mourey.
Mesurer, *v. a.*	Nättă.	Assama.

Français.	Wolof.	Bambara.
Mesureur, *s. m.*	Nättekat, B.	Samaliba.
Métier, *s. m.*	Mänemäne, B.	Gnesséla.
Mettre, *v. a.*	Défä.	Akey.
Meurtre, *s. m.*	Rindy, B.	Akantékey.
Meurtrir, *v. a.*	Räyä ; Notajalä.	Noroko.
Miaulement, *s. m.*	Sabe, B.	Kaska.
Midi, *s. m.*	Digue ou beuthiek, B.	Tlékouna.
Mie, *s. f.*	Poeundaje, B.	Akama.
Miel, *s. m.*	Laime, G.	Dy.
Mien, *adj.*	Sama bosse.	Nta.
Mieux, *adv.*	Guenne.	Ni-ngafsayé.
Migraine, *s. f.*	Maitite ou bope, B.	Koundimi.
Mil *ou* millet, *s. m.*	Dougoup, D. ; Souna, S.	Gno.
Milieu, *s. m.*	Digue, B.	Thiémanthiey.
Mille, *nomb.*	Dhiouney.	Bakéley.
Millet. *Voyez* Mil.		
Million, *s. m.*	Tamdarette, D.	Batan.
Mince, *adj.*	Saiou.	Akamsé.
Ministre, *s. m.*	Ndoukane, L.	Gouada.
Minuit, *s. m.*	Digue ou goudy, G.	Doutla.
Miracle, *s. m.*	Kawtef, M.	Hey-dialla.
Mire, *s. f.*	Diroukaye, B.	Sinina.
Mirer, *v. a.*	Dirä.	Assingn.
Mirer (se), *v. r.*	Saitou.	Dougnaré.
Miroir, *s. m.*	Sétou, B.	Dougnarey.
Miroitier, *s. m.*	Diaéekat ou sétou, B.	
Misanthrope, *s. m.*	Aniânekat, B.	Ikadhiougou.
Misérable, *s. et adj.*	Toskarey.	Gnélébato.
Misère, *s. f.*	Bougue, B.	Kongno.
Moderne, *adj.*	Baisse.	Koura.
Modeste, *adj.*	Téde.	Gnouma.
Moelle, *s. f.*	Youkje, B.	Sémey.

Français.	Wolof.	Bambara.
Mœurs, *s. f.*	Tame, B.	Idela.
Moi, *pron.*	Mane; Na; La.	Né.
Moindre, *adj.*	Bou ntoute.	Thien-ny.
Moineau, *s. m.*	Sagore, S.	Konon.
Moins, *adv.*	Yésse.	Amassey.
Mois, *s. m.*	Vêre, V.	Kalo.
Moisir (se), *v. r.*	Nourrä.	Akoumoura.
Moisson, *s. f.*	Ngobetey, L.	Tigalido.
Moissonner, *v. a.*	Gohä.	Tigali.
Moissonneur, *s.*	Gobekat, B.	Tigaliba.
Moitié, *s. f.*	Guennewal, G.	Tlanthiey.
Mollet, *s. m.*	Pairre, B.	Sinkala.
Moment, *s. m.*	Sâ, S.	Témadola.
Monceau, *s m.*	Diouke, B.	Atoung.
Monde, *s. m.*	Adouna, D.	Douna.
Monsieur, *s. m.*	Wadhy.	Thieningnon.
Monstre, *s. m.*	Ndiouma, L.	Koungnofey.
Montagne, *s. f.*	Tounde, V.	Tindy.
Monter, *v. n.*	Yaiguä.	Yélé.
Montrer, *v. a.*	Väné.	Adhirala.
Moquer (se), *v. r.*	Niawalä.	Amagnajali.
Moqueur, *s.*	Niawalkat, B.	Amagnajaliba.
Morceau, *s. m.*	Abdok, B.	Kounkrou.
Mordant, *adj.*	Lo mate.	Migné-akigny.
Mordre, *v. a.* et *n.*	Matä.	Akigni.
Morfil, *s. m.*	Boigne ou gnéye, B.	Kafligny.
Mort, *s. f.*	Abdoudiabar, B.	Saya.
Morve, *s. f.*	Niandajite, B.	Noundhy.
Morveux, *adj.*	Kou amä niandajite.	Noundhy-atiguy.
Mosquée, *s. f.*	Dhioulikaye, B.	Sali-yoro.
Mot, *s. m.*	Bâte, B.	Akamey.
Mou, *adj.*	Noé.	Akama.
Mouche, *s. f.*	Végne, V.	Bley.

Français.	Wolof.	Bambara.
Moucher, *v. a.*	Niandă.	Inoufiey.
Moudre, *v. a.*	Wală.	Assoussou.
Moue, *s. f.*	Gagne, B.	Kassy.
Mouiller, *v. a.*	Toyală.	Agneguey.
Mourant, *adj.*	Déekat.	Saba.
Mourir, *v. n.*	Dée.	Sa.
Mousquet, *s. m.*	Faital, G.	Marfa.
Mousse, *s. f.*	Mpourite, M.	Kangna.
Moustache, *s. f.*	Thioujoume, B.	Dassy.
Moustique, *s. f.*	Yôo, V.	Soussou.
Mouton, *s. m.*	Njărre, M. ; Tapanguey, L.	Kobo-saha.
Mouvoir, *v. a.*	Yăngatală.	Yiroma.
Moyen, *adj.*	Yăme.	Akakaigney.
Muer, *v. n.*	Sopalikou ; Roussă.	Afaley.
Muet, *adj.*	Lou.	Bobo.
Mugir, *v. n.*	Nagnă.	Kassi.
Mugissement, *s. m.*	Nagne, B.	Kassy.
Mulet, *s. m.* Poisson.	Déme, V.	
Mulet, *s. m.* Quadrupède.	Barley, B.	
Multitude, *s. f.*	Ngangore, L.	Senama.
Munition, *s. f.*	Dounde, G.	Dounsey.
Mûrir, *v. n.*	Niaură.	Amona.
Murmurer, *v. a.*	Roumetou.	Dogoloukonma.
Murmurer entre les dents, *v. n.*	Jîrou.	Korondi.
Musc, *s. m.*	Sounka, S.	Sounka.
Mystère, *s. m.*	Ndéye, L.	Dogoloukouma.

N

Français.	*Wolof.*	*Bambara.*
Nabot, *s. m.*	Toungouney, B.	Souroumany.
Nacelle, *s. f.*	Lothio, G.	Kounou.
Nage, *s. f.*	Mpaiye, M.	Inon.
Nageoire, *s. f.*	Thirire, B.	Dhiéguy.
Nager, *v. n.*	Faiyä.	Inon.
Nageur, *s. m.*	Faiyekat, B.	Inonba.
Naguère, *adv.*	Kairo.	Odoou.
Naissance, *s. f.*	Ndhioudou.	Voulo.
Naître, *v. n.*	Dhioudou, M.	Voulo.
Nantir, *v. a.*	Tayelé.	Ténomeda.
Narine, *s. f.*	Nkane ou bakane, B.	Nou-adengney.
Narrateur, *s. m.*	Nétalikat, B.	Ataliba.
Narrer, *v. a.*	Nétali.	Atali.
Nasarde, *s. f.*	Mouna, B.	Atony.
Nasillard, *adj.*	Nosse.	
Natte, *s. f.*	Ndésse, M.	Dela.
Nattier, *s. m.*	Diaéekat ou ndésse, B. ; Défarkat ou ndésse, B.	Dela-assemba.
Nature, *s. f.*	Adouna, D.	Douna.
Naufrage, *s. m.*	Souje, B.	Atounouna.
Navée, *s. f.*	Yébe ou galle, G.	Kounou-afa.
Navire, *s. m.*	Galle, G.	Kounou.
Ne, *part.*	Oul.	
Néanmoins, *adv.*	Wandey.	Nka.
Négliger, *v. a.*	Wathiä.	Afli.
Négoce, *s. m.*	Sopandikou, B.	Ayéréma.
Négociant, *s. m.*	Diaéekat, B.	Sanniba.
Négociation, *s. f.*	Väjantey, B.	Affo-gnouanthiey.
Négocier, *v. n.*	Väjanté.	Affo-gnouanthiey.

Français.	Wolof.	Bambara.
Nègre, *adj.*	Wolof; Nioule; Nitte gou nioule.	Akafy.
Nenni, *négat.*	Dédéte.	Ntékey.
Net, *adj.*	Sétte.	Akadhiey.
Netteté, *s. f.*	Séttaye, B.	Adhiethiogo.
Nettoyer, *v. a.*	Fompă.	Afra.
Neuf, *nomb.*	Dhiouroum nianette.	Kononto.
Neuf, *adj.*	Baisse.	Koura.
Neveu, *s. m.*	Diarbâte, B.	Mbenkey-dée.
Nez, *s. m.*	Bakane, B.	Noue.
Nicotiane, *s. f.*	Mpône, M.; Tăma-ka, D.	Sira.
Nid, *s. m.*	Ntague, M.	Kononso.
Nier, *v. a.*	Mimă; Vaidi.	Iladhie.
Noble, *adj.*	Guélevar, B.; Ndaw-kounda, L.	Fama.
Noir, *adj.*	Nioule.	
Nom, *s. m.*	Toure, V.	Itoua.
Nommer, *v. a.*	Toudă.	Itouada.
Non, *négat.*	Déte.	Ntékey.
Nord, *s. m.*	Ganard, G.; Gope, G.	Sahely.
Notre, *adj.*	Sounou.	Anta.
Nouer, *v. a.*	Făssă.	Assiri.
Nourrice, *s. f.*	Doundalekat, B.; Botal, B.	Alabaloba.
Nourrir, *v. a.*	Doundală.	Alabalo.
Nous, *pron.*	Noune; Nou.	Ambey.
Nouveau, *adj.*	Déguedégue, B.; So-lo, S.; Baisse.	Kobamey.
Novembre, *s. m.*	Diguy, G.	
Novice, *s. m.*	Moumine, M.	Kodombaly.
Noyau, *s. m.*	Joje, B.; Koke, B.	Koulou.
Nu, *adj.*	Foutourlou.	Farla-koulou.

Français.	*Wolof.*	*Bambara.*
Nuage, *s. m.*	Nirre, v. ; Sälemir, s.	Fie ; Gongno.
Nuire, *v. n.*	Yakjalä.	Athien.
Nuit, *s. f.*	Goudy, G.	Sou.
Nullement, *adv.*	Dära.	Feintey.
Nuque, *s. f.*	Dokje, D.	Tong.
Nyctalopie, *s. f.*	Bépinte, B.	Sourofiey.

O

O , *interj.*	Ah.	Ah.
Obéir, *v. a.*	Diamou.	Sikinfey.
Obéissant, *adj.*	Diamoukat.	Sikinféba.
Obérer, *v. a.*	Laibä.	Dhiourou.
Objet, *s. m.*	Leufe, L.	Fey.
Obligeamment, *adv.*	Mpatey.	Adémey.
Obliger, *v. a.*	Dimali.	Adémé.
Obscur, *adj.*	Ländäme.	Diby.
Obscurcir, *v. a.*	Ländämalä.	Dibi.
Observation, *s. f.*	Yégale, B.	Adon.
Occident, *s. m.*	Jarfou, B.	Tléby.
Occupation, *s. f.*	Liguéye, B.	Thia.
Occuper (s'), *v. r.*	Liguéyä.	Thia.
Octobre, *s. m.*	Kori, G.	Sélikalo.
Octroyer, *v. a.*	Maée ; Diojä.	Asson.
Œil, *s. m.*	Beutte, B.	Gnié.
Œuf, *s. m.*	Naine, B.	Kili.
Œuvre, *s. f.*	Dieuf, D. ; Liguéye, B.	Son.
Offre, *s. f.*	Maye, G.	Asson.
Ognon, *s. m.*	Sobley, s.	Dhiaba.
Oh, *interj.*	Yskine.	Êdhiala.
Oiseau, *s. m.*	Mpithie, M.	Konnon.

Français.	Wolof.	Bambara.
Oiseleur, *s. m.*	Firekat ou mpithie, M.	Konnon-amnaba.
Ombrage, *s. m.*	Nkerre, G.	Souma.
Ombre, *s. f.*	Takjandor, V.	Souma.
Omoplate, *s. f.*	Palanje, B.	Kama.
On, *pron.*	Gnou.	Nimbey.
Oncle, *s. m.*	Nadiaé, D.	Mbenkey.
Onde, *s. f.*	Dousse, Y.	
Ongle, *s. m.*	Vé, V.	Soni.
Onze, *nomb.*	Fouk ak bénne.	Tank-ni-kiley.
Opposer, *v. a.*	Tairé.	Kanakey.
Opprimer, *v. a.*	Guétănou.	Gnani.
Opprobre, *s. m.*	Rousse, G.; Gathiey, G.	Malo.
Opter, *v. a.*	Tannă.	Arrotomo.
Opulence, *s. f.*	Alale, D.	Nafolo.
Opulent, *adj.*	Barey dhiour; Barey alale.	Nafolo-tiguy.
Or, *s. m.*	Vourousse, V.	Sanou.
Orageux, *adj.*	Jaine.	Sanfi.
Ordonner, *v. a.*	Yéblé.	Okaouli.
Ordure, *s. f.*	Mbalite, M.	Gnama.
Oreille, *s. f.*	Nope, B.	Tlo.
Oreiller, *s. m.*	Nguéguénaye, L.	Koundosséla.
Orge, *s. f.*	Thiébe, B.	Malo.
Orgueil, *s. m.*	Ngnabou, G.	Éthiana.
Orient, *s. m.*	Pinkou, B.	Koron.
Orifice, *s. m.*	Nkane, M.	Déngney.
Originaire, *adj.*	Ndioudou.	Woulouyoro.
Ornement, *s. m.*	Năjâte, B.	Agnéguey.
Orner, *v. a.*	Năjătă.	Agnégué.
Orphelin, *adj.*	Bayo.	Batéfey.
Orteil, *s. m.*	Barame ou tanke, B.	Sékonie.
Os, *s. m.*	Yaje, B.	Kolo.

Français.	Wolof.	Bambara.
Osier, *s. m.*	Kailailey, B.	Badhiry.
Ossemens, *s. m. pl.*	Y yaje.	Kolo-thiaman.
Otage, *s. m.*	Wǎtâsse, B. ; Taye-ley, B.	Atnomada.
Ôter, *v. a.*	Dindi.	Abo.
Où, *adv.*	Fo; Ana.	Abemy.
Ou, *conj.*	Mbite.	Wala.
Oublier, *v. a.*	Faté.	Gniénéna.
Ouest, *s. m.*	Jarfou, B.	Tléby.
Ouf, *interj.*	Athiame.	Haj.
Oui, *affirm.*	Ouaw.	Oô.
Ouïe, *s. f.*	Dégue, B.	Amey.
Ourdir, *v. a.*	Baguǎ.	Gnéssey.
Ourdissoir, *s. m.*	Bǎnte ou bague, B.	Gnéssey-tontola.
Ourler, *v. a.*	Ombǎ.	Aforo.
Outrage, *s. m.*	Jasse, V.	Adhialaky.
Outrageux, *adj.*	Jassekat.	Adhialakéba.
Outre, *s. f.*	Mbousse, M.	Foroko.
Outrer, *v. a.*	Taï.	Séguin.
Ouverture, *s. f.*	Koubére, L. ; Nkane.	Datougonla.
Ouvrage, *s. m.*	Liguéye, B.	Thia.
Ouvragé, *part.*	Liguéye.	Thiaba.
Ouvreur, *s. m.*	Oubikat, B.	Dayéléba.
Ouvrir, *v. a.*	Oubi.	Dayélé.
Ouvroir, *s. m.*	Liguéyoukaye, B.	Thiakéla.
Ovipare, *adj.*	Loudy naine.	Konon.
Oxide, *s. m.*	Jourjour, B.	Nôà.

P

Pacage, *s. m.*	Samoukaye, B.	Goinéyoro.
Pacifier, *v. a.*	Défǎ diame.	Outhiedéla.

Français.	*Wolof.*	*Bambara.*
Pacifique, *adj.*	Nitte ou diame.	Magnima.
Pacotille, *s. f.*	Dhiourgountoute, G.	Nofoloni.
Page, *s. f.*	Anäme, V.	Abémi.
Pagne, *s. f.*	Sérre, V.	Fini.
Païen, *s. m.*	Nitte you jamoul yalla.	Kafiri.
Paillasson, *s. m.*	Tăssărănte, G.	Gninée.
Paille, *s f.*	Niăje, M.	Bigne.
Pain, *s. m.*	Mbourou, M.	Déguey.
Paître, *v. a.*	Sammă.	Gouélila.
Paix, *s. f.*	Diame, D.	Outhiedela.
Palais, *s. m.*	Keurre ou bour, B.	Fama-sou.
Pâleur, *s. f.*	Sopikou, B.	Yéllema.
Pâlir, *v. n.*	Sopikou.	Yéllema.
Palissade, *s. f.*	Sakette, V.	Sinsa.
Palma-Christi, *s. m.*	Nioule, B.	
Palme, *s. f.*	Banjäse ou sorsor, B.	Tamara-boulou.
Palmier, *s. m.*	Garap ou sorsor, G.	Tamara.
Palmiste, *s. m.*	Sorsor, G.; Tire, G.	Tamara.
Palpiter, *v. n.*	Lojă.	Yéréyérey.
Panaris, *s. m.*	Băye, B.	Soumni.
Panier, *s. m.*	Seutte, G; Nteugue, G.	Ségy.
Panse, *s. f.*	Baboukey, B.	Babo.
Panser, *v. a.*	Fadhiă.	Aholibo.
Pantalon, *s. m.*	Toubéye, D.	Kouloussy.
Pantoufle, *s. f.*	Niâjéte, V.	Sabarakoulo.
Papa, *s. m.*	Baye, B.	Fa.
Pape, *s. m.* (L'iman des chrétiens catholiques.)	Élimane, D.	
Papier, *s. m.*	Kaëte, V.	Séfé.
Papillon, *s. m.*	Leupleup, B.	Féréférey.

Français.	Wolof.	Bambara.
Papilloter, *v. n.*	Bäramou.	Dhio.
Pâque, *s. f.*	Kory, G.	Selly.
Paquet, *s. m.*	Thiäbe.	Nionso.
Par, *prép.*	Ndaje.	Ntée.
Parade (exercice), *s. f.*	Madhie, B.	Arobin.
Paradis, *s. m.*	Aldiana, D.	Dhienéy.
Paradoxe, *s. m.*	Dioume, B.	Nfliley.
Parafe, *s. m.*	Jatime, B.	Athia; athoua.
Parafer, *v. a.*	Jatimä.	Athia; athoua.
Paraître, *v. n.*	Faignä.	Mägaye; baliman.
Parallèle, *adj.*	Tolo.	Adouo-akéréféy.
Paralytique, *s. m.*	Lagui, B.	Banama.
Parc, *s. m.*	Guéte, B.	Vérey.
Parce que, *conj.*	Ndigui.	Ntakey.
Parcourir, *v. a.*	Vorrä.	Diamfa.
Par-devant,	Thi-käname.	Éniä.
Pardonner, *v. a.*	Bâalä.	Maga-oto.
Pareil, *adj.*	Morome.	Diougna.
Parent, *s. m.*	Mboke, M.	Ibalima.
Parer, *v. a.*	Défärä.	Adéla.
Paresseux, *adj.*	Taélkat.	Salabato.
Parfaire, *v. a.*	Motali.	Atolaba.
Parfait, *adj.*	Dhioulite.	Mori; akagna.
Parfum, *s. m.*	Jaigne, B.	Souma.
Parier, *v. a.*	Gassé.	Fainda.
Parieur, *s. m.*	Gassékat, B.	Faindalaba.
Parjure, *s. m.*	Vaidy, B.	Sosoly.
Parler, *v. n.*	Adou; Wajetanä.	Kouma.
Parleur, *s. m.*	Adouka, B.; Wäjeta-nekat, B.	Koumakéba.
Parmi, *prép.*	Digantey.	Franthie.
Parole, *s. f.*	Bâte.	Koumaka.
Parquet, *s. m.*	Derre, B.	Dougoukoulo.

G

Français.	Wolof.	Bambara.
Parsemer, *v. a.*	Dhiă.	Adan.
Part, *s. f.*	Wal, **v.**	Iny.
Partager, *v. a.*	Saidalé.	Atela.
Parterre, *s. m.*	Tole, **b.**	Fourou.
Partir, *v. n.*	Diokă.	Vouly.
Par-tout, *adv.*	Founaike.	Yorobey.
Parure, *s. f.*	Năjăte, **b.**	Agnégué.
Parvenir, *v. n.*	Dikă.	Nâ.
Pas, *s. m.*	Sakji, **b.**; diégo, **b.**	Saicorta; isago.
Passager, *s. m.*	Tolâne, **b.**	Tagnouansé.
Passant, *adj.*	Diare.	Témey.
Passant, *s. m.*	Ko diare, **k.**	Témey.
Passer, *v. a.*	Dială.	Batigué.
Passer, *v. n.*	Véya, rombă, diară.	Temé.
Passereau, *s. m.*	Sagore, **b.**	Konomissé.
Passeur (batelier), *s. m.*	Dialekat, **b.**	Tigalila.
Pasteur, *s. m.*	Sammekat, **b.**	Gouénila.
Patience, *s. f.*	Mougne, **g.**	Imougnou.
Patient, *adj.*	Mougnekat.	Imougnala.
Patrie, *s. f.*	Bérab *ou* dhioudou, **b.**	Vouloyoro.
Patriote, *s. m.*	Kou sopă deuk ăm, **b.**	Dougou-akadigné.
Patte, *s. f.*	Tanke *ou* răbe, **v.**	Sée.
Pâturage, *s. m.*	Samoukaye, **b.**	Gouéniyoro.
Paume, *s. f.*	Tinkïe, **b.**	Ntégué.
Paupière, *s. f.*	Mbarre *ou* beutte, **b.**	
Pauvre, *adj.*	Toskarey.	Gnany.
Payer, *v. a.*	Făyă.	Assara.
Payeur, *s. m.*	Făyekat, **b.**	Saraba.
Pays, *s. m.*	Deuk : **b.**	Dougou.
Peau, *s. f.*	Dairre, **b.**	Voulo.
Péché, *s. m.*	Bakar, **b.**	Hakey.
Pécher, *v. n.*	Bakară.	Hakékey.

Français.	Wolof.	Bambara.
Pêcher, *v. a.*	Năpă.	Môli.
Pêcherie, *s. f.*	Năpoukaye, B.; érre, B.	Môlikayoro.
Pêcheur, *s. m.*	Năpekat , B.	Môlikeba.
Pêcheur, *s. m.*	Bakarkat , B.	Hakélaba.
Pécore, *s. f.*	Dofe, B.	Fato.
Pédant, *s. m.*	Damoukat , B.	Yérédhila.
Peigne, *s. m.*	Diartou , B.	Kounsolila.
Peindre, *v. a.*	Nătală.	Ideguey.
Peine, *s. f.*	Thiono, B.	Misguiné.
Peiner, *v. a.*	Défă thiono.	Abiguiséguey.
Peintre, *s. m.*	Nătalkat, B.	Idéguélaba.
Peler, *v. a.*	Vaifă.	Sibo.
Pélican, *s. m.*	Ndiagabar, L.	Dhimey.
Pelotte, *s. f.*	Dănke , B.	Akourou.
Pelouse, *s. f.*	Jéraffe , B.	Toua.
Pelu, *adj.*	Sămbe.	Saikathia.
Pelure, *s. f.*	Jolite, B.	Fara.
Penaud , *adj.*	Roûsse.	Abibon.
Pencher, *v. a.*	Dănguă.	Diégney.
Pendant, *adj.*	Sandantăle.	Amadhiguy.
Pendard , *s. m.*	Bone, G.	Makouloun.
Pendre, *v. a.*	Vaikă.	Assery.
Pensée , *s. f.*	Njalăte, M.	Konotacey.
Penser, *v. n.*	Jalătă.	Konotacé.
Penseur, *s. m.*	Jălâtekat, B.	Konatacéba.
Pépin, *s. m.*	Bérafe, B.	Zăra.
Perce-oreille, *s. m.*	Wărwărane, V.	Sanimélémélé.
Percer, *v. a.*	Beuttă.	Assoï.
Percevoir, *v. a.*	Făyou.	Assara.
Perclus , *adj.*	Laguy.	Banama.
Percher, *v. n.*	Dallă.	Konosiguiyoro.
Perdre, *v. a.*	Niakă.	Kolibaton.

G *

Français.	Wolof.	Bambara.
Perdre (se), *v. r.*	Rérä.	Atounouna.
Perdrix , *s. f.*	Nthiokaire , L.	Wolo.
Père, *s. m.*	Baye , B.	Fa.
Perfectionner, *v. a.*	Fadhiä.	Abougagnigna.
Périr , *v. n.*	Deé.	Sa.
Perle, *s. f.*	Diarab , D.	Konoo.
Permission , *s. f.*	Sagnesagne , B.	Gnessey.
Perpendiculaire , *adj.*	Dhionbe.	Itlé.
Perquisition , *s. f.*	Voute , B.	Agniney.
Perroquet, *s. m.*	Ndamndame , L.	Soulo.
Perruche, *s. f.*	Nthioé , L.	Kouley.
Persécuter , *v. a,*	Guétannä.	Gnani.
Personne, *s. f.*	Nitte , G.	Mâa.
Personne , *s. m.*	Kaine , K.	Mâa.
Persuader , *v. a.*	Guemelo.	Dala.
Perte , *s. f.*	Niake , G.	Koli.
Pertuis , *s. m.*	Beuttebeutte , B.	Wouô.
Perturbateur , *s. m.*	Joulokat , B.	Kirilaba.
Pervers , *adj.*	Sojor ; sayesaye.	Yawossey.
Perversion , *s. f.*	Sopikou , B.	Yéléma.
Pervertir , *v. a.*	Sopi.	Abougayéréma.
Pesamment , *adv.*	Bou disse.	Akagoury.
Pesant , *adj.*	Disse.	Akagoury.
Pesanteur , *s. f.*	Dissaye , B.	Akagoury.
Peser , *v. a.*	Näitä.	Assouma.
Peseur , *s. m.*	Nattekat , B.	Assoumaba.
Peste , *s. f.*	Ndéate , M.	Saliakathia.
Pet , *s. m.*	Dojate , V.	Tonney.
Peter , *v. n.*	Dojatä.	Tonné.
Peteur , *s. m.*	Dojatekat , B.	Tonnéba.
Petit , *adj.*	Ntoute.	Thiénény.
Petit , *s. m.*	Dôme , D.	Dée.
Petitement , *adv.*	Bou ntoute.	Thiénény.

Français.	Wolof.	Bambara.
Petite vérole, *s. f.*	Ndiambale, L.	Zôo.
Petit-neveu, *s. m.*	Dome *ou* diarbäte, B.	Benké-dée.
Pétulant, *adj.*	Laidhie.	Faignéney.
Peur, *s. f.*	Ragale, B.	Sira.
Peureux, *adj.*	Ragalekat.	Siraba.
Peut-être, *adv.*	Jaïnä.	Abégnéna.
Phalange, *s. f.*	Kaime, B.	Tougou.
Phénomène, *s. m.*	Loudi dhiomaley, B.; kawtef, G.	Dhiala.
Philanthrope, *s. m.*	Kou sopä gnop, K.	Kadigney.
Piastre, *s. f.*	Deuräme, B.	Wory.
Piauler, *v. n.*	Sabä.	Kassy.
Picorer, *v. n.*	Lélä.	Athié.
Picoreur, *s. m.*	Lélekat, B.	Athiéba.
Pied, *s. m.*	Tanke, B.	Sée.
Piége, *s. m.*	Fire, G.	Konomnala.
Pierre, *s. f.*	Dothie, V.; Jairre, B.	Béley.
Piété, *s. f.*	Ndhioulite, G.	Mory.
Piéton, *s. m.*	Lire, G.	Dégnény.
Pieu, *s. m.*	Sou.	Atrou.
Pigeonneau, *s. m.*	Dôme *ou* mpétaje, M.	Ntoufa-dée.
Pilau, *s. m.*	Thiébe, B.	Malo.
Pile, *s. f.*	Diouke, B.	Atoung.
Piler, *v. a.*	Wälä.	Assoussou.
Pileur, *s. m.*	Wälekat, B.	Assoussoulaba.
Pillage, *s. m.*	Ndiangal, L.	Souboly.
Pillard, *adj.*	Ndiangalekat.	Soubolylaba.
Piller, *v. a.*	Ndiangalä.	Souboli.
Pilon, *s. m.*	Kour, G.	Koulounkala.
Piment, *s. m.*	Kany, G.	Fouronto.
Pince, *s. f.*	Nkide, L.	Baba.
Pincer, *v. a.*	Dompä.	Agniogni.
Pincette, *s. f.*	Niéme, G.	Bala.

Français.	Wolof.	Bambara.
Pintade, *s. f.*	Nâte, B.	Kami.
Pipe, *s. f.*	Nanou, B.	Dérâ,
Piquant, *s. m.*	Dék, V.	Ngnony.
Pique, *s. f.*	Jaidhie, B.	Tama.
Piquer (se), *v. r.*	Diamou.	Éyéréssoua.
Piqûre, *s. f.*	Diamediame, B.	Souada.
Pire, *adj.*	Bou guenne bone.	Akadhiougou.
Pirogue, *s. f.*	Lothio, G.	Kounou.
Pissat, *s. m.*	Mbérou, M.	Gnéguéney.
Pisser, *v. n.*	Saw.	Gnéguéné.
Pisseur, *s. m.*	Sawkat, B.	Gnéguénéba.
Pistache, *s. f.*	Aréne, D.; Guertey, G.	Téga.
Pistachier, *s. m.*	Garap ou guertey, G.	Téga-dhiry.
Pistolet, *s. m.*	Kabousse, G.	Kaboussy.
Pitié, *s. f.*	Yermandey, D.	Magniney.
Pivert, *s. m.*	Ngortane, L.	Konko.
Place, *s. f.*	Bérab, B.	Yoro.
Placenta, *s. m.* Arrière-faix.	Togué, B.	
Placer, *v. a.*	Adhiä.	Ablassa.
Plaider, *v. n.*	Laé.	Baro.
Plaideur, *s. m.*	Laékat, B.	Barokéba.
Plaie, *s. f.*	Gaume, B.	Dhioli.
Plaine, *s. f.*	Bérab bou amoul tounde, B.	Kénédhiey.
Plainte, *s. f.*	Onke, B.	Ngnouna.
Plaire, *v. n.*	Naijä.	Adéa.
Plaisanter, *v. n.*	Foantou.	Tlo.
Plaisanterie, *s. f.*	Saibe, B.; Niawale, B.	Amadhiougou.
Plaisir, *s. m.*	Banéje, B.	Gnajaly.
Planche, *s. f.*	Dinke, V.	Konkoulo.
Plancher, *s. m.*	Kaw ou négue, B.	Bougou-sa.

Français.	Wolof.	Bambara.
Planter, *v. a.*	Dhiă.	Abokatourou.
Planteur, *s. m.*	Dhiekat, B.	Tourouliba.
Plein, *adj.*	Faisse.	Afara.
Pleurer, *v. n.*	Dioée.	Kassé.
Pleureur, *s. m.*	Dioéekat, B.	Kasséba.
Pleurs, *s. m. pl.*	Dăngôgne, Y.	Gnédhy.
Pleuvoir, *v. n.*	Taw.	Sandhi.
Pli, *s. m.*	Răsse, B.	Aforo.
Plier, *v. a.*	Laimă.	Akourou.
Plieur, *s. m.*	Laimekat, B.	Akourouba.
Plongeon, *s. m.*	Nthiole, L.	Bakono.
Plonger, *v. a.*	Nourǎ.	Itounou.
Plongeur, *s. m.*	Nourekat, B.	Itounouba.
Ployer, *v. a.*	Sădhiă.	Amadhiguy.
Pluie, *s. f.*	Taw, B.	Sandhy.
Plume, *s. f.*	Jalima, G.; Doungue, V.	Chy.
Plumer, *v. a.*	Soukji.	Chibo.
Pluralité, *s. f.*	Diope, B.	Akathia.
Pluriel, *adj.*	Niope.	Akathia.
Plus, *adv.*	Guenne.	Akafsa.
Plusieurs, *adj.*	Bope; Dhiope; Gope, &c. &c. (*Voyez* la *Grammaire.*)	Akathia.
Plutôt, *adv.*	Diek.	Saï.
Poche, *s. f.*	Dhiba, D.	Dhifa.
Poignard, *s. m.*	Gobar, B.	Mourou.
Poignarder, *v. a.*	Deubă.	Assoua.
Poignarder (se), *v. r.*	Deubou.	Assoua.
Poignée, *s. f.*	Ngneub, B.	Momy.
Poignet, *s. m.*	Tiou, B.	Boulo-kala.
Poil, *s. m.*	Kawarre, G.	Chi ; Si.
Point, *adv.*	Oul; Do; Dou.	Ntey.

Français.	Wolof.	Bambara.
Pointe, *s. f.*	Ntiate, L.	Ney.
Pointer, *v. a.*	Dirä.	Assi.
Pointeur, *s. m.*	Direkat, B.	Assiba.
Pois, *s. m.*	Niébey, D.; Seube, B.	Souo.
Poison, *s. m.*	Jompaye, B.	Donkono.
Poisson, *s. m.*	Diéne, V.	Gneguey.
Poitrail, *s. m.*	Deune, B.	Doussou.
Poivre, *s. m.*	Dhiärre, G.	Fouronto.
Poli, *s. m.*	Rätaje, B.	Nougou.
Polir, *v. a.*	Rätajalä.	Anougouya.
Poltron, *adj.*	Bakjär.	Dhito.
Pompe, *s. f.*	Assou, B.	Dhi-assolila.
Pomper, *v. a.*	Assä.	Assoliba.
Pondre, *v. a.*	Naine.	Abikilikey.
Porc, *s. m.*	Mbame, M.	Fali.
Porc-épic, *s. m.*	Saou, B.	Bala.
Porc-sanglier, *s. m.*	Mbame-âle, M.	Déey.
Port, *s. m.*	Térou, B.	Dhigui-yoro.
Porte, *s. f.*	Bounte, B.	Da.
Porte-feuille, *s. m.*	Majetoumey, M.; Danga, D.; Nafa, B.	Moutoumy.
Porter, *v. a.*	Yénou; Yobou.	Tanaé.
Porteur, *s. m.*	Yénoukat, B.; Yoboukat, B.	Tanaéba.
Portion, *s. f.*	Wal, V.	Ni.
Portrait, *s. m.*	Natale, B.	Idéguey.
Poser, *v. a.*	Taiguä.	Kilikey.
Pot, *s. m.*	Ndiäkje, L.	Dany.
Potelé, *adj.*	Doufe.	Atlora.
Potentat, *s. m.*	Fary, D.	Fama.
Potier, *s. m.*	Défarkat ndiäkje, B.	Da-adlaba.
Potiron, *s. m.*	Nadhiey, D.	Dhiée.
Pou, *s. m.*	Taigne, V.	Gnimy.

Français.	Wolof.	Bambara.
Pouce, *s. m.*	Déye, B.	Koni-koumba.
Poudre, *s. f.*	Dôme, B.	Moumey ; Bouna.
Pouf, *interj.*	Doulieu.	Kounka.
Pouille, *s. f.*	Saga, S.	Nény.
Pouilleux, *adj.*	Soukouke.	Gnimi-kathia.
Poulailler, *s. m.*	Ngounoure, L.	Kouloukoulou.
Poulain, *s. m.*	Dôme ou fässe, V.	Sou-dée.
Poularde, *s. f.*	Guänâre gou douse, G.	Séey.
Poule, *s. f.*	Guänâre, G.	Séey.
Poulette, *s. f.*	Nthiouthie, B.	Séey-dée.
Poupard, *s. m.*	Lire bou toé, B.	Degnény.
Pour, *prép.*	Ndaje.	Katougou.
Pourceau, *s. m.*	Mbame, M.	Faly.
Pourchasser, *v. a.*	Voutä ; Dakjä.	Agnini.
Pourparler, *s. m.*	Wajantey, B.	Asougnouanthiey.
Pourpier, *s. m.*	Tanke ou mpétaje, M.	Miskoubeley.
Pourquoi, *conj.*	Loutaje ; Ndaje lane.	Katougou-mouna.
Pourrir, *v. n.*	Neubä.	Assouma.
Pourriture, *s. f.*	Neube, B.	Assouma.
Poursuivre, *v. a.*	Dakjä.	Agoué.
Pourtant, *conj.*	Wandey.	Nka.
Pourtour, *s. m.*	Vaite, G.	Kerey.
Pourvu que, *conj.*	Ddégam.	Diaja.
Pousse, *s. f.*	Banjasse bou ntoute, B.	Boulo.
Pousser, *v. a.*	Dhiégnä.	Agnony.
Pousser, *v. n.*	Sajä.	Faley.
Poussière, *s. f.*	Pände, B.	Gongno.
Poutre, *s. f.*	Laâ, B.	Bougoudhiry.
Pouvoir, *v. n.*	Manä.	Ney.
Pouvoir, *s. m.*	Sagnesagne, B. ; Manemane, B.	Gnessey.

Français.	*Wolof.*	*Bambara.*
Pratique, *s. f.*	Tame, B.	Adalila.
Pratiquer, *v. n.*	Tamă.	Adalila.
Pré, *s. m.*	Gouboukaye, B.	Binkayoro.
Précaution, *s. f.*	Fărlou, B.	Atalia.
Précautionner, *v. a.*	Fărlou.	Atalia.
Précéder, *v. a.*	Dhitou.	Témey.
Précepteur, *s. m.*	Sérigne, B.	Kalamba.
Prêcher, *v. a.*	Varé.	Outley.
Prêcheur, *s. m.*	Varékat, B.	Outléba.
Précieux, *adj.*	Diafey.	Akagoley.
Prédire, *v. a.*	Tăndălé.	Bagafo.
Préférable, *adj.*	Guenale.	Afesaey.
Préjudiciable, *adj.*	Togne.	Abara.
Préjudicier, *v. n.*	Tognă.	Abara.
Premier, *adj.*	Bennel; Diăke.	Akakilegny.
Prendre, *v. a.*	Diapă; Fabă; Diălă.	Amena; Ata.
Preneur, *s. m.*	Diapekat, B. ; Fabekat, B.; Dialekat, B.	Amenaba.
Préparer, *v. a.*	Faïjé.	Adébli.
Préparer (se), *v. r.*	Défarou.	Irobain.
Près, *prép.*	Dhiégué.	Agoréna.
Prépuce, *s. m.*	Mbognika, M.	Foroda.
Présence, *s. f.*	Kaname, G.	Agnée.
Présent, *s. m.*	Téw, G.	Seadhioula.
Présent, *s. m.*	Maye, G.	Asson.
Présenter (se), *v. r.*	Téwală; Faignală.	Ayéra.
Président, *s. m.*	Kailifa, G.	Kountiguy.
Presque, *adv.*	Naka; Potaïe.	Dhiaïa.
Presser, *v. a.*	Gawantou.	Atalia.
Pressurer, *v. a.*	Nălă.	Abissi.
Pressureur, *s. m.*	Nălekat, B.	Abissiba.
Prêt, *adj.*	Soti.	Abo.
Prêt, *s. m.*	Laibale, B.	Adono.

Français.	*Wolof.*	*Bambara.*
Prêtre, *s. m.*	Sérigne, B.	Mory.
Prétendre, *v. a.*	Naiguă ; Beuguă.	Akono.
Prêter, *v. a.*	Ablé ; Laibală.	Assingna ; Adono.
Prétérit, *s. m.*	Louvéye, L.	Atémena.
Prêteur, *s. m.*	Laibalékat, B. ; Ablékat, B.	Assingnaliba.
Prévariquer, *v. n.*	Moyă yône.	Aké.
Prévenir, *v. a.*	Yegalé.	Magadon.
Prier, *v. a.*	Dăgănă.	Daly.
Prière, *s. f.*	Dhiouly, G.	Daly.
Prince, *s. m.*	Yarame, B. ; Kangame, B.	Kountiguy.
Princesse, *s. f.*	Yarame bou dhiguéne, B.	Kountiguy-moussou.
Priver, *v. a.*	Jâgnă.	Adhiala.
Prix, *s. m.*	Ndiägue, L.	Songno.
Procés, *s. m.*	Laé, B.	Baro.
Prochain, *adj.*	Deukaley.	Baleman.
Proche, *adj.*	Dhiégué.	Amandhia.
Produire, *v. a.*	Dhioură ; Défă.	Ninké.
Professer, *v. a.*	Dhiămantală.	Idégué.
Professeur, *s. m.*	Dhiămantalekat, B.	Idéguéba.
Profit, *s. m.*	Dafou, B.	Soro.
Profondeur, *s. f.*	Jotaye, B. ; Găssou, G.	Akadoung.
Proie, *s. f.*	Dounde ou răbe, B.	Balofey.
Prolongement, *s. m.*	Goudaye, B.	Akadian.
Promenade, *s. f.*	Ndojâne, L.	Antayala.
Promener, *v. a.*	Dojână.	Yala.
Promenoir, *s. m.*	Dojânoukaye, B.	Yalakéyoro.
Promettre, *v. a.*	Digală.	Adéguey.
Promptement, *adv.*	Gaw bou gaw.	Atalia ; Akataly.
Propager, *v. a.*	Doli.	Dofaraka ; Kounfolo.
Prophétiser, *v. a.*	Tăndou.	Niagnana.

Français.	Wolof.	Bambara.
Proposer, *v. a.*	Tairé.	Niadarié.
Propre, *adj.*	Sétte.	Akadhiey.
Proprement, *adv.*	Bou sétte.	Adhiera.
Prosterner (se), *v. r.*	Soukä.	Ygnonkéri.
Protecteur, *s. m.*	Dimalikat, B.	Adémeba.
Protection, *s. f.*	Ndimale, M.	Adémey.
Protéger, *v. a.*	Dimali.	Adémé.
Proue, *s. f.*	Bope, P.	Akonng.
Prouesse, *s. f.*	Gnome, B.	Akafory.
Prouver, *v. a.*	Oralä.	Nieskanikey.
Proverbe, *s. m.*	Nialéme, B.	Taley.
Provision, *s. f.*	Dounde, B.	Dounféey.
Provisionnel, *adj.*	Naigandikou.	Nkono.
Proximité, *s. f.*	Dhiéguéaye, B.	Goréna.
Prudence, *s. f.*	Téyelou, B.	Imougnou.
Puamment, *adv.*	Bou Jassaw.	Asseman.
Puant, *adj.*	Jassaw.	Asseman.
Puberté, *s. f.*	Atte ou séeye, B.	Esséra-Fourouma.
Public, *adj.*	Lou gnop mome.	Oudhiey.
Publication, *s. f.*	Yéney, B.	Ngangnaly.
Publier, *v. a.*	Yéné.	Ngangnaly.
Puce, *s. f.*	Felle, V.	Guerenntey.
Puceau, *s. m.*	Vajambaney, B.	Kamaley.
Pucelle, *s. f.*	Jaigue, B.	Sounkourou.
Pudeur, *s. f.*	Gathiey, G.	Malo.
Pudiquement, *adv.*	Ak gathiey.	Ani-malo.
Puer, *v. n.*	Jassaw.	Asseman.
Puis, *adv.*	Guenaoulola.	Oko.
Puiser, *v. a.*	Douyä.	Dhibi.
Puissamment, *adv.*	Ak sagnesagne.	Ani-nieskifa.
Puissance, *s. f.*	Sagnesagne, B.	Nieskifa.
Puits, *s. m.*	Taine, B.	Kolo.
Pulpe, *s. f.*	Dhiälaje, B.	Fourou.

Français.	Wolof.	Bambara.
Punaise, *s. f.*	Mate, V.	Kignifey.
Punir, *v. a.*	Doumă; dână.	Agossi.
Punition, *s. f.*	Ndouma, L.; dâne, B.	Agossy.
Pur, *adj.*	Sétte.	Adhiéra.
Pureté, *s. f.*	Séttaye, B.	Adhiéra.
Purgation, *s. f.*	Nandalou, B.	Bassimy; Bassiamy.
Purger, *v. a.*	Nandală.	Ami.
Purifier, *v. a.*	Séttală.	Akadhié.
Pus, *s. m.*	Mbére, M.	Néy.
Pustule, *s. f.*	Diaurmothie, B.	Nso.
Putain, *s. f.*	Garbo, B.	Dhiado.
Putois, *s. m.*	Sirou, S.	Dhiakouma.
Putréfier, *v. a.*	Neubă.	Atouliley.

Q

Français.	Wolof.	Bambara.
Quadrupède, *s. m.*	Lou amă nianette y tanke, B.	Sénany.
Quai, *s. m.*	Seuke, B.	Agourey.
Qualité, *s. f.*	Jaite, V.	Nithiogo.
Quand, *adv.*	Kagne.	Nétoumana.
Quarrure, *s. f.*	Pindale, B.	Toufa.
Quatorze, *nomb.*	Fouk ak nianette.	Tanki-n-nani. Tank-ni-nani-lan-thiey.
Quatorzième, *adj.*	Fouk ak niattel.	
Quatre, *adj.*	Nianette.	Nani.
Quel, *pronom.*	Banne; Dhianne; Guanne, &c. (*V.* la *Grammaire.*)	Dhiouma.
Quelque, *adj.*	Yenne.	Nounou.
Quelquefois, *adv.*	Yénnker.	Donndo.

Français.	Wolof.	Bambara.
Quelqu'un , *adj.*	Yénne.	Nounou.
Quenouille, *s. f.*	Käthiou , G.	Dhiéné-kolo.
Querelle , *s. f.*	Jastey , B. ; Joulo , B.	Kiry.
Quereller , *v. a.*	Joulo ; Jasté.	Kiri.
Querelleur , *s. m.*	Joulokat, B.; Jastékat, B.	Kiriba ; Atéguélaba.
Quérir , *v. a.*	Ladhieté.	Gninikalé.
Question , *s. f.*	Ladhietey , B.	Agninika.
Questionner , *v. a.*	Ladhieté.	Gninikalé.
Questionneur , *s. m.*	Ladhietékat, B.	Agminikaba.
Quête , *s. f.*	Woyane , B.	Donkily.
Quêteur , *adj.*	Woyanekat.	Daliliba.
Quêter , *v. a.*	Woyanä.	Dalili.
Queue , *s. f.*	Guéne.	Kou.
Qui , *pron. relat.*	Lou ; Kane ; Dhianne ; Guanne ; Lanne,&c.	Ikody.
Quiconque , *pron.*	Kou.	Ikody.
Quinaud, *adj.*	Rousse.	Malo.
Quinzaine , *s. f.*	Fouk ak dhiourou- mel, B.	Tank-ni-loulou.
Quinze , *nomb.*	Fouk ak d'hiouroum.	Tank-ni-loulou.
Quitter , *v. a.*	Baï.	Atoué.

R

Français.	Wolof.	Bambara.
Rabaissement, *s. m.*	Bou soufey , B.	Adhiguy.
Rabaisser , *v. a.*	Soufé ; Souféatou.	Adhigui.
Raboteux, *adj.*	Gnassâ.	Ngnéney.
Raccommoder , *v. a.*	Dajä.	Akala.
Raccommodeur, *s. m.*	Dajekat , B.	Kalaliba.
Race, *s. f.*	Jaite , V.	Baléma.
Racheter, *v. a.*	Diotä.	Akoumabo.

Français.	*Wolof.*	*Bambara.*
Racine, *s. f.*	Réne, B.	Déli.
Racler, *v. a.*	Jaită.	Assan.
Racleur, *s. m.*	Jaitekat, B.	Assanliba.
Racloir, *s. m.*	Jaitoukaye, B.	Assan-lila.
Raconter, *v. a.*	Nétali.	Talé.
Racquitter (se), *v. r.*	Fäyă.	Assara.
Raffermir, *v. a.*	Dăguârălă.	Agoléya.
Rafraîchir (se), *v. r.*	Faïjelou.	Ifinfa.
Rafraîchissement, *s. m.*	Faïjelou, B.	Ifinfa.
Raisonnable, *adj.*	Dhioulite; Kou ama sago.	Akily.
Raisonnablement, *adv.*	Bou dhioulite; Ak sago.	Akilitiky.
Raisonnement, *s. m.*	Nkadou, L.	Kouman.
Raisonner, *v. a.*	Adou; Wajetană.	Kouman.
Raisonneur, *s. m.*	Adoukat, B.; Wajetanekat, B.	Koumaba.
Rajeunir, *v. a.*	Ndawală.	Ibikey-Demseigné.
Rajuster, *v. a.*	Défară.	Adla.
Ralentir, *v. a.*	Yijă.	Akoussouma.
Ralentissement; *adv.*	Yije, B.	Akoussouma.
Ralonger, *v. a.*	Diokă; Goudală.	Atougou.
Ramasser, *v. a.*	Ană.	Athiey.
Ramentevoir (faire ressouvenir), *v. a.*	Fatalikoulo.	Ifakilido.
Ramper, *v. a.*	Wătou.	Afory.
Rançon, *s. f.*	Ndios, L.	Akoumobo.
Ranimer, *v. a.*	Dékală.	Akiry.
Rapidité, *s. f.*	Gawaye, B.	Talia.
Rappeler (se), *v. r.*	Fatalikou.	Ifakilidhigui.
Rapport, *s. m.*	Yégale, B.	Adon.
Rapporter, *v. a.*	Délo.	Ségui.

Français.	Wolof.	Bambara.
Rapporteur, *s. m.*	Nétalikat, B.; Délokat, B.	Alakaliba.
Rapprendre, *v. a.*	Diamantouatou.	Idégué-kokoura.
Rapprocher, *v. a.*	Dhiégué.	Amadhia.
Rare (être), *v. n.*	Diafé.	Aninomandy.
Rarissime, *adj.*	Ndiafey.	
Raser, *v. a.*	Vatä.	Agoina.
Rasoir, *s. m.*	Satou, S.	Sirifey.
Rassasiement, *s. m.*	Soure, B.	Fara.
Rassasier, *v. a.*	Sourä.	Fara.
Rassembler, *v. a.*	Dadhialé.	Aladhié.
Rasseoir, *v. a.*	Diékiatou.	Issigni-kokoura.
Rat, *s. m.*	Kagnesoly, B.; Dhianaje, D.	Gniney.
Rateler, *v. a.*	Dadhialé.	Aladhié.
Rateleur, *s. m.*	Dadhialékat, B.	Aladhiéba.
Rater, *v. n.*	Dhiéri.	Affey.
Ratière, *s. f.*	Näthiayale, B.	Apporo.
Ration, *s. f.*	Näte, B.	Assouma.
Rattacher, *v. a.*	Takjalatou.	Anoro-kokoura.
Raturer, *v. a.*	Färä.	Aféra.
Ravage, *s. m.*	Ntodhiaye, L.	Athy.
Ravager, *v. a.*	Todhiä.	Athi.
Ravaler, *v. a.*	Gokji.	Fonon.
Ravir, *v. a.*	Sathiä.	Sognali.
Ravisseur, *s. m.*	Sathiekat, B.	Sognaliba.
Rayer, *v. a.*	Rädä.	Atty.
Rayon, *s. m.*	Thiew, M.	
Réaliser, *v. a.*	Défä deugue.	Issobey.
Rebâtir, *v. a.*	Tabajatou.	Adela-kokoura.
Rebattre, *v. a.*	Jaijatou.	Keley-kokoura.
Rebelle, *adj.*	Dägärä bope.	Ikoungagoley.
Rebroder, *v. a.*	Ombatou.	Afro-kokoura.

Français.	Wolof.	Bambara.
Rebut, *s. m.*	Sapi, B.	Adouaténa.
Rebuter, *v. a.*	Sapi.	Adouaténa.
Recéler, *v. a.*	Neubă.	Adogo.
Recéleur, *adj.*	Neubekat.	Adogoba.
Réception, *s. f.*	Nangou, B.	Nissona.
Receveur, *s. m.*	Nangoukat.	Soba.
Recevoir, *v. a.*	Nangou.	Assona.
Réchapper, *v. n.*	Mouthiä.	Akisséra.
Réchauffer, *v. a.*	Dhiarouatou.	Idhia.
Rechercher, *v. a.*	Voutatou.	Agniny-kokoura.
Réclamer, *v. a.*	Niänä.	Adelly.
Récolte, *s. f.*	Gobe, B.	Atekey.
Récolter, *v. a.*	Gobă.	Atéké.
Recommander, *v. a.*	Dinkă.	Ithiogodon.
Récompenser, *v. a.*	Néjalä ; Yolă.	Aladé ; Sara.
Récompense, *s. f.*	Néjale, B.; Yole, B.	Aladéey ; Saraey.
Recomposer, *v. a.*	Défatou.	Adéla-kokoura.
Recompter, *v. a.*	Woignă; Woignatou.	Ada-kokoura.
Réconciliateur, *s. m.*	Maralékat, B.	Outhiédhiaba.
Réconciliation, *s. f.*	Maraley, B.	Outhiédhia.
Reconnaissance, *s. f.*	Ngărame, L.	Atanou.
Reconnaître, *v. a.*	Jamé.	Adon.
Reconstruction, *s. f.*	Bintatou, B.	Adela-kokoura.
Recopier, *v. a.*	Sotiatou ; Bindatou.	Ayerama-kokoura.
Recorder, *v. a.*	Woignatou.	Afouga-kokoura.
Recorriger, *v. a.*	Dhioubantiatou.	Atélé-kokoura.
Recoudre, *v. a.*	Niawatou.	Akala-kokoura.
Recouvrir, *v. a.*	Sanguatou.	Abiri-kokoura.
Récriminer, *v. n.*	Dhiégnatou.	Adala-kokoura.
Récrire, *v. a.*	Bindatou.	Agnégué-kokoura.
Recueillir, *v. a.*	Gobatou.	Ateké.
Recuire, *v. a.*	Vadhiatou.	Adhieni-kokoura.
Reculer, *v. a.*	Răndou.	Issodon.

Français.	*Wolof.*	*Bambara.*
Redevenir, *v. n.*	Dikatou.	Ibé-kokoura.
Redire, *v. a.*	Wăjatou.	Kouma-kokoura.
Redonner, *v. a.*	Diojatou.	Asson-kokoura.
Redoubler, *v. a.*	Dambéatou.	Afaragnouanka.
Redouter, *v. a.*	Răgală.	Siran.
Réel, *adj.*	Deugue.	Thien.
Refaire, *v. a.*	Défatou.	Aké-kokoura.
Refermer, *v. a.*	Oubatou.	Adatougou-kokoura.
Réfléchir, *v. n.*	Jalâtă.	Konontassi.
Réfléchissement, *s. m.*	Njalâte, **M.**	Konontassy.
Refondre, *v. a.*	Rouyală ; Rouyala-tou.	Ayélé-kokoura.
Refroidir, *v. a.*	Saidală.	Akassama.
Refroidissement, *s. m.*	Saidaye, **B.**	Assemara.
Refuser, *v. a.*	Gantou ; Bagnă.	Iban.
Regagner, *v. a.*	Dakjătou ; Gnodia-tou ; Omeléatou.	Agoué-kokoura.
Régal, *s. m.*	Agne, **B.**	Souma.
Regard, *s. m.*	Saitine, **V.**	Aflé-thiogo.
Regimber, *v. n.*	Vekjou.	Atan.
Règne, *s. m.*	Ngoure, **G.**	Fangna.
Régner, *v. n.*	Ngourou.	Mbaifamayoro.
Regret, *s. m.*	Réthiou, **M.**	Fakilitémena.
Régulier, *adj.*	Yăme.	Akakégney.
Régulièrement, *adv.*	Bon yăme.	Abougaaninkey.
Reine, *s. f.*	Diabar ou bour, **B.**	Fama-mousso.
Réitérer, *v. a.*	Défatou.	Aké-kokoura.
Rejaillir, *v. n.*	Sératiatou.	Sereni-kokoura.
Rejoindre, *v. a.*	Dabatou.	Taanofé-kokoura.
Réjouir, *v. a.*	Banéjou.	Gnajalé.
Rehausser, *v. a.*	Diokă ; Kavéatou.	Atougouala.
Reins, *s. m. pl.*	Ndigue, **L.**	Adhiou.
Réintégrer, *v. a.*	Délo.	Segui.

Français.	Wolof.	Bambara.
Réjouir (se), *v. r.*	Banéjou.	Gnajalé.
Réjouissant, *adj.*	Banéjou.	Gnajaley.
Relâche, *s. m.*	Nopalikou, B.	Rofien.
Relaver, *v. a.*	Fotatou.	Ako-kokoura.
Relaxer, *v. a.*	Baï.	Abla.
Relever, *v. a.*	Yékati.	Akorta.
Religieusement, *adv.*	Bou dhioulite.	Magnouma.
Religieux, *adj.*	Dhioulite.	Moriou.
Religion, *s. f.*	Yône, V.	Ngnalasira.
Relire, *v. a.*	Diangatou.	Ikălan-kokoura.
Reluire, *v. n.*	Mélajatou.	Akanougou-kokoura.
Reluisant, *adj.*	Lo mélaje.	
Remarcher, *v. a.*	Dojatou.	Ta-kokoura.
Remarier, *v. a.*	Séeyatou.	Fourou-kokoura.
Remarquer, *v. a.*	Saitelou.	Amafflé.
Rembarquer, *v. a.*	Yébatou.	Adouaro-kokoura.
Rembarrer, *v. a.*	Diégnatou.	Agnoni-kokoura.
Remblai, *s. m.*	Vatou, B.	
Remboursement, *s. m.*	Mpăye, M.	Sara.
Rembourser, *v. a.*	Făyă.	Assara.
Remède, *s. m.*	Guărape, G.	Bassy.
Remercier, *v. a.*	Guerămă.	Atanou.
Remerciement, *s. m.*	Nguerăme, M.	Atanou.
Remettre, *v. a.*	Délo.	Asségui.
Rémissible, *adj.*	Kou gnou ellă bâală.	Akafsa.
Rémission, *s. f.*	Mbaâle, M.	Atoyey.
Remmener, *v. a.*	Yobou ; Yobouatou.	Tanaé.
Remonter, *v. n.*	Yaigatou.	Yélé-kokoura.
Remontrer, *v. a.*	Wănéatou.	Adhirala-kokoura.
Remordre, *v. a.*	Matatou.	Akégni-kokoura.
Remords, *s. m.*	Réthiou, G.	Atoungnaké.
Remoudre, *v. a.*	Wălatou.	Assoussou-kokoura.
Remparer (se), *v. r.*	Félou.	

Français.	*Wolof.*	*Bambara.*
Remplage, *s. m.*	Faissaye, B.	Affathiogo.
Remplir, *v. a.*	Faissalä.	Afara.
Remporter, *v. a.*	Yobouatou.	Tanaé-kokoura.
Remuage, *s. m.*	Yängarale, B.	Yiroma.
Remuer, *v. a.*	Yängatalä.	Yiroma.
Remuer (se), *v. r.*	Yängatälou.	Yiroma.
Remueuse, *s. f.*	Yängatälekat.	Yiromaba.
Rémunération, *s. f.*	Yole, B.	Särä.
Rémunérer, *v. a.*	Yolä.	Särä.
Renard, *s. m.*	Ntile, L.	Koungnowoulou.
Renardeau, *s. m.*	Dôme ou ntile, L.	Koungnowoulou-dée.
Rencontrer, *v. a.*	Dadhié; Tassé.	Abéna.
Rendormir, *v. a.*	Nélawatou.	Koumaatali-kokoura.
Rendre, *v. a.*	Diébalä.	Assagui.
Renduire, *v. a.*	Divatou.	Amou-kokoura.
Rendurcir, *v. a.*	Dägaralä.	Agoléa.
Renfermer, *v. a.*	Tädhiatou.	Atougou-kokoura.
Renfoncer, *v. a.*	Sämpatou.	Atourou-kokoura.
Rengraisser, *v. a.*	Doufalä; Doufalatou	Atelo-kokoura.
Reniement, *s. m.*	Vaidy, B.	Assosso.
Renier, *v. a.*	Vaidi.	Assosso.
Renieur, *s. m.*	Vaidikat, B.	Assossoba.
Reniflement, *s. m.*	Gnassajetikou, B.	
Renifler, *v. a.*	Gnassajetikou.	
Renifleur, *s. m.*	Gnassajetikoukat, B.	
Renoncer, *v. n.*	Moyä; Vaidi.	Assosso; Abara.
Renonciation, *s. f.*	Vaidy, B.; Moye, G.	Assosso; Abara.
Renouer, *v. a.*	Faithiatou.	Afflé-kokoura.
Rentraire, *v. a.*	Takjalé.	Anoro.
Rentrer, *v. n.*	Jarafatou.	Do-kokoura.
Renversement, *s. m.*	Tourou, B.; Deupou, B.	Abona.
Renverser, *v. a.*	Tourä; Deupä; Jéli.	Abona.

Français.	Wolof.	Bambara.
Renvoyer, *v. a.*	Déloaton.	Assegui-kokoura.
Répandre, *v. a.*	Deupă ; Toură ; Jéli.	Abon ; Assené.
Reparaître, *v. n.*	Faignatou.	Ayéra-kokoura.
Répartir, *v. a.*	Saidalé.	Atela.
Répartition, *s. f.*	Saidaley, B.	Atela.
Repas, *s. m.*	Laike, B. ; Ndăne, L.	Akouna.
Repasser, *v. n.*	Véyatou.	Atémena-kokoura.
Repentant, *adj.*	Réthiou.	Mountora.
Repentir (se), *v. r.*	Réthiou.	Mountora.
Répéter, *v. a.*	Wăjatou.	Kouma.
Répétiteur, *s. m.*	Wăjatoukat, B.	Koumaba-kokoura.
Répétition, *s. f.*	Wăjatou, B.	Kouma-kokoura.
Replacer, *v. a.*	Taiguatou.	Aladigui-kokoura.
Replier, *v. a.*	Laimatou.	Aflé-kokoura.
Répondre, *v. a.*	Ouyou ; Tontou.	Alamena.
Réponse, *s. f.*	Ntonte, L.	Alamena.
Reporter, *v. a.*	Yobouatou.	Tanaé-kokoura.
Repos, *s. m.*	Noflaye, G.	Irofien.
Reposer (se), *v. r.*	Nopalikou.	Irofien.
Repousser, *v. a.*	Dhiégnatou ; Dhiépi.	Agnoni-kokoura.
Reprendre, *v. a.*	Nangouatou ; Dia-patou.	Amena-kokoura.
Réprimander, *v. a.*	Joulo ; Jassă.	Kiri ; Adhialaké.
Répudier, *v. a.*	Fassé.	Afarela.
Répugnance, *s. f.*	Bagne, G.	Dhiougou.
Répugner, *v. n.*	Bagnă.	Dhiougou.
Réputation, *s. f.*	Yarou, B.	
Requin, *s. m.*	Diălame, D.	
Réservation, *s. f.*	Yajanaye, B.	Afiéré-thiogo.
Réserver, *v. a.*	Yajană.	Alassago.
Résidant, *adj.*	Deuk.	Sigui-yoro.
Résider, *v. n.*	Deukă.	Sigui-yoro.
Résilier, *v. a.*	Todhiă.	Athi.

Français.	Wolof.	Bambara.
Résoudre, *v. a.*	Faignalä.	Ayera.
Respecter, *v. a.*	Téralä.	Kognoumanké.
Respectivement, *adv.*	Ak téranga.	
Respectueux, *adj.*	Kou amä téranga.	Herey.
Respiration, *s. f.*	Nôo, G.	Igno.
Respirer, *v. n.*	Noyi.	Igno.
Resserrer, *v. a.*	Dägaralatou.	Igoléya-kokoura.
Ressortir, *v. n.*	Guénnatou.	Bo-kokoura.
Ressouvenir (se), *v. r.*	Fatalikouatou.	Ifakilido-kokoura.
Ressusciter, *v. a.*	Déki.	Akirila.
Ressuyer, *v. n.*	Vovalatou.	Afiéné.
Restant, *adj.*	Dessite.	Atto.
Restaurateur, *s. m.* (Qui répare.)	Défarkat, B.	Adelaba.
Restaurer, *v. a.*	Défarä.	Adela.
Rester, *v. n.*	Diéki; Dessä.	Issigui; Atorako.
Restreindre, *v. a.*	Vagni.	Doboila.
Résurrection, *s. f.*	Ndéki, M.	Akirila.
Rétablissement, *s. m.*	Ndéfare, M.	Adela.
Retardement, *s. m.*	Bou yague, B.	Akamey.
Retarder, *v. a.*	Yagualä; Yajalä.	Amena; Assoumaya.
Retenir, *v. a.*	Díapatou.	Amena-kokoura.
Rétention, *s. f.*	Yajane, B.	Alassago.
Retentissant, *adj.*	Lou di défä ngui-laure.	Aguinika.
Retentissement, *s. m.*	Nguilaure, M.	Aguyny.
Retirer, *v. a.*	Rändalä.	Assodon.
Retirer (se), *v. r.*	Rändou.	Issodon.
Retomber, *v. n.*	Dânouatou.	Abira-kokoura.
Retourner, *v. n.*	Délouatou.	Saigui-kokoura.
Retourner (s'en), *v. r.*	Délouatou.	Saigui-kokoura.
Retracer, *v. a.*	Rädatou.	Affara-kokoura.
Retrancher, *v. a.*	Taikji.	Affaragnouana.

Français.	Wolof.	Bambara.
Retrécir, *v. a.*	Rässä.	Aforo.
Retrécissement, *s. m.*	Rässe, G.; Rassaye, B.	Aforo.
Réussir, *v. n.*	Taïjé.	Ikounakadi.
Révéler, *v. a.*	Yégalé.	Adon.
Revendeur, *s. m.*	Diaéeatoukat, B.	Dhioulaba.
Revendre, *v. a.*	Diaéeatou.	Dhioula-kokoura.
Revenir, *v. n.*	Déloussi.	Saigni.
Rêver, *v. n.*	Guéentä.	Nsogora.
Révéremment, *adv.*	Souke.	Ignonkiry.
Révérer, *v. a.*	Diamou.	Anomena.
Revêtir, *v. a.*	Sangou.	Abiri.
Rêveur, *adj.*	Guéentekat.	Nsogoraba.
Revoir, *v. a.*	Saitatou.	Aflé-kokoura.
Révoltant, *adj.*	Vorrekat.	Dhianfaba.
Revomir, *v. a.*	Wathiouatou.	Tesseli-kokoura.
Rhabiller, *v. a.*	Jâgnouatou.	Imasseri-kokoura.
Ribleur, *s. m.* Coureur de nuit.	Dojekat ou goudey, B.	Souratama.
Ricaner, *v. n.*	Mougnä.	Yélé.
Ricaneur, *s. m.*	Mougnekat, B.	Yéléba.
Richard, *s. m.*	Kou amä alale dhiou barey, D.	Nafolotiguy.
Richesse, *s. f.*	Alale, D.	Nafolo.
Rien, *s. m.*	Dara.	Fentey.
Rieur, *s. m.*	Réekat, B.	Yéléba.
Rigoureusement, *adv.*	Bou dägar.	Goléma.
Rigoureux, *adj.*	Dägär.	Goley.
Rincer, *v. a.*	Sothiä.	Adhiossi.
Rinçure, *s. f.*	Sothite, B.	Adhiossy-dhy.
Rire, *v. n.*	Rée.	Yélé.
Rire (se), *v. r.*	Niawalä.	Abirothian.
Rire, *s. m.*	Rée, G.	Yéley.
Rivage, *s. m.*	Ntake, G.	Bada.

Français.	Wolof.	Bambara.
Rival, *adj.*	Oudhie ; Diamey.	Sina.
Rivaliser, *v. n.*	Oudhié ; Diamé.	Sina.
Rivalité, *s. f.*	Ndiamey, M. ; Oudhiey, B.	Sina.
Rivière, *s. f.*	Daije, G.	Ba.
Riz, *s. m.*	Thiébe, B.	Malo.
Rizière, *s. f.*	Berab ou thiébe, B.	Malo-yoro.
Rodomont, *s. m.*	Damou.	Yirédia.
Rogne-pied, *s. m.*	Rame, B.	Ngnonouma.
Rogneur, *adj.*	Vagnikat.	Dobolaba.
Rognon, *s. m.*	Jalâsse, V.	Kokily.
Roi, *s. m.*	Bour, B.	Fama.
Roide, *adj.*	Dioube.	Akagoiley.
Roideur, *s. f.*	Dioubaye, B.	Akatiley.
Roidir, *v. a.*	Dioubală.	Atelegnia.
Rompre, *v. a.*	Dămattă.	Akari.
Rond, *adj.*	Măraklou.	Morogoulo.
Rondement, *adv.*	Bou yăme.	Akakagnia.
Ronfler, *v. n.*	Jandoră.	Jorondi.
Ronfleur, *s. m.*	Jăndorekat, B.	Jorondiba.
Rosaire, *s. m.*	Kourousse, G.	Débery.
Roseau, *s. m.*	Sonke, S.	Wa.
Rosée, *s. f.*	Laï, B.	Nkomy.
Rosse, *s. f.*	Gole, G.	Appassara.
Rot, *s. m.*	Gaije.	Guirndy.
Rôt, *s. m.*	Vadhie, B.	Adhiény.
Rotation, *s. f.*	Văndel, M.	Miniminy.
Rôtir, *v. a.*	Vadhiă.	Adhiéni.
Rôtisseur, *s.*	Vadhiekat, B.	Dhiéniba.
Rotondité, *s. f.*	Măraglaye, B.	Diayoro.
Rotule, *s. f.*	Ome, B.	Koumbibiley.
Roucouler, *v. n.*	Gourgouri.	Gourougourou.
Rouge, *adj.*	Jonkje.	Akabley ; Dhioli.

Français.	Wolof.	Bambara.
Rougeâtre, *adj.*	Jonkjaley.	Akablay; Dhioli.
Rougeole, *s. f.*	Yathio, D.	Nso.
Rougir, *v. a.*	Jonkjalä.	Ablégna.
Rouille, *s. f.*	Jourjour, B.	Noua.
Rouiller, *v. a.*	Jouralä.	Noua.
Rouillure, *s. f.*	Jomake, B.	Noua.
Roulade, *s. f.*	Bäranngne, B.	Akoulonkoulo.
Rouler, *v. a.*	Baranngnä.	Akoulonkoulo.
Route, *s. f.*	Yône, V.	Sira.
Rouvrir, *v. a.*	Oubiatou.	Adayéré-kokoura.
Royaume, *s. m.*	Réo, M.	Dhiameney.
Rue, *s. f.*	Mbéde, M.	Bolo.
Rugir, *v. n.*	Yämou.	Kassi.
Rugissant, *adj.*	Ko yämou.	Ngnouna.
Rugissement, *s. m.*	Yämou, G.	Kassy.
Ruisseau, *s. m.*	Märre, M.	Koboulo.
Rum, *s. m.*	Sangara, S.	Dlo.
Ruminer, *v. a.*	Sakjami.	Edarodoun.
Rusé, *adj.*	Moussey; Mousse.	Imakary.
Ruser, *v. n.*	Moussé.	Imakary.

S

Français.	Wolof.	Bambara.
Sa, *adj.*	Am.	A.
Sabbat, *s. m.* Samedi.	Alère, B.; Asser, D.	Kary.
Sable, *s. m.*	Soufe, S.	Bougoury.
Sabre, *s. m.*	Diassy, D.	Mphâ.
Sac, *s. m.*	Mbojosse, M.; Nguissey, L.	Fourouko.
Saccagement, *s. m.*	Ndiangale, L.	Souboly.
Sacrilége, *s. m.*	Bakar bou ry.	Gnäma.

Français.	Wolof.	Bambara.
Sage, *adj.*	Yombe ; Dioulite.	Mougnou.
Sagement, *adv.*	Bou yombe ; Bou dioulite.	Mougnou.
Sagesse, *s. f.*	Ndioulite, G.	Moria.
Saigner, *v. a.*	Bori ; Nathiä.	Dhiolibobo.
Saillir, *v. n.* Sortir.	Gawantou.	Atalia.
Saindoux, *s. m.*	Néke, G. ; Nébone, G.	Key.
Sainfoin, *s. m.*	Ngôgne, M.	Sobolou.
Saisir, *v. a.*	Songuă ; Diapă.	Agriba.
Salant, *adj.*	Dégue ou jorome, B.	Koudengney.
Sale, *adj.*	Tilime.	Noua.
Salement, *adv.*	Bou tilime.	Akanoua.
Salive, *s. f.*	Lorre, V.	Dadhy.
Saliver, *v. n.*	Yoută.	Dadhi.
Salsepareille, *s. f.*	Firoubouki, G.	
Saluer, *v. a.*	Năyou.	Afo.
Sandale, *s. f.*	Dalle, V.	Sabara.
Sang, *s. m.*	Dérrete, D.	Dhioly.
Sangle, *s. f.*	Noujoura, D.	Nougourey.
Sangler, *v. a.*	Făkă.	Nougouré.
Sanglier, *s. m.*	Mbame-ale, M.	Dié.
Sanglot, *s. m.*	Yikate, B.	Yiguiry.
Sangloter, *v. n.*	Yikată.	Yiguiri.
Sangsue, *s. f.*	Lăï, B.	Nory.
Santé, *s. f.*	Diame, D.	Hérey.
Sapajou, *s. m.*	Ntărli, G.	Woliny.
Sarcler, *v. a.*	Boudi niăje mou bone, M.	Bindhiougou.
Sas, *s. m.*	Layou.	Lafa.
Satan, *s. m.*	Dhiney.	Dhiney.
Satisfaction, *s. f.*	Balou, B.	Hakéto.
Satisfaire, *v. a.*	Défă banêje.	Idiado.
Saule, *s. m.*	Kaileley, B.	Badaladhiry.

Français.	Wolof.	Bambara.
Saunerie, *s. f.*	Taine ou jorom.	Kolo.
Saut, *s. m.*	Dânou, B.; Teube, B.	By; Ipan.
Sauter, *v. n.*	Teubă.	Bi.
Sauterelle, *s. f.*	Ndiérére, B.	Nto.
Sauteur, *s. m.*	Teubekat, B.	Paniba.
Sauvage, *adj.*	Sojor, B.; Josse, B.	Yaoussey.
Sauver, *v. a.*	Moussală.	Akissi.
Sauver (se), *v. r.*	Daw.	Boli.
Sauveur, *s. m.*	Moussalekat, B.	Akissiba.
Savant, *adj.*	Nkângne; Jamekat; Foriey.	Domba.
Savate, *s. f.*	Niajâte, V.	Sabarakoulo.
Savetier, *s. m.*	Garekat ou dalle.	Kalaliba.
Savoir, *v. a.*	Jamă.	Kodo.
Savoir, *s. m.*	Jame, B.	Kodo.
Savon, *s. m.*	Sabou, B.	Safeney.
Savonnage, *s. m.*	Mpôte, M.	Ako.
Savonner, *v. a.*	Fôtă.	Ako.
Savourer, *v. a.*	Mélassetikou.	Anon.
Scandale, *s. m.*	Topando lou bone, L.; Dieuf lou bone, D.	Kodhiongou-anome-na.
Scarabée, *s. m.*	Gounour, B.	
Scélérat, *adj.*	Sojor bou ry.	Yaoussey.
Scélératesse, *s. f.*	Nthiojor, M.	Yassouey.
Science, *s. f.*	Jamejame, B.	Kodomba.
Scorpion, *s. m.*	Dhîte, D.	Bountagny.
Scribe, *s. m.*	Bindekat, B.	Gniégueba.
Se, *pron.*	Mome.	Hé.
Seau, *s. m.*	Yâme, B.	Dhiourou.
Sec, *adj.*	Vove.	Dhia.
Sécher, *v. a.*	Vovală.	Dhia.
Second, *adj.*	Niarel.	Aflagna.

Français.	_Wolof._	_Bambara._
Secondement, _adv._	Bou niarel.	Aflagna.
Seconder, _v. n._	Dimali.	Ademé.
Secouer, _v. a._	Feuguă.	Akonko.
Secourable, _adj._	Dimalikat.	Adéméba.
Secours, _s. m._	Ndimal.	Adémey.
Secret, _s. m._	Ndéye, L.	Amoutefo.
Séditieux, _adj._	Vorrekat.	Dianfaba.
Sédition, _s. f._	Vorre, B.	Dianfa.
Séduire, _v. a._	Najă.	Anéné.
Séduisant, _adj._	Kou di naje.	Nénélikey.
Sein, _s. m._	Véne.	Sing.
Seine, _s. f._ Filet de pêcheur.	Ntiaje, L.	Dhio.
Seize, _nomb._	Fonk ak dhiouroum bénne.	Tank-ni-voro.
Séjour, _s. m._	Fänne, B.	Dôou.
Séjourner, _v. n._	Deukă.	Siguiyoro.
Sel, _s. m._ Muriate de soude.	Jorome, S. ; Saïe-mâte, S.	Koua.
Selle, _s. f._	Togou, B. ; Ntégue, M.	Kourou.
Sellette, _s. f._	Togou bou ntonte, B.	Kourouny.
Semailles, _s. f. pl._	Dhie, B.	Adan.
Semaine, _s. f._	Ayoubesse.	Douakoun.
Semblable, _adj._	Niro ; Morome.	Oukakan.
Semblablement, _adv._	Bou niro ; Bou morome.	Oukakan.
Semence, _s. f._	Dhîou, B.	Saigniny.
Semer, _v. a._	Dhiă.	Adan.
Semeur, _s. m._	Dhîkat.	Adanba.
Séné, _s. m._	Layedour, D.	
Sentier, _s. m._	Lăgne, B.	Siraakadoua.
Sentir, _v. a._	Yăguă.	Măgaadon.

Français.	Wolof.	Bambara.
Séparer, *v. a.*	Jadialé.	Afaragnouana.
Sept, *nomb.*	Dhiouroum niare.	Ouolonla.
Septembre, *s. m.*	Kori.	Mini-kalo.
Septième, *adj.*	Dhiouroum niarel.	Foulagna.
Sépulcre, *s. m.*	Dianassey, D.	Souadougnoro.
Serein, *adj.*	Saïde.	Néney.
Serein, *s. m.*	Laï, B.	Komy.
Serment, *s. m.*	Wâte, B.	Issien.
Serpent, *s. m.*	Dhiâne, D.	Sa.
Serpenteau, *s. m.* Petit d'un serpent.	Dome ou dhiâne, D.	Sa-dée.
Serrer, *v. a.*	Dăgară.	Agoléa.
Servant, *adj.*	Beukanégue.	Korossiguy.
Servir, *v. a.*	Diérignă.	Aïnafa.
Seul, *adj.*	Dale ; Rék.	Nkeley.
Sevrer, *v. a.*	Férală.	Abossina.
Si, *conj.*	So ; Sou.	Ibena.
Sicaire, *s. m.*	Rindy, B.	Akantikey.
Siége, *s. m.*	Togou, B.	Kourou.
Sien, *adj.*	Sa bosse ; Bosse ăm.	Itta.
Siffler, *v. n.*	Wălissă.	Féley.
Siffleur, *adj.*	Walissekat.	Féleba.
Signifier, *v. a.*	Yăgală.	
Silence, *s. m.*	Nopi, G.	Imaton.
Sirène, *s. f.* Espèce de lamantin.	Léraw, V.	
Situation, *s. f.*	Faitey, B.	Afa-mbémy.
Situer, *v. a.*	Faité.	Afa-mbémy.
Six, *nomb.*	Dhiouroum benne.	Voro.
Sixième, *adj.*	Dhiouroum bennel,	Avorona.
Sixièmement, *adv.*	Bou dhiouroun bennel.	Avorona.
Sobre, *adj.*	Safe.	Akathimy.

Français.	Wolof.	Bambara.
Société, *s. f.*	Ndadié, L.; Mbolo, M.	Dhiama.
Sœur, *s. f.*	Dhiguéne, D.	Mousso.
Soif, *s. f.*	Marre, M.	Mina.
Soigner, *v. a.*	Diapă.	Menakognouma.
Soir, *s. m.*	Ngône, G.	Woulala.
Soixante, *nomb.*	Dhiouroum benne fouk.	
Soldat, *s. m.*	Kédo, B.	Tôo.
Sole, *s. f.*	Ndérére, B.	
Soleil, *s. m.*	Diănte, B.	Tlé.
Sollicitation, *s. f.*	Ndăgâne, M.	Daly.
Solliciter, *v. a.*	Niână ; Dăgană.	Dali.
Solliciteur, *s. m.*	Niânekat, B.; Dăgânekat, B.	Daliba.
Somme, *s. f.*	Yéne, B.; Yébe, B.	Adama.
Sommeil, *s. m.*	Ngamôte, M.; Nelawlo, B.	Souna ; Akassouna.
Sommet, *s. m.*	Poudhie.	Bougoussa.
Son, sa, ses, *pron.*	Am. (*Voyez* la *Grammaire*).	
Son, *s. m.* Résidu de la farine blutée.	Tioje, B.	Bou.
Son, *s. m.* Bruit.	Dhibe, B.	Kounka.
Songe, *s. m.*	Guéente, G.	Sogora.
Songer, *v. n.*	Guéentă.	Sogora.
Songeur, *s. m.*	Guéentekat, B.	Sogoraba.
Sonner, *v. n.*	Dhibală ; Yangatală.	Ayiguiyigui.
Sonnette, *s. f.*	Diololy, B.	Dhioly.
Sonneur, *s. m.*	Dhibalekat.	Yiguiyiguiba.
Sonore, *adj.*	Rire.	Gneny.
Sorcier, *s. m.*	Deumme, B. ; Ndiéktef, B.	Souba.

Français.	Wolof.	Bambara.
Sordide, *adj.*	Tilime ; Aye.	Noua.
Sordidement, *adv.*	Bou tilime.	Noua.
Sortie, *s. f.*	Guénne, B.	Bo.
Sot, *adj.*	Dofe.	Fato.
Sottement, *adv.*	Bou dofe.	Fato.
Sottise, *s. f.*	Saga, S.	Nénély.
Soudain, *adj.*	Nona ak nona.	Sassa.
Souffler, *v. n.*	Wälä.	Afey.
Soufflet, *s. m.* Coup sur la joue.	Mpaisse.	Ntéguey.
Souffleter, *v. a.*	Paissä.	Itégué.
Souffleteur, *adj.*	Paissekat.	Afëba.
Souffrance, *s. f.*	Thiono, B.	Saiguey.
Souffrir, *v. a.*	Sonä.	Asséguéna.
Soufre, *s. m.*	Tamaraje, B.	
Sougarde, *s. f.*	Jala, G.	
Souhaiter, *v. a.*	Näyou.	Affo ; Akadéey.
Soûl, *adj.* Ivre.	Mandy.	Dlobila.
Soulager, *v. a.*	Dimali.	Adémé.
Soûlaud, *s. m.*	Mandikat, B.	Dlobélaba.
Soûler, *v. a.*	Mandi.	Dlobéna.
Soulier, *s. m.*	Dalle, V.	Sabara.
Soumettre, *v. a.*	Nängou.	Amena.
Souper, *v. n.*	Rairä.	Souma.
Souper, *s. m.*	Raire, B.	Souma.
Soupir, *s. m.*	Jije, B.	Irognon.
Soupirer, *v. n.*	Jijä.	Abirognon.
Souple, *adj.*	Lou mänä sädhiou.	Mi-aye-kourou.
Source, *s. f.*	Taine, B.	Baadhiou.
Sourcil, *s. m.*	Éne, B.	Gnessy.
Sourd, *adj.*	Täje.	Tlo-gorey.
Sourdement, *adv.*	Bou täje.	Tlo-gorey.
Souriceau, *s. m.*	Dome uo dhianaje.	Gniney-dée.

Français.	*Wolof.*	*Bambara.*
Sourire, *v. n.*	Mougnă.	Yélé.
Souris, *s. f.*	Dhianaje.	Gniney.
Sous, *prép.*	Thia.	Mbey.
Soutenir, *v. a.*	Taié.	Amena-ibolo.
Souvenir (se), *v. r.*	Fatalikou.	Ifakelido.
Souvenir, *s. m.*	Fatalikou, B.	Ifakelido.
Souvent, *adv.*	Laiguelaigue.	Sassa.
Souverain, *adj.*	Fary, B.	Fama.
Spéculateur, *s. m.*	Saitekat, B. ; Sopan-dikoukat, B.	Féléliba ; Saniba.
Spirituel, *adj.*	Njel mou barey.	Fakilitiguy.
Splendeur, *s. f.*	Alale, B. ; Rafétaye, B.	Nafolo.
Splendide, *adj.*	Raféte.	Athié-kagni.
Splendidement, *adv.*	Bou raféte.	Athié-kagny.
Squelette, *s. m.*	Walakana, V.	Apassara.
Stable, *adj.*	Gate tanke.	Issé-manthia.
Stagnant, *adj.*	Tâa.	Dhissiguiyoro.
Station, *s. f.*	Nopalikou, B.	Irofien.
Stérile, *adj.*	Diassire.	Borkey.
Stérilité, *s. f.*	Diassire, B.	Borkey.
Studieux, *adj.*	Dianguekat.	Kalamba.
Stupide, *adj.*	Déssé.	Fabiro ; Fato.
Stylet, *s. m.*	Gobar, B.	Mourou.
Sublime, *adj.*	Naïje.	Akady.
Sublime, *s. m.*	Naïje, B.	Akady.
Sublimement, *adv.*	Bou naïje.	Aka-akady.
Sublimité, *s. f.*	Naïjaye, B.	Adhiathiogo.
Suborner, *v. a.*	Najă.	Anéné.
Subsistance, *s. f.*	Dounde, G.	Balo ; Sérafana.
Substituer, *v. a.*	Véthikou.	Afalé.
Succéder, *v. n.*	Donă.	Thien.
Successeur, *s. m.*	Dono, B.	Mfa-thien.
Succomber, *v. n.*	Dânou.	Bi.

Français.	Wolof.	Bambara.
Sucer, *v. a.*	Moussou.	Soussou.
Suceur, *s. m.*	Moussoukat, B.	Soussouba.
Sud, *s. m.*	Dioulandey, B.	Kagnaka.
Suer, *v. n.*	Niäkjä.	Tla.
Suffire, *v. n.*	Doé.	Asséra.
Suffisamment, *adv.*	Bou doé.	Asséra.
Suicide, *s. m.*	Järou, B.	Iyéréfa.
Suie, *s. f.*	Banjanâsse, B.	
Suivre, *v. a.*	Topä.	Anomena.
Superbe, *s. f.*	Amoul morome, L.	Totéla.
Superbement, *adv.*	Bou amoul morome.	Totéla.
Supérieur, *adj.*	Guénne.	Akafessa.
Supérieurement, *adv.*	Bou guénne.	Akafessa.
Suppliant, *s. et adj.*	Diamou, B.	Abaro.
Supprimer, *v. a.*	Tassä.	Oufarla.
Supputer, *v. a.*	Woignä.	Adan.
Sur, *prép.*	Thia.	Abey.
Surcharger, *v. a.*	Dissä.	Akagouri.
Sûrement, *adv.*	Lôle.	Akorkady.
Sûreté, *s. f.*	Nguäme, L.	Ndalembéla.
Surfaire, *v. a.*	Diafélä.	Asson-akagoilé.
Surmonter, *v. a.*	Dakjä.	Agoué.
Surnager, *v. n.*	Tämbä.	Abedhika.
Surplus, *s. m.*	Dessite, V.	Atto.
Surprendre, *v. a.*	Baittä.	Adianfa.
Surprise, *s. f.*	Baitte, B.	Adianfa.
Sur-tout, *adv.*	Wandey.	Nka.
Suspendre, *v. a.*	Waïkä.	Adou.
Synonyme, *s. m.*	Niro, B.; Dégo, B.; Morome, B.	Oukakan.

T

Français.	Wolof.	Bambara.
Ta, ton, *pron.*	Sa.	I.
Tabac, *s. m.*	Tămaka, D.	Doly.
Tablette, *s. f.*	Aloua, D.	Wola.
Tache, *s. f.*	Gake, B.	Noua.
Tacher, *v. a.* Faire une tache.	Gakală.	Aka-noua.
Tâcher, *v. n.*	Diémmă.	Idéguey.
Tacheter, *v. a.*	Tïpanté.	Akakalan.
Taciturne, *adj.*	Mikre.	Kono-dhiougou.
Taillant, *s. m.*	Gnawaye.	Adakady.
Taire, *v. a.*	Nopi.	Imanton.
Taloche, *s. f.*	Vongne, V.	Agossa-kouma.
Talon, *s. m.*	Nthiăstane, L.	Nongo.
Tamarin, *s. m.*	Dakĭar, D.	Tomy.
Tambour, *s. m.*	Ndănde, M.	Dounou.
Tampon, *s. m.*	Sâgnou, B.	Adatougou.
Tamponner, *v. a.*	Sagnă.	Adayélé.
Tandis que, *prép.*	Bă.	Nta.
Tantôt, *adv.*	Laiguelaigue.	Sassa.
Taon, *s. m.*	Véteigne.	Noro.
Tapage, *s. m.*	Ntiow, L.	Voyo.
Tapageur, *s. m.*	Sauwkat, B.	Voyoba.
Taper, *v. a.*	Ittă.	Agossi.
Tard, *adv.*	Goudy.	Sou.
Tarder, *v. n.*	Yaguă; Yĭjă.	Aména; Akassouma.
Tari, *s. m.* Liqueur qu'on tire du palmier.	Săngue, *s.*	
Tasse, *s. f.*	Kope; Nkoke, B.	Konsoro.

Français.	Wolof.	Bambara.
Tâter, *v. a.*	Lambä.	Alama.
Tâtonnement, *s. m.*	Lambatou, B.	Alama-kokoura.
Tâtonner, *v. n.*	Lambatou.	Alama-kokoura.
Tâtonneur, *s. m.*	Lambatoukat, B.	Alama-kokoura.
Taure, *s. f.*	Sàlou vou dhiguéne, V.	Missini-mousso.
Taureau, *s. m.*	Yeuke, V.	Toura.
Taux, *s. m.*	Ndiägue, L.	Songno.
Te, tu, *pron. pers.*	Yô ; Nga.	Ni ; Hey.
Teigne, *s. f.*	Diägar, B.	Guisse-tonto.
Teigneux, euse, *s.*	Diägarekat.	Guisse-tontoligny
Teindre, *v. a.*	Soubä.	Gala.
Teint, *s. m.*	Nthioube, L.	Ningala.
Teinturier, *s.*	Soubekat, B.	Galaba.
Téméraire, *adj. et s.*	Gnomey, B.	Kafary.
Témérairement, *adv.*	Bou gnomey.	Akafary.
Témérité, *s. f.*	Gnomey, G.	Kafary.
Témoigner, *v. n.*	Sédé.	Doliba.
Témoin, *s. m.*	Sédé, B.	Doliba.
Tempe, *s. f.*	Mpadou, M.	Ny.
Temps, *s. m.*	Diamano, D.	Dhiamany.
Tendre, *adj.*	Nôé.	Akama.
Tendre, *v. a.*	Talalä.	Afoulé.
Tendresse, *s. f.*	Nthiosel, G.	Akadigney.
Tendreté, *s. f.*	Nôéaye, B.	Amathiogo.
Ténèbres, *s. f. pl.*	Ländäme, Y.	Diby.
Ténébreux, *adj.*	Ländäme.	Diby.
Tenir, *v. a.*	Diapä.	Amena.
Tente, *s. f.*	Mbâre, M. ; Berkeley, B.	Goua.
Terminaison, *s. f.*	Motaly, B.	Nadafa.
Terminer, *v. a.*	Motali.	Nadafa.

Français.	Wolof.	Bambara.
Terre, *s. f.*	Kau, G.; Dhiéry, D.; Souf; Adouna.	Koungokoulo.
Testicule, *s. m.*	Dalégne, V.	Forokily.
Tête, *s. f.*	Bope, B.	Koung.
Teter, *v. a.*	Nampă.	Singnamy.
Tetin, *s. m.*	Ntiesse, L.	Nou-singn.
Tetine, *s. f.*	Aïnâte, B.	Singn.
Teton, *s. m.*	Véne.	Singn.
Tibia, *s. m.*	Aile, B.	Sanakoulo.
Tien, *adj.*	Sa-bosse.	Ita.
Tiers, *s. m.*	Niătel, B.	Sabana.
Tigre, *s.*	Saigue, S.	Warnikala.
Tigré, *adj.*	Tipantey.	Akakala.
Timide, *adj.*	Răgalekat.	Serambato.
Timidement, *adv.*	Bou răgal.	Serambato.
Timidité, *s. f.*	Răgale, G.	Mbisséra.
Timoré, *adj.*	Kou răgale yalla.	Mbis-éran-alla-gniey.
Tirer, *v. a.*	Jăthiă.	Assaman.
Tison, *s. m.*	Guilite, G.	Takourou.
Tisonner, *v. n.*	Sognă.	Takourou-akonko.
Tisonneur, *adj.*	Sognekat.	Akonkoba.
Tisser, *v. a.*	Rabă.	Guessey-ada.
Tisserand, *s. m.*	Rabekat, B.	Guessey-adaba.
Toi, *pron. pers.*	Yô; La; Nga.	Hey.
Tombeau, *s. m.*	Karmel, G.	Selley.
Tomber, *v. n.*	Dânou.	Abira.
Tomber, *v. imp.*	Tăw.	Sandhi.
Ton, *adj.*	Să.	Y.
Ton, *s. m.*	Nkadou, G.	Koumaba.
Tondeur, *s. m.*	Jouffekat, B.	Akaba.
Tondre, *v. a.*	Jouffă.	Aka.
Tonner, *v. n.*	Dănou.	Abikoulou.
Tonnerre, *s. m.*	Dănou, B.	Abikoulou.

Français.	Wolof.	Bambara.
Toquer, *v. a.*	Mbākā.	Agossi-gniana.
Tordre, *v. a.*	Woignā.	Abissi.
Tort, *s. m.*	Togne, B.	Ibarama.
Tortiller, *v. a.*	Woignarā.	Atténomy *ou* Ittén-my.
Tortu, *adj.*	Dāngue.	Adhiéngney.
Tortue, *s. f.*	Bonâte, B.	Kougna.
Tortuer, *v. a.*	Dāngalou.	Idhiéngney.
Tortueusement, *adv.*	Bou dāngalou.	
Tortueux, *adj.*	Lounke.	Aboulembey.
Toucher, *v. a.*	Lalā.	Mâla.
Toucher (se), *v. r.*	Lalanté.	Imâla.
Toujours, *adv.*	Môsse.	Fassaï.
Toupet, *s. m.*	Dhioube, V.	Tlou.
Tour, *s. m.*	Vorre.	Amounoumounou.
Tourbillon, *s. m.*	Ndiālever, L.	Fienbley.
Tourment, *s. m.*	Nakjar, V.	Dîmy.
Tourmenter, *v. a.*	Sonalā.	Issiguyéy.
Tourner, *v. a.*	Walbati.	Adhialama.
Tourner (se), *v. r.*	Walbatikou.	Idhialama.
Tourtereau, *s. m.*	Dome ou mpétaje ou mariame, M.	Ntoufa-dée.
Tourterelle, *s. f.*	Mpétaje ou mariame, M.	Ntoufa.
Tousser, *v. n.*	Sakjatā.	Souassoua.
Tout, *adj.*	Yope.	Abey.
Tout, *adv.*	Beup, dhieup, gueup, leup, meup, seup, veup. (*V.* la *Gram.*)	
Toutefois, *adv.*	Wandey.	Nka.
Toux, *s. f.*	Sodhie, B.	Moura-souassoua.
Tracasser, *v. a.*	Sonalé.	Ansseguéna.
Trace, *s. f.*	Watite, V.	Assamanon.

Français.	Wolof.	Bambara.
Tracer, *v. a.*	Rădă.	Atti.
Trafiquer, *v. n. et a.*	Sopandikou.	Akabougou.
Trahir, *v. a.*	Vorră.	Dhianfa.
Trahison, *s. f.*	Nkore, G.	Dhianfaley.
Traînant, *adj.*	Wătou.	Assaman.
Traîner, *v. a.*	Diri.	Assaman.
Traîner (se), *v. r.*	Yotă.	Agnouary.
Traire, *v. a.*	Rătă.	Abiri.
Traître, *adj.*	Vorrekat.	Dhianfaba.
Tranchant, *s. m.*	Gnawaye, B.	Adakady.
Trancher, *v. a.*	Doguă.	Atéguey.
Tranquille, *adj.*	Noflaye.	Irofien.
Tranquillité, *s. f.*	Noflaye, B.	Irofien.
Transir, *v. a.* Engourdir.	Ngnodhiă.	Kouloudhia.
Transpirer, *v. n.*	Niăkjă.	Tla.
Transplanter, *v. a.*	Diămbată.	Aboutourou.
Transporter, *v. a.*	Yobou.	Tanaé.
Transvaser, *v. a.*	Sotandikou.	Adhialaman.
Travail, *s. m.*	Liguéye, B.	Thia.
Travailler, *v. n.*	Liguyéyă.	Thiaké.
Travailleur, *s. m.*	Liguéyekat.	Thiakéba.
Traverser, *v. a.*	Dială. *(Voyez le Dictionnaire wolof.)*	Assago.
Traverser, *v. a.*	Lounkă. *(Voyez le Diction.*^{re} *wolof.)*	
Traverser, *v. a.*	Molă. *(Voyez le Dictionnaire wolof.)*	
Traversin, *s. m.*	Ngaiguénaye, L.	Koundosséla.
Trébucher, *v. n.*	Keupatală.	Walo.
Trébuchet, *s. m.* Piége.	Keupatale, B.	Apouro.
Treize, *adj.*	Fouk ak niatte.	Tank-ni-saba.
Trembler, *v. a.*	Lojă ; Donguă.	Yéréyéré.

Français.	Wolof.	Bambara.
Trembleur, *s. m.*	Lojekat, B.; Donguekat, B.	Yéréyéréba.
Tremper, *v. a.*	Toyalä.	Agnigui.
Trentième, *adj.*	Niatte foukel, B.	Tank-sabana.
Trépigner, *v. n.*	Järou.	Yérafa.
Tresse, *s. f.*	Dhimby, D.	Dhio.
Tresser, *v. a.*	Baramä.	Dhioda.
Tresseur, *s.*	Bäramekat, B.	Dhiodaba.
Tribunal, *s. m.*	Atékaye, B.	Thien-foba.
Tricher, *v. a.*	Sipetajou.	Nanossa.
Tricheur, *s. m.*	Sipetajoukat, B.	Nonossaba.
Tricot, *s. m.*	Ntape, L.	Dhio.
Tricoter, *v. a.*	Diokä.	Atougou.
Tricoteur, *s.*	Diokekat, B.	Atougouba.
Trier, *v. a.*	Tannä.	Arotomo.
Tripes, *s. f. p.*	Boutite.	Nougou.
Triple, *adj.*	Niatte y yone.	Abeugaké-ko-saba.
Trique, *s. f.*	Bänte bou ry.	Bérékéba.
Triste, *adj.*	Yogorlou.	Imakary.
Tristesse, *s. f.*	Yogorlou, B.	Makarliba.
Triturer, *v. a.*	Walä.	Akoulonso.
Troc, *s. m.*	Véthikou, B.	Afaley.
Trois, *nomb.*	Niatte.	Saba.
Troisième, *adj.*	Niattel.	Sabana.
Trompe, *s. f.*	Nioje, B.	Boulo-kafili.
Tromper, *v. a.*	Najä.	Anéné.
Tromper (se), *v. r.*	Dioumä.	Nfilila.
Trompeur, *adj.*	Najekat.	Nénéba.
Tronquer, *v. a.*	Doguä.	Atéguey.
Trop, *adv.*	Tépe. (*V.* la *Gram.*)	Akathia.
Troquer, *v. a.*	Véthikou.	Afalé.
Troqueur, *s.*	Véthikoukat, B.	Afaléba.
Trot, *s. m.*	Diabe, B.	Dhiafary.

Français.	Wolof.	Bambara.
Trotter, *v. a.*	Diabalä.	Dhiafani.
Trotteur, *s. m.*	Diabalekat, B.	Dhiafaniba.
Trou, *s. m.*	Nkane, L.	Déngney.
Trouble, *adj.*	Näje.	Adouroula.
Troubler, *v. a.*	Näjalä.	Adouroula.
Trouer, *v. n.*	Beuttä.	Soua.
Troupe, *s. f.*	Ntăgne, M.; Ngan- gôre, L.	Kéley-boulo.
Troupeau, *s. m.*	Guette, G.	Woirey.
Trousser, *v. a.*	Eugnä.	Aforo.
Trouver, *v. a.*	Fékä.	Yée.
Truie, *s. f.*	Mbame ou dhiguéne.	Fali-mousso.
Tu, toi, te, *pron. pers.*	Yô; Nga; La.	Ney.
Tuer, *v. a.*	Răyă.	Afa.
Tueur, *s. m.*	Rayekat, B.	Afaba.
Tumeur, *s. f.*	Sothiante, B.	Soumouny.
Tumulte, *s. m.*	Ntiow, L.	Woyo.
Turban, *s. m.*	Ntagnelaye, L.	Dhiala.
Turbulent, *adj.*	Sauwkat.	Woyotiguy.
Tyran, *s. m.*	Ayebir, B.	Kono-dhiougou.
Tyrannique, *adj.*	Ayekat ou bir.	Kono-dhiougou.
Tyranniser, *v. a.*	Sonalä.	Seguey.

U

Français.	Wolof.	Bambara.
Ulcère, *s. m.*	Gaume, B.	Dhioly.
Un, *s. m.*	Bénne, B.	Kéley.
Un, une, *adj.*	Bénne; Dâle; Rék.	Kéley.
Unanime, *adj.*	Dégo.	Gnouamina.
Unanimement, *adv.*	Bou dégo.	Gnouamina.
Uni, *adv.*	Rataje.	Akanoua.
Unième, *adj.*	Bennel.	Kéley-na.

Français.	Wolof.	Bambara.
Uniforme, *adj.*	Niro.	Aborafey.
Uniformément, *adv.*	Bou niro.	Borafey.
Union, *s. f.*	Boley, B.	Afaraka.
Unique, *adj.*	Rék ; Dâle.	Gouaanssa.
Unisson, *s. m.*	Takjaley, B.	Anoro.
Urbanité, *s. f.*	Ntéde, G.	Gnako.
Urètre, *s. m.*	Nkane ou soule.	Foro-daigney.
Urine, *s. f.*	Mbérou, M.	Gnéguéney.
Uriner, *v. n.*	Saw ; Bérou.	Guéguéné.
Urineux, *adj.*	Jesse ou saw.	Guéguéné -assouma.
Usage, *s. m.*	Ape, B. ; Baje, B.	Anféna.
User, *v. n.*	Diéjală.	Abana.
User (s'), *v. r.*	Magată.	Akorola.
Ustensile, *s. m.*	Dioumtoukaye, B.	Ménan.
Usurpateur, *s.*	Sathiekat, B.	Sougnaliba.
Usurpation, *s. f.*	Nthiathie, G.	Sougnaly.
Usurper, *v. a.*	Sathiă.	Sougnali.
Utile, *adj.*	Diérigne.	Abeganafa.
Utilement, *adv.*	Bou diérigne.	Ayenafa.

V

Français.	Wolof.	Bambara.
Vacarme, *s. m.*	Nthiauw, L.	Woyo.
Vache, *s. f.*	Nague ou dhiguéne, V.	Missi-moussou.
Vacherie, *s. f.*	Guétte, G.	Wouérey.
Vagabond, *adj.*	Mangue.	Siguibaly.
Vague, *s. f.*	Dousse, V.	Ba-kauhan.
Vaguer, *v. n.*	Manguă.	Siguibali.
Vaillamment, *adv.*	Bou gnomey ; Bou gôre.	Akafary.
Vaillance, *s. f.*	Gnomey, B.	Fary.

Français.	Wolof.	Bambara.
Vaillant, *adj.*	Gnomey.	Fary.
Vain, *adj.*	Ngnabou.	Fiéman.
Vaincre, *v. a.*	Dakjă.	Agoué.
Valet, *s. m.*	Beukanégue, B.	Korossiguy.
Valeur, *s. f.* Prix.	Ndiăgue, L.	Sonngnon.
Valeur, *s. f.* Courage.	Gnomey, G.	Fary.
Valeureux, *adj.*	Gnomékat.	Fariba.
Valise, *s. f.*	Mbojosse, M.	Foroko.
Vallée, *s. f.*	Fonde, G.	Kénédhiey.
Valoir, *v. n.*	Diarră.	Assana.
Van, *s. m.*	Layou, B.	Lafa.
Vanité, *s. f.*	Ngnabou, G.	Fiéman.
Vanner, *v. a.*	Layă.	Atinté.
Vapeur, *s. f.*	Săjâr, S.	Sissy.
Varier, *v. a.*	Sopikou.	Iyéléma.
Vautrer (se), *v. r.*	Wătou.	Assaman.
Veau, *s. m.*	Sălou, S.	Missi-dée.
Végéter, *v. n.*	Sajă.	Falé.
Veillée, *s. f.*	Ngônale, L.	Soumoukey.
Veiller, *v. n.*	Biralé.	Signéna.
Veilleur, *s. m.*	Biralékat, B.	Signénaba.
Veine, *s. f.*	Sidite, G.	Passa.
Veineux, *adj.*	Barey sidite.	Passa-thiama.
Velu, *adj.*	Sămbe.	Sikathia.
Vendeur, *adj.*	Diaéekat.	Saniba; Assanba.
Vendre, *v. a.*	Diaée.	Assan.
Vendredi, *s. m.*	Aldiouma, D.	Guedhiouman.
Vénérable, *adj.*	Térale.	Kognouman.
Vénération, *s. f.*	Térale, G.	Kognouman.
Vénérer, *v. a.*	Térală.	Kognoumanla.
Vénérien, *adj.*	Kandiakat.	Mporo-tiguy.
Venger, *v. a.*	Făyou.	Assara.
Vengeur, *s.*	Făyoukat, B.	Assaraba.

Français.	*Wolof.*	*Bambara.*
Venin, *s. m.*	Dänguar, D.	Kouna; Dangala.
Venir, *v. n.*	Dikä; Niäw; Kaye.	Na.
Vent, *s. m.*	Nguéloo, L.	Fiéng.
Vente, *s. f.*	Ndiaée, M.	Assan.
Venteux, *adj.*	Loudy dojatelo.	Fiéba-konon.
Ventre, *s. m.*	Bire, B.	Konon.
Ver, *s. m.*	Gässaje, V.	Toumou.
Verdir, *v. a.*	Ntioyelo.	Tiguila.
Verge, *s. f.*	Soule, B.	Foro.
Véritablement, *adv.*	Ak deugue.	Ibega-thienfa.
Vérité, *s. f.*	Deugue, G.	Thicnfo.
Vermisseau, *s. m.*	Gässaje, V.	Toumou.
Vérole, *s. f.* vénérienne	Kandia, G.	Mporo.
Vérole (petite).	Ndiambale, D.	
Vers, *prép.*	Vaite.	Akéréfey.
Verroterie, *s. f.*	Diarab, D.	Konon.
Verser, *v. a.*	Jailli; Soti.	Asséné.
Vert, *adj.*	Ntioy.	Tiguila.
Vertèbre, *s. m.*	Kaime, B.	Kokoulou.
Vertu, *s. f.*	Ndioulite, M.	Mori.
Vesse, *s. f.*	Kathy, V.	Bofien.
Vesser, *v. n.*	Kathi.	Bofien.
Vesseur, *s.*	Kathikat, B.	Bofienba.
Vestige, *s. m.*	Dessite, V.	Atoo.
Vêtir, *v. a.*	Jâgnä.	Massiri.
Vexer, *v. a.*	Sonalä.	Séguey.
Viande, *s. f.*	Yape, V.	Sogo.
Vibrer, *v. n.*	Yangalä.	Alama.
Vice, *s. m.*	Dhioume, B.; Bâkar, B.	Filila; Gnama.
Victoire, *s. f.*	Ndakje, M.; Ndame, L.	Agouey.
Victorieux, *adj.*	Dakjekat.	Agouéba.

Français.	*Wolof.*	*Bambara.*
Vide, *adj.*	Guédhie.	Feintero.
Vider, *v. a.*	Guédhialä.	Dobola.
Vie, *s. f.*	Dounde, G.	Kissy.
Vieil *ou* Vieux, *adj.*	Magate.	Thiokoro; Koro.
Vieillard, *s. m.*	Magate, M.	Thiokoro; Koro.
Vieillesse, *s. f.*	Magataye, B.	Akorothiogo.
Vierge, *s. f.*	Labe, B. Etre vierge, *v.*; Labä.	Adhiéra.
Vif, *adj.*	Foraje.	Ngnana.
Vigoureusement, *adv.*	Ak doley.	Ani-fangna.
Vigoureux, *adj.*	Barey doley.	Fangna.
Vilain, *adj.*	Niaw.	Akadhiougou.
Vilainement, *adv.*	Bou niaw.	Athiékadhiougou.
Village, *s. m.*	Deuk, B.	Dougou.
Ville, *s. f.*	Deuk, B.	Dougou.
Vin, *s. m.*	Bigne, B.	
Vindicatif, *adj.*	Fäyoukat.	Yaoussey.
Vingt, *nomb.*	Nitte; Niare fouk.	Tank-foula.
Violer, *v. a.*	Lékä; Todhiä raou.	Dhioussoua.
Vipère, *s. f.*	Niangor, L.	Sa.
Virer, *v. a. et n.*	Wagnikou.	Idhialaman.
Virginité, *s. f.*	Raou, G.; Moumine, M.	Timba.
Viril, *adj.*	Gôre; Gnomey; Ponkale.	Thiey.
Virilement, *adv.*	Bon gôre; Bou gnomey;	Thiey.
Visage, *s. m.*	Käname, G.	Agney.
Viscère, *s. m.*	Boutite, B.	Nougou.
Viser, *v. n.*	Dirä.	Assing.
Visible, *adj.*	Lou gnou manä guissä.	Ibena migney.
Vision, *s. f.*	Guéente, G.	Nsogora; Bisségo.

Français.	Wolof.	Bambara.
Visiter, *v. a.*	Saitā.	Amafiley.
Visiteur, *s. m.*	Saitekat, B.	Amafiléba.
Vite, *adj.*	Gaw.	Atalia.
Vîtement, *adv.*	Bou gaw.	Assemaya.
Vîtesse, *s. f.*	Gawaye, B.	Akatélikodhiougou.
Vitriol, *s. m.*	Jorome ou galle, G.	
Vivipare, *adj.*	Loudy vassine.	Missy.
Vivre, *v. n.*	Doundā.	Kissy.
Vivres, *s. m. pl.*	Dounde, B.; Yobale, B.	Sérafana.
Vœu, *s. m.*	Ndigale, L.	Adigue-alla.
Voici, *prép.*	Mingui; Angui. (*V.* la Grammaire).	Afley.
Voie, *s. f.*	Yonne, V.	Séra.
Voilà, *prép.*	Manga; Angua. (*V.* la Grammaire).	Afley.
Voile, *s. m.*	Vire, M.	Kounou finy.
Voiler, *v. a.*	Mourā.	Abrikouna.
Voir, *v. a.*	Guissā.	Ayé.
Voisin, *s.* et *adj.*	Deukaley, D.	Baléma.
Voix, *s. f.*	Nkadou, L; Bâte, B.	Aka.
Vol, *s. m.* Vol d'oiseau.	Naw, G.	Pan.
Vol, *s. m.* Larcin.	Nthiathie, G.	Sougnaly.
Voler, *v. n.* S'élever en l'air.	Nâw.	
Voler, *v. a.* Dérober.	Sathiā.	Assougna.
Volonté, *s. f.*	Beugue, B.	Akadigney.
Voltiger, *v. n.*	Teubā.	Issago.
Volupté, *s. f.*	Banéje, B.	Gnakaly.
Voluptueux, *s.* et *adj.*	Sopekat ou Banéje, B.	Moussou-koakadiey.
Vomir, *v. a.*	Wāthiou.	Fono.

Français.	Wolof.	Bambara.
Vomissement, *s. m.*	Wäthiou, M.	Fono.
Vorace, *adj.*	Laikekat.	Doumouliba.
Votre, *adj. poss.*	Saine.	Ata.
Vouloir, *v. a.* et *n.*	Beuguä.	Mbéfé; Akadigné.
Voyager, *v. n.*	Wori.	Dhianagnini.
Voyageur, *s.*	Worikat, B.	Dhiénagniniba.
Vrai, *adj.*	Deugue.	Thienfo.
Vraiment, *adv.*	Bou deugue.	Ika-thienfo.
Vrille, *s. f.*	Beunou, B.	Bien.
Vue, *s. f.*	Guissou, B.	Gniékagney.
Vulve, *s. f.*	Nkane ou sare, B.	

X

Français.	Wolof.	Bambara.
Xérophthalmie, *s. f.*	Vaninte, V.	Gnieademy.
Xylon, *s. m.*	Garap ou vouténe, G.	Kori-dhiry.

Y

Français.	Wolof.	Bambara.
Y, *adv.*	Fofaley.	Yanfey.
Yacht, *s. m.*	Galle, G.	Kounon.
Yeux, *s. m. p.*	Beutte, Y.	Gniéou.

Z

Français.	Wolof.	Bambara.
Zagaie, *s. f.*	Jaidhie, B.	Tama.
Zèbre, *s. m.*	Mbame seuf, M.	Faly.

Zèle, *s. m.*	Tákou, B.	Massobey.
Zénith, *s. m.*	Digue ou bope, B.	Kou-nthiey.
Zéphyr, *s. m.*	Mpéſe mou naiſe, M.	Fien-douma.
Zigzag, *s. m.*	Săysăyal, B.	Maſiéman.

———

DICTIONNAIRE
WOLOF-FRANÇAIS.

A

Wolof.	*Français.*
A, *v. irrég.*	Être présent. *Mane â*, c'est moi.
Âarã, *v.*	Laver le linge pour la première fois.
Abã, *v.*	Emprunter, demander et recevoir en prêt.
Abaley, B. *s.*	Emprunt, l'action d'emprunter.
Abdok, B. *s.*	Morceau, fragment, partie d'un tout.
Abdoudiabar, B. *s.*	La mort, divinité fabuleuse.
Abekat, B. *s.*	Celui ou celle qui emprunte.
Abil, *nom. p.*	Abel.
Ablé, *v.*	Prêter, donner en prêt.
Ablé, M. *s.*	Prêt, ce que l'on a prêté.
Ablékat, B. *s.*	Prêteur, celui qui prête.
Adamã, *s.*	Adam, le premier homme.
Adanti, *v.*	Laver le linge pour la deuxième fois.
Adhi, *v.*	Décrocher, détacher une chose accrochée.
Adhiã, *v.*	Accrocher, attacher, suspendre quelque chose.
Adhio, *v.*	Avoir besoin.
Adhio, D. *s.*	Le besoin.
Adhiou, *v.*	Se pendre, s'attacher à une chose par le moyen d'une corde.
Adou, *v.*	Parler, adresser la parole à quelqu'un, proférer.

Wolof.	*Français.*
Adoukat, B. s.	Parleur, celui qui parle beaucoup.
Adouna, D. s.	Le monde, l'univers, la terre, la nature.
Agnă, v.	Dîner, prendre le repas du midi.
Agne, B. s.	Le repas du midi, le dîner.
Agon, v.	N'être pas arrivé.
Aguă, v.	Être arrivé.
Ah ! *interj.*	O, ah ! oh !
Aile, B. s.	Os interne de la jambe.
Ailey, B. s.	Le camp, lieu où une armée se loge, lieu où une peuplade se loge.
Ainate, B. s.	Mamelle des quadrupèdes ruminans.
Aiyă, v.	Gagner son procès, avoir gain de cause.
Ak, *conj.*	Avec.
Ak dengue.	Véritablement, avec vérité.
Ak doley.	Avec force.
Ak mane.	Avec moi.
Ak ndimal.	Avec le secours, avec l'aide.
Akă, v.	Arrêter, s'opposer à la marche de quelqu'un.
Ake, B. s.	Croûte, partie extérieure du pain ; escare.
Akou, v.	S'arrêter, cesser d'aller.
Aksi, v.	Arriver, aborder, approcher.
Alale, D. s.	Bien, richesse, fortune.
Alarba, D. s.	Mercredi.
Aldiana, D. s.	Le paradis, séjour des bienheureux, demeure des justes.
Aldiouma, D. s.	Vendredi.
Ale, B. s.	Désert, lieu aride et inculte.
Alégnă, v.	Creuser, caver, rendre creux, approfondir.
Alére, D. s.	Samedi, le dernier jour de la semaine.
Alfoûne, D. s.	L'éternité, durée qui n'a pas de fin.
Aljamesse, D. s.	Jeudi.
Aljourane, D. s.	La loi de Mahomet. [*Coran*]

Wolof.	*Français.*
Alkaty, D. *s.*	Interprète, chef de village.
Aloua, D. *s.*	Tablette, planchette servant pour écrire le Koran.
Altiné, D. *s.*	Lundi.
Am, *nom p.*	Cham.
Am, *pron.*	Sa, son, à lui, à elle.
Amă, *v.*	Avoir, posséder quelque chose.
Amame, B *s.*	Ce que l'on a, l'avoir d'une personne ; richesse.
Amé, *v.*	Avoir, tenir ce qui appartient à autrui.
Amoul, *v.*	Il n'a pas, elle n'a pas.
Amoul morome.	Sans pareil.
Amoul nof laye.	Il n'a pas de tranquillité.
An, *interj.*	Prends garde.
Ana, *v.*	Où il est, où est-il !
Ană, *v.*	Ramasser, faire un assemblage de plusieurs choses.
Âna, *adv.*	Premièrement.
Aname. D. *s.*	Page, un des côtés d'une feuille de papier.
Ana mou, *v.*	Où est-il ! dans quel endroit il est.
Andă, *v.*	Aller ensemble, fréquenter, hanter.
Andaley, D. *s.*	Compagnon, collègue, camarade.
Andar, B. *s.*	Mesure de capacité en usage chez les nègres du Sénégal.
Ande, B. *s.*	Ami, amie.
Andounitte, G. *s.*	Philanthrope, l'ami de l'homme.
Ane, *adv.*	Cependant, en effet.
Angua, *prép.*	Voilà.
Angui, *prép.*	Voici.
Aniână, *v.*	Être misanthrope, mépriser ses semblables.
Aniânekat, B. *s.*	Misanthrope, celui qui fuit la société des hommes.
Ao, B. *s.*	La première femme.

Wolof.	*Français.*
Aou, B. *s.*	Concert, harmonie composée de plusieurs voix ou instrumens.
Aow, *v.*	Happer, attraper avec la bouche.
Apă, *v.*	Convenir, être d'accord, demeurer d'accord.
Ape, B. *s.*	Usage, coutume, habitude, reçus dans un pays.
Apélă, *v.*	Avoir plus, avoir davantage.
Apekat, B. *s.*	Celui qui convient, qui est d'accord.
Apo, B. *s.*	La convention, l'accord.
Arame, B. *s.*	Inconnu, qui n'est pas connu. Il ne se dit que des personnes.
Arbarka, D. *s.*	Bonheur, état heureux, prospérité.
Aréne, D. *s.*	Pistache, espèce d'amande.
Assă, *v.*	Pomper, tirer de l'eau avec une pompe.
Âssa, *v.*	Faire un nid, en parlant des oiseaux.
Assamană, S. *s.*	Le ciel, le firmament.
Asse, *conj.*	Que.
Asse, B. *s.*	Droits que paient les marchands de gomme avant de traiter.
Asse, *adj.*	Petit.
Assekat, B. *s.*	Celui qui pompe.
Asser, D. *s.*	Samedi, le dernier jour de la semaine.
Assou, B. *s.*	Pompe, appareil qui sert à élever l'eau.
Atănă, *v.*	Contenir, porter (en parlant de la capacité).
Atăne, B. *s.*	Capacité, contenance.
Até, *v.*	Juger, examiner une affaire, un procès.
Até, M. *s.*	Jugement, décision des juges.
Atĕkat, B. *s.*	Juge, celui qui juge les différens, les procès.
Atékaye, B. *s.*	Tribunal, lieu où l'on juge.
Athiame, *interj.*	Ouf! Ah Dieu!
Ati, *adv.*	Encore, de nouveau, une seconde fois.

Wolof.	*Français.*
Atou, *adv.*	Négation de *ati.* (*Voyez* Ati.)
Atte, M. *s.*	L'année, l'an.
Atte ou séye, B. *s.*	Age du mariage, âge de puberté.
Aukă, *v.*	Gratter, frotter fortement la partie qui démange.
Aură, *v.*	Jeûner, s'abstenir de prendre la nourriture ordinaire.
Aurekat, B. *s.*	Celui qui jeûne.
Ava, *s.*	Ève, la première femme.
Aw, *v.*	Passer dans un lieu, dans un endroit.
Ayă, *v.*	Être avare, être mauvais.
Aye, V. *s.*	La guerre, différent entre les souverains.
Aye, B. *s.*	Avare, celui qui s'attache trop aux richesses.
Ayebir, B. *s.*	Le tyran, celui qui tyrannise.
Ayekat, B. *s.*	Avaricieux, qui est avare, cupide.
Ayoubesse, B. *s.*	La semaine.
Ayoul, *v.*	N'être pas mauvais, ne pas être avare, être généreux.

B

Bâ, B. *s.*	Autruche (oiseau).
Bă, *prép.*	Dès, aussitôt que, lorsque, en, quand. (*Voyez* la *Grammaire.*)
Ba, *art.*	Le, la (éloigné). (*Voyez* la *Grammaire.*)
Baâlă, *v.*	Pardonner, absoudre, excuser, oublier les offenses.
Baâle, M. *s.*	Pardon, grâce, faveur, oubli d'une contravention à la loi.
Babakar, B. *s.*	Martin-pêcheur (oiseau).
Baboukey, B. *s.*	Panse, gros intestin, mésentère.

Wolof.	Français.
Bădhie, B. *s.*	Chapon, coq châtré.
Badienne, B. *s.*	Marraine, celle qui a donné son nom à un enfant.
Badio, B. *s.*	Étranger, sans parens.
Bâdolo, B. *s.*	Indigent, pauvre, malheureux.
Bafa, *v.*	Laisser là. (On sous-entend *baïl faley*, laisse là.)
Bafi, *v.*	Laisser ici. (On sous-entend *baïl faley*, laisse ici.)
Bagâne, B. *s.*	Grande sébile de bois.
Bagnă, *v.*	Haïr, en vouloir à quelqu'un, détester, avoir en horreur, refuser.
Bagnă diamou, *v.*	Désobéir, refuser d'obéir aux ordres qu'on nous donne.
Bagnekat, B. *s.*	Celui qui hait, qui refuse.
Bagne nitte, *adj.*	Farouche, sauvage, craintif.
Băgne ou ntégue, B. *s.*	Arçon, une des pièces de la selle du cheval.
Bagney, B. *s.*	L'ennemi, celui qui a de l'inimitié, qui hait, qui veut du mal.
Baguă, *v.*	Ourdir, préparer les fils du tisserand.
Baï, *v.*	Laisser, affranchir, abandonner, quitter, délaisser, lâcher.
Bainaine, *pron.*	Autre, un autre.
Baïssă, *v.*	Être neuf, nouveau, récent.
Baisse, *adj.*	Neuf, nouveau, récent, frais, novice.
Baïtaïje, B. *s.*	Le plomb (métal).
Baite, B. *s.*	Surprise, action de surprendre.
Baïttă, *v.*	Surprendre.
Bajă, *v.*	Être bon.
Bajaigne, B. *s.*	Corbeau (oiseau).
Băjală, *v.*	Faire bouillir, mettre en ébullition un liquide.
Baje, *adj.*	Bon.

Wolof.	Français.
Baje, G. *s.*	Usage, coutume, habitude, reçus dans un pays.
Bajou, *v.*	Être mauvais, n'être pas bon.
Bajou, *adj.*	Indigne, méchant, odieux, mauvais, détestable.
Bak, B. *s.*	Espèce de lézard (reptile).
Bakane, B. *s.*	Le nez, les narines des animaux.
Bakar, B. *s.*	Le péché, désobéissance à la loi.
Bakjar, B. *s.*	Poltron, lâche, qui manque de courage.
Bäkou, B. *s.*	Cuiller à pot, grande cuiller.
Bäla, *adv.*	Auparavant, avant.
Baley, *pron.*	Cela, celle-là. (*Voyez* la *Grammaire.*)
Bälinte, B. *s.*	Bagatelle, chose de peu de prix.
Bälisse, B. *s.*	Concupiscence, inclination qui porte la nature à faire le mal.
Balou, *v.*	Faire les cérémonies relatives à un culte religieux. — Être satisfait, avoir de la satisfaction.
Baloukat, B. *s.*	Celui qui fait les cérémonies.
Bändä, *v.*	Flotter, être porté sur l'eau, être agité.
Bandioly, B. *s.*	Espèce d'autruche (oiseau).
Banéje, B. *s.*	Le plaisir, la joie, la félicité, la jouissance, la volupté.
Banéjou, *v.*	Se réjouir, être content, être joyeux.
Banjalaigne, B. *s.*	Sable blanc, le quartz.
Banjanasse, B. *s.*	La suie, matière fuligineuse que la fumée dépose dans les corps qui lui servent de conduits.
Banjasse, B. *s.*	Branche d'arbre, rameau, fascine.
Bänkä, *v.*	Froisser, meurtrir par une impression violente, chiffonner.
Bänkou, *v.*	Se tapir, se blottir.
Bännä, *v.*	Déborder, se dit d'une rivière qui déborde.

Wolof.	*Français.*
Banne, *adj.* et *pron.*	Quel, quelle.
Bănte, B. *s.*	Bâton, morceau de bois.
Bănte ou lale, B. *s.*	Bois de lit, châlit.
Bănte ou bagou, B. *s.*	Ourdissoir, ustensile du tisserand.
Barajelou, B. *s.*	La lune de novembre, le mois de novembre chez les nègres.
Băramă, *v.*	Friser les cheveux.
Barame, B. *s.*	Le doigt.
Barame ou tanke, B. *s.*	Orteil, doigt du pied.
Baramou. *v.*	Se friser les cheveux, les mettre en papillottes.
Bărănngnă, *v.*	Rouler quelque chose devant soi.
Baré, *v.*	Avoir beaucoup, posséder beaucoup.
Băré, *v.*	Joûter, combattre l'un contre l'autre, s'exercer à la lutte.
Baré aye, B. *s.* et *adj.*	Hargneux, qui est d'humeur chagrine, querelleuse.
Baré dhiour, *adj.*	Opulent, riche, qui a beaucoup de richesses, magnifique.
Bărékat, B. *s.*	Celui qui joûte, qui lutte.
Barey, *adv.*	Beaucoup, abondamment, considérablem.ᵗ
Barkey, B. *s.*	Le bonheur, la félicité.
Barley, B. *s.*	Le mulet (quadrupède).
Barome, B. *s.*	Chevreuil, bête fauve plus petite que la chèvre.
Bărră, *v.*	Parler très-vite.
Bassy, B. *s.*	Espèce de mil (graminée).
Bâte, B. *s.*	Gosier, la gorge.
Bâte ou goute, B. *s.*	Goulot, le cou d'une cruche, d'une bouteille, &c.
Bathiă, *v.*	Battre le grain, faire sortir les grains des plantes céréales.
Batou, B. *s.*	Calebasse, espèce de grande gamelle.

Wolof.	*Français.*
Batte, B. *s.*	La voix.
Bâtte, B. *s.*	Mot, parole, ce que l'on dit, ce que l'on écrit.
Baw, *v.*	Japper, aboyer.
Bawkat, B. *s.*	Aboyeur, celui qui aboie.
Bäy, V. *s.*	Chèvre, cabri.
Bäyä, *v.*	Labourer, cultiver.
Baye, B. *s.*	Le père.
Bäye, B. *s*	Panaris, abcès qui vient à l'extrémité des doigts.
Bäyekat, B. *s.*	Agriculteur, cultivateur, laboureur.
Bayo, B. *s.*	Orphelin.
Bédhie, B. *s.*	Chabot, poisson qui a la tête plus grosse que le corps.
Bédhine, B. *s.*	Corne, défense de certains animaux.
Bél, *prép.*	Jusque.
Bélthia, *prép.*	Jusqu'à.
Bénne, B. *s.*	Un, une (nom de nombre).
Bénnel, B. *s.*	Le premier, celui qui tient le premier ordre.
Bépinte, B. *s.*	Maladie des yeux qui fait qu'on voit mieux de nuit que de jour.
Bérab, B. *s.*	Place, lieu, endroit, l'espace qu'un corps occupe.
Bérafe, B. *s.*	Pepin, semence de certains fruits.
Bérkéley, B. *s.*	Tente dont se servent les Maures du désert.
Bérou, *v.*	Pisser, lâcher de l'eau.
Berrä, *v.*	Mettre de côté.
Besse, B. *s.*	Le jour, la journée.
Besse bou tope, *adv.*	Le lendemain.
Besse bouaye, B. *s.*	La semaine passée.
Beup, *adv.*	Tout, entièrement, sans exception, sans réserve.

Wolof.	*Français.*
Beuguă, *v.*	Vouloir, desirer.
Beuguaye, B. *s.*	Avarice, avidité démesurée, desir.
Beugue, B. *s.*	Volonté.
Beugue-beugue, *adj.*	Ambitieux.
Beuguekat ou niame, B. *s.*	Gourmand, grand mangeur.
Beuguekat, B. *s.*	Celui qui veut.
Beukanégou, *v.*	Servir.
Beukanégue, B. *s.*	Serviteur, domestique, valet.
Beul, B. *s.*	Barre, embouchure d'une rivière, d'un fleuve.
Beunou, B. *s.*	Alène, amorçoir, outil dont on se sert pour amorcer.
Beurk, *prép.*	Avant, auparavant.
Beurk dembe, *adv.*	Avant-hier.
Beutajel, B. *s.*	La lettre, le billet.
Beuthiek, B. *s.*	La partie du jour comprise de dix heures à deux heures.
Beuton, B. *s.*	Vrille.
Beuttă, *v.*	Percer, faire un trou, trouer.
Beutte, B. *s.*	Œil, l'organe de la vue.
Beutte-beutte, B. *s.*	Pertuis, trou, ouverture.
Béyă, *v.*	Battre le briquet pour avoir du feu.
Bibal, B. *s.*	Anus, le fondement, l'extrémité du rectum.
Bidanti, *v.*	Se lever tard.
Bidiaw, B. *s.*	Cheveux gris, cheveux blancs.
Bidow, B. *s.*	Étoile, corps lumineux.
Bidow-saite-saite, B. *s.*	Comète, corps lumineux.
Bigne, B. *s.*	Le vin, le fruit de la vigne.
Bigue, *adv.*	Hier soir.
Biley, *pron.*	Celui-ci, celle-ci, cet, cette, ce. (*Voyez* la *Grammaire.*)

Wolof.	Français.
Bindä, *v.*	Écrire, tracer des caractères sur le papier, le sable, &c.
Bindä, *v.*	Créer. Il ne se dit qu'en parlant des œuvres de Dieu.
Bindekat, B. *s.*	Écrivain, celui qui écrit.
Bindoukaye, B. *s.*	Le lieu où l'on écrit, le bureau.
Binite, B. *s.*	Argile, terre grasse dont se servent les potiers.
Bintä, *v.*	Construire, faire quelque chose.
Bintekat, B. *s.*	Constructeur, celui qui construit.
Bintoukaye, B. *s.*	Le lieu où l'on construit, le chantier.
Birä, *v.*	Être enceinte, avoir conçu.
Biralé, *v.*	Veiller, s'abstenir de dormir.
Bir-bodow, B. *s.*	Dyssenterie, maladie.
Bire, B. *s.*	Le ventre de l'homme et des animaux, gros intestin.
Birkeurre, B. *s.*	La cour de la maison.
Birre, *adv.*	Dedans, dans l'intérieur.
Biska, B. *s.*	Pincette, petite pince.
Bissimilaé.	Exclamation dont les Wolofs se servent au commencement de leurs prières et de leurs actions.
Bity, *adv.* et *prép.*	Dehors, en dehors.
Bodhiä, *v.*	Égrener, faire sortir les grains de l'épi.
Boigne, B. *s.*	Les dents de la bouche.
Bôk, *conj.*	Donc, en conséquence.
Bokä, *v.*	Être de la même famille.
Bokalä, *v.*	Être ensemble.
Bokou, *v.*	N'être pas de la même famille.
Bolé, *v.*	Joindre, réunir deux ou plusieurs choses, mêler, additionner.
Boley, B. *s.*	Assemblage de plusieurs choses, combinaison, mélange, mixtion.

Wolof.	*Français.*
Boli, B. *s.*	Trachée-artère.
Bolle, B. *s.*	Farine, grain pulvérisé.
Bolo, *v.*	Être en désordre, en parlant des choses mal placées.
Boloje, B. *s.*	Fanon, peau qui pend sous la gorge du bœuf.
Boloumba, B. *s.*	Aigle, oiseau d'Afrique.
Bombă, *v.*	Cirer, enduire, frotter.
Bombe, B. *s.*	Cirage.
Bonă, *v.*	Être mauvais, de mauvaise qualité.
Bonâte, B. *s.*	Tortue.
Bone, *adj.*	Mauvais.
Boofă, *v.*	Couver ; il se dit de l'incubation des œufs.
Boou, B. *s.*	Action de pousser quelque chose devant soi.
Bope, B. *s.*	Boulon.
Bope, B. *s.*	La tête de l'animal.
Bori, *v.*	Saigner du nez.
Borlo, *v.*	S'endetter.
Borome, B. *s.*	Le maître, le chef.
Borome-deuk, B. *s.*	Gouverneur, celui qui commande un village, une ville.
Borre, B. *s.*	Dette, ce que l'on doit, le compte, crédit.
Bosse, *pron.*	Le mien, la mienne, le tien, la tienne, &c. ; mais on dit *săma bosse*, le mien, &c.
Bosse, B. *s.*	Chenet du feu.
Bosse ăm, *pron.*	Le sien, la sienne.
Bôtă, *v.*	Porter un enfant derrière le dos.
Bôtal, B. *s.*	La bonne des enfans, celle qui en a soin, qui les porte.

Wolof.	*Français.*
Bothi, *v.*	Dégaîner, tirer une épée, un sabre de son fourreau.
Bou, *conj.*	Si.
Bou, *art.*	Le, la (proche). *(Voyez* la *Grammaire.*)
Boubä, *v.*	Balayer, nettoyer une maison.
Boubarey, *adv.*	Beaucoup, considérablement.
Boubou, B. *s.*	Balai, instrument servant à nettoyer la chambre.
Bou dego, *adv.*	Unanimement.
Boudi, *v.*	Arracher, sortir les plantes de la terre, tirer hors de .
Bou diäke, *adv.*	Autrefois, premièrement.
Bou diéki, *adv.*	Tranquillement, avec tranquillité.
Boudioukaye, B. *s.*	Pépinière, lieu où l'on arrache de jeunes arbres.
Bougalä, *v.*	Condamner, rendre un jugement contre quelqu'un.
Bougalou, *v.*	Être indifférent, être de peu de conséquence, n'être pas utile.
Bougue, B. *s.*	Famine, misère publique.
Bou guenne bone, *adj.*	Pire, plus mauvais.
Bougou, *v.*	Ne pas vouloir.
Bouki, B. *s.*	Le loup, quadrupède carnassier.
Boukji, *v.*	Regarder fixement.
Bouley, *pron.*	Ce, cet, cette, celui-là, celle-là (proche).
Boume, G. *s.*	La corde, corps souple de chanvre, &c.
Boumi, B. *s.*	La seconde autorité d'un village.
Bou naikä fou naike, *adv.*	Universellement.
Bounte, B. *s.*	La porte.
Bour, B. *s.*	Le roi, le chef de l'état.
Bourralä, *v.*	Combler, remplir un vase par-dessus les bords.

Wolof.	*Français.*
Bouti, *v.*	Dépouiller le corps d'un animal, en ôter les entrailles, le vider.
Boutite, B. *s.*	Entrailles, intestins, boyaux.
Boutite ou gärre, B. *s.*	Boyau rectum.
Bou védy, *adv.*	Contradictoirement.
Bouy, B. *s.*	Fruit du baobab.
Bow, *v.*	N'entrer point, ne jamais rentrer chez soi.
Braye, B. *s.*	Kouskous granulé ; farine de mil réduite en petits grains.
By, *adv.*	Ici, ci. Il est aussi article. *(Voyez la Grammaire.)*

D

Daâ, D. *s.*	L'encre à écrire.
Daâba, D. *s.*	Le lion.
Dabä, *v.*	Se joindre, s'unir.
Daba, B. *s.*	Pioche, instrument aratoire.
Dabâtou, *v.*	Rejoindre, atteindre.
Dadhi, *v.*	Déclouer, arracher les clous, défaire ce qui était cloué.
Dadhiä, *v.*	Clouer, planter des clous, attacher quelque chose avec des clous. — Toucher quelque chose, atteindre avec la main, palper.
Dadhié, *v.*	Rencontrer, trouver une personne ou une chose dans son chemin.
Dadhiou, *v.*	Ne rien toucher, ne pouvoir atteindre.
Dadialé, *v.*	Assembler, mettre ensemble, accumuler, amasser, amonceler, réunir, accaparer.
Dadientä, *v.*	Avoir sommeil.

Wolof.	*Français.*
Dadiou, B. *s.*	Le marteau, instrument servant à frapper sur quelque chose.
Dafou, *v.*	Gagner, faire un gain, tirer un profit.
Dăgână, *v.*	Exiger, obliger à faire quelque chose.
Dăgană, *v.*	Implorer, supplier, demander avec humilité.
Dăgânekat, B. *s.*	Exigeant, celui qui exige que l'on fasse, que l'on agisse.
Dăgară, *v.*	Être dur, être condensé, avoir de la solidité, être roide, tendu, inflexible.
Dăgară bope, *adj.*	Rebelle, qui désobéit à son souverain, à son chef.
Dăgarală, *v.*	Roidir, tendre, rendre dur, condenser, serrer, presser.
Dăgaraye, B. *s.*	Roideur, tension, dureté, solidité, inflexibilité.
Dăgare, *adj.*	Roide, tendu, dur, solide, inflexible.
Dagnă, *v.*	Galoper, courir avec force.
Dăgne, V. *s.*	Lente, petit œuf dont naît le pou.
Dâgou, *v.*	Marcher avec fierté.
Dagou, *v.*	Marcher au pas, marcher uniformément.
Dăguă, *v.*	Démontrer, prouver quelque chose, convaincre, persuader.
Dagne, B. *s.*	Favori, celui qui tient le premier rang dans la faveur de quelqu'un.
Daigne, *adj.*	Petit, mince, menu.
Daigne ou jorom, B. *s.*	Saline, lieu d'où l'on tire le sel.
Daije, G. *s.*	La rivière, le fleuve, le ruisseau.
Daik, B. *s.*	Enclume, masse de fer sur laquelle on bat le fer.
Dailo, *v.*	Entr'ouvrir, ouvrir un peu.
Dainjelaime, B. *s.*	Le palais de la bouche.
Dainkané, *v.*	Confier à quelqu'un, communiquer.
Dainthiă, *v.*	Serrer, enfermer quelque chose.

Wolof.	*Français.*
Dainthioukaye, B. *s.*	Armoire, meuble de bois qui sert à mettre les hardes.
Dairre, B. *s.*	Peau, partie extérieure de l'animal qui couvre et enveloppe toutes les autres parties ; cuir.
Daissä, *v.*	Rester quelque chose, avoir quelque chose de reste.
Daissite, V. *s.*	Le reste, la dernière partie.
Dâjä, *v.*	Raccommoder, rétablir ce qui était cassé, usé.
Daje, B. *s.*	Beurre frais.
Dakandey, D. *s.*	La gomme arabique.
Dake, B. *s.*	Colle, matière gluante et tenace.
Dakjä, *v.*	Vaincre, dompter, subjuguer, terrasser, poursuivre.
Dakjä, *v.*	Congédier, renvoyer quelqu'un.
Dakjä, *v.*	Cluser, cluser la perdrix.
Dakjä, *v.*	Battre le fer.
Dakjä vaîte, *v.*	Désennuyer, divertir, chasser l'ennui. (Mot à mot, vaincre l'ennui.)
Dakjä nakjar, *v.*	Consoler. (Mot à mot, vaincre le chagrin.)
Dakjar, B. *s.*	Fruit du tamarinier.
Dakjar, D. *s.*	Tamarinier, arbre qui produit le tamarin.
Dakjekat, B. *s.*	Vainqueur, conquérant.
Dakjekat ou nakjar, B. *s.*	Consolateur, celui qui sait consoler.
Dalä, *v.*	Retomber à la même place, au même endroit.
Dalalä, *v.*	Apaiser, adoucir, calmer la colère.
Daldé, D. *s.*	Écarlate (étoffe de couleur rouge).
Dâle, *adv.*	Seulement, uniquement.
Dale, *s.*	Commençant, qui est encore aux premiers élémens d'une science, d'un art.
Dalégne, B. *s.*	Testicules.

Wolof.	*Français.*
Dallä, *v.*	Jucher, se percher sur un arbre. (Il se dit des oiseaux.)
Dalle, **v.** *s.*	Soulier, chaussure.
Dalo, *v.*	Mettre un habillement pour la première fois.
Dämä, *v.*	Briser, casser, rompre, mettre en pièces, fracturer.
Dämattä, *v.*	Rompre, casser, briser.
Dambe, **B.** *s.*	Magasin, grenier, lieu où l'on conserve les provisions.
Dambe ou ganaye.	Arsenal, magasin d'armes.
Dambé, *v.*	Doubler, mettre de la doublure à une étoffe.
Dambéatou, *v.*	Redoubler, doubler de nouveau.
Dämekat, **B.** *s.*	Briseur, celui qui brise, qui casse.
Dämite, **B.** *s.*	Morceau, fragment.
Damme, **D.** *s.*	Le sang, liqueur qui coule dans les veines de l'animal.
Damou, *v.*	Faire le pédant, être fat, orgueilleux.
Damou, *s.*	Jactance, vanterie, orgueil.
Damou, **D.** *s.*	Fanfaron, qui fait le brave, le vaillant, sans l'être.
Damoukat, **B.** *s.*	Pédant, fanfaron.
Dana, **B.** *s.*	Bon tireur, celui qui tire bien une arme à feu.
Dânä, *v.*	Fouetter, flageller, châtier, punir.
Dändälä, *v.*	Avancer, pousser en avant.
Dändou, *v.*	Reculer, aller en arrière.
Dandoussi, *v.*	S'avancer, venir avant.
Danélä, *v.*	Abattre, faire tomber par terre.
Danga, **B.** *s.*	Porte-feuille, étui servant à serrer les papiers précieux.
Dängälä, *v.*	Tortuer, rendre tortu; se tortuer.

Wolof.	*Français.*
Dăngôgne, Y. *s.*	Les pleurs, les larmes.
Dăngue, *adj.*	Tortu, qui n'est pas droit, qui est de travers.
Dănk, B. *s.*	La boule, le globe, la circonférence.
Dănke, D. *s.*	La laine des moutons, le poil des chameaux.
Dănngnar, D. *s.*	Venin, poison produit par certains animaux.
Dânou, *v.*	Tomber, se laisser tomber.
Dănou, B. *s.*	Tonnerre, bruit éclatant et terrible; la foudre.
Danou atou, *v.*	Retomber, tomber encore.
Daou, B. *s.*	L'an passé, l'année passée.
Dara, *adv.*	Rien, nullement, point du tout.
Daradhia, D. *s.*	La beauté, qualité qui rend les personnes ou les choses agréables à la vue; proportion dans les formes, &c.
Dâre, B. *s.*	Durillon, corps dur qui se forme aux pieds et aux mains.
Darră, *v.*	Presser quelque chose.
Dâssă, *v.*	Repasser, aiguiser un tranchant.
Dăstannă, *v.*	Fermer, barricader, serrer, presser, appuyer.
Dăstănou, *v.*	S'appuyer, s'étayer, se soutenir sur quelque chose.
Daură, *v.*	Commencer, donner commencement.
Daûră, *v.*	Frapper, donner un ou plusieurs coups.
Daurati, *v.*	Recommencer, commencer encore.
Daûrekat, B. *s.*	Frappeur, celui qui frappe.
Davi, *v.*	Mourir, être mort, quitter la vie.
Daw, *v.*	Courir, fuir pour se sauver du péril, marcher avec vitesse.
Daw, *v.*	S'échapper, se tirer, se sauver du danger, fuir.

Wolof.	*Français.*
Dawkat, B. *s.*	Celui qui se sauve, qui court.
Dâyä, *v.*	Défricher une terre, essarter.
Dayaye, B. *s.*	Kahouanne, espèce de tortue dont l'écaille s'emploie dans les ouvrages de marqueterie.
Daye, *adv.*	Autant, adverbe qui marque l'égalité.
Debou, *v.*	Se poignarder, se frapper, se blesser, se tuer avec un poignard.
Dédéte, *interj.*	Bagatelle! Point du tout! N'en crois rien! Non, non!
Dée, *v.*	Mourir, décéder.
Déekat, B. *s.*	Mourant, celui qui meurt.
Défä, *v.*	Agir, mettre, placer, faire, construire quelque chose, commettre, créer, former, produire, fabriquer, composer.
Défä diame.	Faire la paix, cesser de faire la guerre.
Défarä, *v.*	Restaurer, faire, établir.
Défarou, *v.*	Se préparer, se disposer.
Défati, *v.*	Refaire, faire encore, recommencer ce qu'on avait déjà fait.
Défatou, *v.*	Recomposer, composer une seconde fois, refaire, faire encore.
Défe tiono, *v.*	Peiner, donner de la peine à quelqu'un.
Défe tôgne, *v.*	Préjudicier, nuire, porter préjudice, faire tort, offenser.
Défé, *v.*	Croire avec incertitude, être incertain, douter. — Avoir besoin.
Défeti, *v.*	Ne pas faire.
Défey, *prép.*	Environ, à-peu-près.
Déffä, *v.*	Contenir, renfermer quelque chose.
Défine, B. *s.*	Défaut, manque de perfection.
Défou, *v.*	Ne pas faire.

L *

Wolof.	*Français.*
Dégaike, B. *s.*	Dents molaires.
Degăl, B. *s.*	Pédales du métier de tisserand.
Déglou, *v.*	Écouter, ouïr avec attention.
Dégloukat, B. *s.*	Écouteur, celui qui écoute.
Dégo, *v.*	Être d'accord, en harmonie, convenir de quelque chose.
Déguă, *v.*	Entendre, comprendre, concevoir.
Dégue, B. *s.*	Ruisseau, abreuvoir, lieu où l'on fait boire les troupeaux.
Dégué, *v.*	Avoir entendu.
Déguedégue, B. *s.*	Nouvelle, ce que l'on apprend de nouveau.
Dék, B. *s.*	Épine, pointe, piquant.
Dékală, *v.*	Ranimer, rendre la vie, soulager, ressusciter.
Déki, *v.*	Ressusciter, ramener de la mort à la vie.
Déllou, *v.*	Avorter, accoucher avant terme.
Délo, *v.*	Remettre, replacer, réintégrer, remener, rapporter, renvoyer.
Déloatou, *v.*	Renvoyer, envoyer une seconde fois.
Délo guenaou, *v.*	Reculer, tirer en arrière.
Déloti, *v.*	Retourner, aller une seconde fois.
Delou, *v.*	Aller encore.
Déloussi, *v.*	Revenir, venir une seconde fois.
Déloussiatou, *v.*	Revenir encore.
Démbe, *adv.*	Hier.
Démbéne, B. *s.*	La coque du cotonnier.
Déme, V. *s.*	Mulet, espèce de poisson fort commun sur les côtes de la Sénégambie.
Demmă, *v.*	Aller, s'en aller, partir d'un lieu.
Demmou, *v.*	Se soutenir la tête avec la main.
Denkatite, B. *s.*	Clou, petite pointe de fer.
Dé ou bounte, B. *s.*	Le seuil, le pas de la porte.

Wolof.	*Français.*
Dére, B. *s.*	Parquet, le pavé d'une chambre.
Dérou, *v.*	Se cramponner, s'attacher fortement à quelque chose.
Dérréte, D. *s.*	Sang des animaux.
Déssé, *adj.*	Stupide, hébêté, d'un esprit lourd et pesant.
Déssite, V. *s.*	Dépouille, butin, ce qu'on a remporté sur l'ennemi par la victoire.
Déte, *négat.*	Non, ne pas.
Deubã, *v.*	Lancer, darder, jeter de force avec la main.
Deuguã, *v.*	Fouler aux pieds quelque chose, marcher sur quelque chose.
Deugue, C. *s.*	La vérité.
Deugue, *adj.*	Réel, qui est véritable.
Deuk, B. *s.*	Pays, village, canton, province, ville.
Deukã, *v.*	Résider, demeurer, habiter, séjourner.
Denkalã, *v.*	Faire demeurer, faire rester.
Deukaley, *adj.*	Voisin, qui est proche, voisin de demeure.
Deuk bou ry, B. *s.*	Grand village.
Deuk ou bour, B. *s.*	Capitale, ville principale d'un état, d'une province.
Deulã, *v.*	Être épais, avoir de l'épaisseur.
Deumme, B. *s.*	Sorcier, celui qui fait des maléfices.
Deune, B. *s.*	Estomac, la partie de l'animal qui reçoit les alimens.
Deungualã, *v.*	Pencher, incliner, mettre quelque chose hors de son aplomb.
Deunke, B. *s.*	Pelote, espèce de boule que l'on forme en dévidant du fil ou du coton.
Deupã, *v.*	Renverser, jeter par terre, répandre, verser.
Deurãme, B. *s.*	Pièce de monnaie d'argent, de cuivre ou d'or; piastre de 5 liv., de 6 liv., &c.
Deurrã, *v.*	Bégayer, parler difficilement, prononcer avec peine.

Wolof.	*Français.*
Deurră, *v.*	Égrener, faire sortir les grains. (Il ne se dit que du coton.)
Deurre, V. *s.*	Coton égrené.
Déw, *v.*	Être calme, être tranquille, sans agitation.
Déwală, *v.*	Calmer, tranquilliser, rendre le calme, la tranquillité.
Dewanne, D. *s.*	L'année prochaine.
Déyă, *v.*	Être secret, prudent.
Déye, B. *s.*	Pouce, le plus gros doigt de la main et du pied.
Dhiă, *v.*	Semer, mettre les grains dans la terre.
Dhia, *art.*	Le, la (éloigné). (*Voyez* la *Grammaire.*)
Dhiaétedhiaéti, *v.*	Chanceler, être peu ferme sur ses pieds, pencher de côté et d'autre comme si on allait tomber.
Dhiâlă, *v.*	Avoir perdu une ou plusieurs dents.
Dhianâbe, D. *s.*	Le chat, animal domestique.
Dhianaje, D. *s.*	Souris, rat, quadrupède de l'ordre des rongeurs.
Dhiandhie, B. *s.*	Grange, lieu où l'on dépose les grains après la moisson.
Dhiâne, D. *s.*	Le serpent (reptile).
Dhiâne ou guéthie, B. *s.*	Anguille, poisson d'eau douce long et menu.
Dhiărre, D. *s.*	Le poivre (épicerie).
Dhiatou, *v.*	Appuyer ses poings sur les côtés.
Dhiba, D. *s.*	La poche.
Dhibală, *v.*	Sonner, remuer une clochette, faire sonner un métal.
Dhié, B. *s.*	Le front, l'os frontal.
Dhiédi, *v.*	Partir de grand matin.
Dhiégnă, *v.*	Accuser, rendre une plainte en justice.

Wolof.	Français.
Dhiégné, *v.*	Approcher d'un lieu, joindre, accoster.
Dhiégnekat, B. *s.*	Accusateur, celui ou celle qui accuse.
Dhiégnetală, *v.*	Contraindre, forcer, obliger quelqu'un par violence à faire quelque chose contre sa volonté.
Dhiégnetalekat, B. *s.*	Celui qui force, qui contraint.
Dhiéjă, *v.*	Achever, terminer quelque chose, finir.
Dhiélle, B. *s.*	La chute, l'action de tomber.
Dhiéndhiă, *v.*	Crêteler, se dit du cri de la poule quand elle a pondu.
Dhienguă, *v.*	Enchaîner, mettre aux fers.
Dhiengui, *v.*	Déchaîner, détacher de la chaîne.
Dhiépi, *v.*	Mépriser, avoir du mépris pour quelqu'un.
Dhiépikat, B. *s.*	Celui qui méprise.
Dhiéri, *v.*	Cribler, nettoyer les grains. — Faire faux feu. (Il se dit en parlant d'un fusil, lorsque l'amorce brûle et que le fusil ne tire pas.)
Dhiérikat, B. *s.*	Cribleur, celui ou celle qui nettoie les grains.
Dhiéry, B. *s.*	Campagne, plaine, continent, le pays des nègres.
Dhieup, *adv.*	Tout, entièrement, sans exception, sans réserve.
Dhiguéne, D. *s.*	La femme, la femelle.
Dhiguéne, B. *s.*	La sœur, celle qui est née du même père et de la même mère.
Dhijă, *v.*	Chercher ce qu'on a perdu.
Dhikat, B. *s.*	Semeur, celui qui sème.
Dhiko, D. *s.*	Caractère, manière d'être d'une personne.
Dhimby, D. *s.*	Tresse, tissu plat fait de petits cordons, fils, cheveux ou paille.

Wolof.	*Français.*
Dhînă, *v.*	Appeler, faire l'appel, nommer les personnes qui doivent se trouver à une réunion.
Dhiney, D. *s.*	Satan, démon, le diable.
Dhioli, *v.*	Parler, chanter à haute voix.
Dhiomal, D. *s.*	Phénomène.
Dhiongné, *v.*	Être rusé, être malin, fin, intriguer.
Dhionjop, B. *s.*	Crabe, crustacé à dix pattes.
Dhionkană, *v.*	Se tapir, se courber, se blottir.
Dhiop, *adv.*	Plusieurs, beaucoup, tout, entièrement.
Dhiore, G. *s.*	Lieux communs, latrines.
Dhiôre ou matte, M. *s.*	Huisserie.
Dhiorto, *v.*	Imaginer, inventer quelque chose.
Dhiortou, *v.*	S'imaginer, se représenter quelque chose dans l'esprit.
Dhiou, *art.*	Le, la (proche). *(Voyez* la *Grammaire.)*
Dhiou, B. *s.*	La semence, grains que l'on sème.
Dhioubă, *v.*	Être droit, perpendiculaire.
Dhioubanti, *v.*	Civiliser, rendre honnête et sociable, corriger.
Dhioube, V. *s.*	Huppe, mèche de cheveux, touffe, toupet.
Dhioublou, *v.*	Être en face, vis-à-vis, à l'opposite.
Dhioudou, *v.*	Naître, venir au monde.
Dhiougôte, B. *s.*	Espèce de cure-oreille.
Dhioulikaye, B. *s.*	Mosquée, le lieu où les Mahométans font la prière.
Dhioulite, B. *s.*	L'homme sage, l'homme vertueux.
Dhioulotou, *v.*	Faire la culbute, se culbuter.
Dhioume, B. *s.*	Faute, imperfection.
Dhiouney, *s.*	Mille, dix fois cent.
Dhiour, G. *s.*	Bien, richesse, fortune, marchandise.
Dhiour ou séye, B. *s.*	Dot du mariage.
Dhioură, *v.*	Engendrer, enfanter.

Wolof.	*Français.*
Dhiouralé, *v.*	Dénoncer quelqu'un, faire connaître ses torts.
Dhiouré, *v.*	Se battre, se frapper.
Dhiouroum, *s.*	Cinq, nom de nombre.
Dhiouroum bénne, *s.*	Six, nom de nombre.
Dhiouroum fouk, *s.*	Cinquante, nom de nombre.
Dhiouroum niatte, *s.*	Huit, nom de nombre.
Dhiouroumel ou tiér, *s.*	La cinquième partie.
Dhiouroumel, B. *s.*	Le cinquième, celui qui tient le cinquième rang.
Dhîte, D. *s.*	Le scorpion, insecte du genre des arachnides palmistes.
Dhitou, *v.*	Précéder, aller devant, marcher devant, aller le premier.
Dhiw, *v.*	Calomnier, dire du mal d'une personne, inventer des faussetés, blesser sa réputation.
Dhy, *art.*	Le, la (présent). (*Voyez* la *Grammaire.*)
Diâbä, *v.*	Trotter, aller au trot, courir.
Diâbalä, *v.*	Faire trotter un cheval.
Diabar, D. *s.*	Femme, épouse.
Diabar ou bour, B. *s.*	Reine, femme du roi.
Diadä, *v.*	Changer de route, se retourner.
Diaéatou, *v.*	Revendre, vendre encore, vendre de nouveau.
Diaée, *v.*	Vendre, aliéner pour un certain prix une chose qu'on possède.
Diaéekat, B. *s.*	Vendeur, marchand qui vend.
Diaéeoukaye, B. *s.*	Boutique.
Diafé, *v.*	Être rare, être difficile, être cher.
Diafélä, *v.*	Surfaire, demander plus qu'il ne faut d'une chose à vendre.

Wolof.	Français.
Diafé oul, *v.*	N'être pas rare, n'être pas cher, n'être pas difficile.
Diägăr, D. *s.*	Teigne, gale plate et sèche qui vient à la tête.
Diägärkat, B. *s.*	Teigneux, qui a la teigne.
Diagnă, *v.*	Enfoncer, pousser vers le fond.
Diaguă, *v.*	Être paré, être prêt.
Diaguelé, *v.*	Avoir ce que l'on cherche.
Diäguey, *prép.*	Proche de.
Diajă, *v.*	Se désespérer, se chagriner.
Diajană, *v.*	Se coucher sur le dos.
Diajarri, *v.*	Lire par cœur, réciter une leçon sans la voir.
Diajassé, *v.*	Remuer, agiter.
Diajassé, *adv.*	Pêle-mêle. (Il se dit de ce qui est mal en ordre, confusion, désordre.)
Diaje, *adj.*	Erreur, préjugé.
Diajelé, *v.*	Désespérer, perdre l'espérance, être surpris, étonné.
Diäkă, *v.*	Être le premier, agir le premier, avoir le premier.
Diaka, D. *s.*	Mosquée principale.
Diakar, D. *s.*	L'époux, le mari.
Diäke, *prép.*	Avant, auparavant.
Diälă, *v.*	Prendre, mettre en sa main, tenir.
Dială, *v.*	Traverser, passer une rivière.
Diâlă, *v.*	Entasser, ramasser en tas.
Dialam, v. *s.*	La flamme du feu.
Dialambâne, B. *s.*	Le bois d'ébène, bois d'un beau noir.
Dialăme, D. *s.*	Requin (poisson).
Dialame, B. *s.*	Fer travaillé servant à égrener le coton.
Dialé, *v.*	Prendre part à la douleur de quelqu'un.
Dialekat, B. *s.*	Celui qui traverse, qui passe.
Diällaje, B. *s.*	Pulpe, terme de botanique.

Wolof.	*Français.*
Dialo, *v.*	Vivre en concubinage.
Diălou, *v.*	Se lever trop matin.
Diămă, *v.*	Aller, envoyer.
Diamă, *v.*	Blesser, piquer. — Tuer ce que l'on a tiré.
Diamano, D. *s.*	Le temps, mesure de la durée des êtres.
Diamantou, *v.*	Apprendre, acquérir quelque connaissance.
Diamantouatou, *v.*	Rapprendre, apprendre de nouveau, apprendre encore.
Diamărre, D. *s.*	Capelet, enflure qui vient au train de derrière du cheval, à l'extrémité du jarret.
Diambală, *v.*	Avoir la petite vérole.
Diambără, *v.*	Être intrépide, courageux, valeureux, hardi, brave.
Diambătă, *v.*	Plaindre, prendre part à la douleur.
Diămbată, *v.*	Transplanter, planter des arbres, &c.
Diambe, B. *s.*	L'oiseau trompette, l'oiseau royal.
Diambour, *v.*	Être libre, être en liberté.
Diambour, *adj.*	Indépendant, qui ne dépend de personne, libre.
Diamdiam, B. *s.*	Piqûre, petite blessure.
Diame, D. *s.*	La paix, la tranquillité, la santé.
Diâme, B. *s.*	Esclave, captif.
Diamé, *v.*	Rivaliser, disputer de mérite.
Diamey, *adj.*	Rival, concurrent.
Diămõme, *s.*	Mot dont on se sert pour saluer le roi.
Diâmou, *v.*	Adorer, prier, rendre à Dieu le culte qui lui est dû.
Diâmoukat, B. *s.*	Adorateur, celui qui prie, qui rend à Dieu ce qu'il lui doit.
Dianassey, D. *s.*	Cimetière, lieu destiné à enterrer les morts.

Wolof.	Français.
Diăndă, *v.*	Acheter, acquérir.
Diandekat, B. *s.*	Acheteur, celui qui achète.
Dianéw, D. *s.*	L'autre monde.
Diangăr, B. *s.*	Celui qui a les dents de travers.
Diangaro, D. *s.*	Maladie, altération dans la santé.
Diangou, B. *s.*	L'école, lieu destiné à l'instruction des enfans ou à la prière.
Diănguă, *v.*	N'être pas droit, être tortu.
Diănguă, *v.*	Lire, prononcer mot à mot ce qui a été écrit.
Dianguatou, *v.*	Relire, lire une seconde fois.
Dianguekat, B. *s.*	Lecteur, celui qui lit.
Dianguére, B. *s.*	Seconde femme.
Diangui, *v.*	Aller à l'école.
Dianjarféte, B. *s.*	Dorade, poisson de mer qui a des écailles de couleur d'or.
Dianjaye, D. *s.*	Le dos, la partie de derrière de l'animal.
Dianke, B. *s.*	Colique, maladie qui cause des tranchées dans le ventre.
Diankelar, D. *s.*	Espèce de scorpion (insecte).
Diankjă, *v.*	Partir à midi, se mettre en chemin à midi.
Diănkje, B. *s.*	Jeune fille.
Diănte, B. *s.*	Soleil, corps lumineux, astre du jour.
Diaou, *v.*	Se chagriner, avoir du chagrin, se tourmenter.
Diaoudine, D. *s.*	Le maire du village.
Diâpă, *v.*	Soigner, traiter avec beaucoup de soin.
Diapă, *v.*	Attraper, prendre.
Diapantane, B. *s.*	Kératophyllon *ou* Kératophyte, plante qui croît dans la mer.
Diapatou, *v.*	Reprendre, retenir, prendre encore.

Wolof.	*Français.*
Diapébirä, *v.*	Concevoir. (Il se dit en parlant de la femelle des animaux.)
Diapekat, B. *s.*	Preneur, celui ou celle qui prend, qui tient.
Diapevére, B. *s.*	Éclipse de lune.
Diapou, B. *s.*	Le manche, la poignée.
Diarä, *v.*	Passer dans un chemin, marcher dans une rue, passer tranquillement la journée.
Diarä ak yéou, B. *s.*	Bonjour.
Diarab, D. *s.*	Verroterie, menue marchandise de verre, grains, bagues, &c.
Diaraguä, *v.*	Être à l'agonie, être sur le point de mourir.
Diarake, B. *s.*	Convalescent, qui sort de maladie.
Diare, B. *s.*	Passant, celui qui passe dans un chemin, dans une rue.
Diargogne, B. *s.*	Araignée.
Diaro, B. *s.*	Se dit de toute sorte de verroterie, de colliers, bagues ou pierres incrustées dans les métaux pour servir d'ornement.
Diaroubaram, B. *s.*	Anneau, bague, alliance.
Diarra, D. *s.*	Bracelet, ornement que les femmes portent aux bras.
Diärrä, *v.*	Valoir, être d'un certain prix.
Diarrou, *v.*	Se chauffer, se mettre auprès du feu.
Diartou, *v.*	Se peigner.
Diartou, B. *s.*	Peigne, instrument qui sert à démêler les cheveux.
Diassigue, D. *s.*	Le caïmän (gros reptile).
Diassirä, *v.*	Être stérile (en parlant de la femelle des animaux).
Diassire, *adj.*	Stérile.
Diassire, B. *s.*	Stérilité.
Diassy, D. *s.*	Le sabre.

Wolof.	*Français.*
Diata, D. *s.*	Culotte des nègres, espèce de caleçon.
Diatang, D. *s.*	Entrave dont se servent les nègres pour retenir leurs chevaux aux pâturages.
Diaty, D. *s.*	Terre labourée prête à recevoir la semence.
Diaurmothie, B. *s.*	Pustule, petite tumeur qui s'élève sur la peau.
Dibér, D. *s.*	Dimanche, le jour de repos chez les chrétiens.
Didhie, *adj.*	Gros.
Didiou, *v.*	Feindre, dissimuler.
Dié, B. *s.*	Le marché, le lieu où l'on achète, où l'on vend.
Diéalä, *v.*	User, se servir de quelque chose.
Diébalä, *v.*	Rendre, redonner, restituer.
Diébalä, *v.*	Livrer, mettre en possession, donner après une convention, affranchir, délivrer.
Diée, *v.*	Finir, user.
Diégnatou, *v.*	Repousser vigoureusement.
Diégo, B. *s.*	Pas, mouvement de l'homme, de l'animal qui met un pied devant l'autre pour marcher.
Diégue, B. *s.*	Femme mariée.
Diéguéatou, *v.*	Rapprocher, approcher de nouveau ou de plus près.
Diéguéaye, B. *s.*	Proximité, voisinage d'une chose à l'égard d'une autre.
Diégui, *v.*	Enjamber, étendre la jambe pour passer par-dessus ou au-delà de quelque chose.
Diéjalä, *v.*	User, consommer les choses dont on se sert.
Diékä, *v.*	Être bien fait.
Diékadi, *v.*	Être mal fait, mal constitué, avoir quelque difformité dans le corps.

Wolof.	*Français.*
Diéki, *v.*	Durer, en parlant des provisions. — S'asseoir, rester, rester tranquille, se tranquilliser.
Diélä, *v.*	Être myope, avoir la vue basse.
Diéline, B. *s.*	La prise de tabac.
Diélore, B. *s.*	Cravan, coquillage qui s'attache aux vaisseaux.
Diémantalä, *v.*	Professer, avouer publiquement, enseigner.
Diémantalekat, B. *s.*	Professeur, instituteur, celui qui enseigne.
Diémmä, *v.*	Entreprendre, prendre la résolution de faire quelque chose, essayer.
Diéne, V. *s.*	Poisson, animal qui naît et qui vit dans l'eau.
Diény, B. *s.*	Pilier, soutien, colonne, poteau, &c.
Diérigne, *adj.*	Utile, profitable, avantageux, nécessaire.
Diétaye, B. *s.*	La place, l'endroit.
Dieuf, D. *s.*	Action, tout ce que l'on fait.
Digalä, *v.*	Promettre, assurer quelque chose. — Conseiller, donner conseil.
Digäle, B. *s.*	La sonde, ce qui sert à sonder, à connaître la profondeur d'une rivière, &c.
Digale, B. *s.*	Promesse, assurance qu'on donne de bouche ou par écrit de faire ou de dire quelque chose.
Digalekat, B. *s.*	Donneur d'avis.
Digäntéy, *prép.*	Entre, au milieu, parmi.
Diglé, *v.*	Promettre, faire des promesses.
Diguä, *v.*	Couler au fond de l'eau, aller à fond, être submergé.
Digué, *v.*	Comploter, faire un complot, conspirer.
Digue, B. *s.*	Le milieu, le point qui est à égale distance des extrémités.
Digue beuthiek, B. *s.*	Midi, le milieu de la journée.

Wolof.	*Français.*
Digue keurre, B. *s.*	La cour de la maison.
Digue ou goudy, G. *s.*	Minuit, le milieu de la nuit.
Diguy, V. *s.*	Lune de février, le mois de février chez les nègres.
Dikă, *v.*	Venir d'un lieu, d'une ville, arriver.
Dikati, *v.*	Revenir, venir de nouveau.
Dimali, *v.*	Secourir, aider, assister, rendre service à quelqu'un.
Dimalikat, B. *s.*	Protecteur, celui qui protége, celui qui aide.
Dindi, *v.*	Oter, déplacer, enlever quelque chose.
Dinkă, *v.*	Confier, donner à garder quelque chose.
Dinke, V. *s.*	Planche, ais, morceau de bois scié en long.
Dinthiă, *v.*	Conserver, garder avec soin.
Dinthială, *v.*	Serrer quelque chose pour quelqu'un, garder, conserver, réserver.
Dinthiatou, *v.*	Desserrer, relâcher ce qui est serré.
Dinthiekat, B. *s.*	Le conservateur.
Dioée, *v.*	Pleurer, répandre des larmes.
Dioékat, B. *s.*	Pleureur, celui qui pleure.
Dioélo, *v.*	Alarmer, donner l'alarme, faire pleurer.
Diogală, *v.*	Déplacer, ôter.
Diognal, G. *s.*	Diadème, sorte de bandeau dont les rois de la Sénégambie se servent pour marquer la royauté.
Diojă, *v.*	Donner moyennant certaine indemnité.
Diojă doley, *v.*	Corroborer, donner de la force, fortifier.
Diojagnă, *v.*	Indiquer, montrer avec son doigt.
Diojatou, *v.*	Redonner, donner une seconde fois.
Diojekat, B. *s.*	Donneur, celui qui donne.
Diok, M. *s.*	Ce qui sert à hausser.
Diokă, *v.*	Se lever, se tenir debout.
Dioké, *v.*	Tricoter, passer des fils les uns dans les autres, faire un tricot, un filet.

Wolof.	*Français.*
Diokékat, B. *s.*	Tricoter, celui ou celle qui tricote.
Diokjarbi, *v.*	Mettre le poing, le doigt sur la figure de celui avec qui on se dispute.
Diola, B. *s.*	Peuple sauvage de la Gambie.
Diolä, *v.*	Bondir, faire des bonds.
Diololy, B. *s.*	Sonnette, petite cloche.
Diombässe, B. *s.*	Melon d'eau, pastèque.
Diompä, *v.*	Être plein, être rempli.
Diongoma, D. *s.*	Divinité fabuleuse, beauté parfaite, déesse.
Diortou, *adv.*	A-peu-près, environ.
Diotà, *v.*	Atteindre, attraper.
Diottä, *v.*	Racheter un esclave, racheter ce qui a été volé.
Diou, C. *s.*	Beurre, huile, graisse.
Dioubaye, B. *s.*	Perpendiculaire.
Dioube, *adj.*	Immobile, fixe.
Dioublou, G. *s.*	Régulier, exact, soigneux, vigilant.
Diouf.	Nom, titre que prend le roi de Sin ou Bahr.
Dioûke, B. *s.*	Pile, amas de plusieurs choses.
Diouländey, B. *s.*	Sud, le midi, la partie du monde opposée au nord.
Diouli, *v.*	Faire la prière.
Dioulitä, *v.*	Être circonspect, discret, sage, vertueux.
Diouly, G. *s.*	La prière.
Dioumä, *v.*	Se tromper, faire une faute.
Dioumtoukaye, B. *s.*	Ustensile, toute sorte de petits meubles servant au ménage.
Diourréf, D. *s.*	Matrice, la partie de la femelle où se fait la conception.
Dirä, *v.*	Viser, pointer avec le fusil, mirer.
Diri, *v.*	Traîner, tirer après soi.
Dirikat, B. *s.*	Traineur, celui qui traîne.

M

Wolof.	*Français.*
Diroukaye, B. *s.*	Le point de mire d'une arme à feu.
Dirrekat, B. *s.*	Pointeur, celui qui pointe une arme à feu.
Dissă, *v.*	Surcharger, charger excessivement, remplir.
Dissală, *v.*	Alourdir, rendre lourd, rendre pesant, donner du poids.
Dissaye, B. *s.*	Pesanteur, qualité de ce qui est pesant, poids.
Disse, *adj.*	Pesant.
Divatou, *v.*	Renduire, enduire de nouveau.
Dô, *v.*	Être quelque chose ; verbe d'existence.
Doé, *adv.*	Assez. On dit, *doé na*, j'ai assez ; *doé nga*, tu as assez, &c.
Doélou, *v.*	Avoir assez.
Doéna, *v.*	C'est assez.
Dof, *adj.*	Fou.
Dofă, *v.*	Être fou, avoir perdu l'esprit, être hébété.
Dofedoflou, *v.*	Extravaguer, penser et parler sans raison.
Dofelo, *v.*	Abasourdir, rendre bête, rendre fou.
Dogală, *v.*	Conclure, achever, terminer, estimer, évaluer.
Dogantey, B. *s.*	Séparation, division, coupure.
Dogată, *v.*	Découper, couper en petites parties, trancher, disséquer.
Dogatekat, B. *s.*	Découpeur, celui qui découpe, qui dissèque.
Dogatou, *v.*	Recouper, couper de nouveau, couper encore.
Doguă, *v.*	Couper, trancher, séparer par le moyen d'un tranchant.
Dogue, B. *s.*	Morceau, fragment.
Doguekat, B. *s.*	Coupeur, trancheur.

Wolof.	*Français.*
Dojä, *v.*	Marcher, s'avancer d'un lieu à un autre par le secours des pieds.
Dojanä, *v.*	Promener, mener çà et là pour divertir, courtiser.
Dojandéme, B. *s.*	Vagabond, errant, voyageur, celui qui voyage.
Dojanoukaye, B. *s.*	Promenade, lieu où l'on se promène.
Dojatä, *v.*	Faire des vents par le bas, péter.
Dojatekat, B. *s.*	Péteur, celui qui pète.
Dojé véte, *v.*	Marcher de travers, aller de côté.
Dojine, V. *s.*	Allure, démarche, manière de marcher.
Dokje, B. *s.*	Occiput, chignon.
Doley, D. *s.*	La force, la vigueur.
Doli, *v.*	Accroître, augmenter, devenir plus grand, ajouter.
Doliaye, B. *s.*	Accroissement, augmentation.
Dolikou, *v.*	S'augmenter.
Dolinnka, B. *s.*	Hameçon, petit crochet qui sert à prendre le poisson.
Dome, B. *s.*	La clef.
Dôme, D. *s.*	Enfant, garçon, fils, fille.
Dôme ou dialo, D. *s.*	Enfant naturel, qui n'est point selon la loi.
Dôme ou fässe, V. *s.*	Poulain, cheval nouveau né.
Dôme ou garap, C. *s.*	Fruit, production des végétaux.
Dôme ou nadiaé, D. *s.*	Cousin, cousine, enfant de l'oncle ou de la tante.
Dôme ou tâle, B. *s.*	La cendre du feu, ce qui reste après la combustion du bois.
Dôme ou yône yalla, B. *s.*	Enfant légitime, enfant né de parens liés selon la loi.
Domedomate, *adj.*	Descendant, postérité.
Dompä, *v.*	Pincer, serrer la superficie de la peau.

M *

Wolof.	*Français.*
Dômiaram, B. *s.*	Enfant inconnu.
Donă, *v.*	Hériter, recueillir une succession.
Dondhie, V. *s.*	Glébe, motte de terre.
Dongue, G. *s.*	Tremblement du corps.
Donguekat, B. *s.*	Trembleur, celui qui tremble.
Dono, G. *s.*	Héritier, celui ou celle qui doit avoir part à la succession d'une personne.
Doôl, B. *s.*	Malheur, accident funeste.
Doôme, B. *s.*	Poudre à tirer, poudre de chasse.
Dôome, B. *s.*	Craie blanche, espèce de carbonate de chaux.
Dôop, G. *s.*	Figuier (arbre).
Doratou, *v.*	Renouveler, rendre nouveau, recommencer.
Dore, V. *s.*	Goëland (oiseau).
Dothie, V. *s.*	Pierre, corps dur, caillou.
Dothie ou dănou, V. *s.*	La foudre; mot à mot, la pierre du tonnerre.
Dotou, *v.*	Engager, mettre quelque chose en gage.
Dou, *v.*	N'être pas.
Dou dikă, *v.*	Ne pas venir, ne pas arriver.
Doufă, *v.*	Être gras, avoir beaucoup de graisse.
Doufalatou, *v.*	Rengraisser, redevenir gras, engraisser de nouveau.
Doûfe, *adj.*	Gras, qui a beaucoup de graisse.
Dougală, *v.*	Mettre.
Dougoup, D. *s.*	Mil, graine céréale.
Douguă, *v.*	Embarquer, mettre dans le navire, rentrer.
Douguekat, B. *s.*	Embarqueur, celui qui embarque.
Doulă, *v.*	Chier, se décharger le ventre des gros excrémens.
Doulleu, *interj.*	Pouf; mot dont on se sert pour exprimer le bruit sourd que fait un corps en tombant.

Wolof.	*Français.*
Doumä, *v.*	Fouetter, flageller, châtier, punir.
Doumakat, B. *s.*	Fouetteur, celui qui fouette, qui châtie, qui punit.
Doumakaye, B. *s.*	Le lieu où l'on fouette.
Doumate, B. *s.*	Appât de l'hameçon.
Doumdoume, B. *s.*	Poisson piquant, mâchoiran.
Doundä, *v.*	Vivre, jouir de la vie, exister.
Doundalä, *v.*	Nourrir, servir des alimens, élever, allaiter.
Doundalekat, B. *s.*	Nourrice, femme qui allaite un enfant qui n'est pas le sien.
Doundandó, *adj.*	Contemporain, qui est de même temps.
Dounde, B. *s.*	Nourriture, généralement tout ce qui peut servir d'aliment aux hommes et aux animaux ; provision, subsistance.
Doungue, V. *s.*	La plume qui couvre la peau des oiseaux.
Dounne, B. *s.*	Ile, portion de terre entourée par les eaux.
Dourä, *v.*	Envelopper, mettre dans une enveloppe.
Doure, B. *s.*	L'enveloppe, ce qui sert à envelopper.
Dourckat, B. *s.*	Celui ou celle qui enveloppe.
Doûsse, V. *s.*	Les flots, les vagues de la mer.
Douyä, *v.*	Puiser, prendre de l'eau avec un vaisseau dans une rivière, dans une fontaine, &c.
Dy, *prép.*	De. (Il se place avant l'infinitif du verbe.)

E

Ebi, *v.*	Décharger, ôter la charge.
Elimane, D. *s.*	Chef de la religion chez les Mahométans.
Ellä, *v.*	Falloir, être de nécessité, de devoir, de bienséance.
Enar, B. *s.*	Cors des pieds, durillon, ognon.
Enâte, B. *s.*	Les aines des animaux.

Wolof.	*Français.*
Ene, B. *s.*	Sourcil, le poil qui est en manière d'arc au-dessus de l'œil.
Erre, G. *s.*	Pêcherie, le lieu où l'on pêche.
Etite, B. *s.*	Copeau, éclat, morceau de bois tombé sous la hache.
Eugnä, *v.*	Trousser, replier, relever ce qui pend.
Eugnou, *v.*	Se trousser, relever ses habillemens.
Euke, G. *s.*	Bûche, morceau de bois que l'on met dans le feu.
Euleuk, *adv.*	Demain.
Eumbä, *v.*	Envelopper, faire un paquet, mettre une enveloppe à quelque chose, ensevelir.
Eunde, B. *s.*	Pot, espèce de vase, ustensile de ménage.
Eunde ou saw, B. *s.*	Pot de nuit, pot de chambre.
Eupalä, *v.*	Abuser de quelque chose, tromper, user mal, user autrement qu'on ne doit.
Eupale, G. *s.*	Abus.
Eupe, *adv.*	Davantage, plus.
Eurä, *v.*	Avoir la lèpre.
Eure, B. *s.*	Lèpre (maladie).
Eure, V. *s.*	Mouche du genre syrphe, moucheron.
Eurekat, B. *s.*	Lépreux.
Euroumbäte, V. *s.*	Dartre (maladie cutanée).
Eute, B. *s.*	La cour, la cour de la maison.
Euthiä, *v.*	Filer, filer du coton, de la laine, faire du fil.
Euthiekat, B. *s.*	Fileur, fileuse, celui ou celle qui file.

F

Wolof.	Français.
Fa, *prép.*	Dans, à, dans la maison.
Fabă, *v.*	Enlever, prendre, débarrasser quelque chose.
Fadă, *v.*	Assassiner, tuer, ôter la vie à quelqu'un.
Fadhiă, *v.*	Traiter une maladie, guérir.
Fadhiână, *v.*	Guérir quelqu'un, exercer la médecine, la chirurgie.
Fadiar, D. *s.*	Point du jour.
Fadhiou, *v.*	Panser, lever l'appareil d'une plaie, y appliquer les choses nécessaires.
Făkă, *v.*	Oublier une personne, ne plus se la rappeler.
Fadhiekat, B. *s.*	Chirurgien, celui qui exerce la chirurgie, qui guérit les malades.
Faigarră, *v.*	Caler, caler quelque chose pour l'empêcher de tomber.
Faignă, *v.*	Paraître, découvrir, trouver, connaître, mettre en évidence.
Faignală, *v.*	Résoudre, décider une difficulté, une question; donner une solution.
Faignală, *v.*	Découvrir ce qui était caché, faire connaître un pays, trouver, inventer.
Faignatou, *v.*	Reparaître, paraître de nouveau, découvrir de nouveau.
Faiguă, *v.*	Amonceler, ramasser, réunir.
Faijală, *v.*	Rafraîchir quelqu'un, quelque chose.
Faijé, *v.*	Préparer, assaisonner, arranger, créer, faire.
Faijelou, *v.*	Se rafraîchir, prendre le frais.

Wolof.	*Français.*
Faikă, *v.*	Trouver, rencontrer quelqu'un ou quelque chose.
Fainaine, *adv.*	Autre part, ailleurs.
Fainkă, *v.*	Se dit du lever du soleil.
Fainnkjo, *v.*	Aborder. (Il se dit des bateaux qui se choquent en naviguant.)
Fainnkjo, B. *s.*	L'abordage, le choc.
Fairangulou, *v.*	Croiser les jambes.
Fairre, G. *s.*	Jusant, reflux de la marée.
Faissă, *v.*	Écorcher, dépouiller l'animal de sa peau.
Faissă, *v.*	Être plein, être rempli.
Faissală, *v.*	Combler.
Faissaye, B. *s.*	Remplissage, action de remplir.
Faisse, *adj.*	Plein, rempli.
Faissekat, B. *s.*	Écorcheur, celui qui écorche les animaux.
Faissoul, *v.*	N'être pas plein.
Faital, G. *s.*	Le fusil, arme à feu.
Faite, G. *s.*	Dard, flèche. — Fil de fer.
Faité, *v.*	Situer, placer, poser d'un certain endroit.
Faithi, *v.*	Dénouer, défaire un nœud.
Faithiă, *v.*	Danser, sauter en cadence, exécuter des danses.
Faithiekat, B. *s.*	Danseur, celui ou celle qui danse.
Faithikou, *v.*	Se dénouer, se défaire, en parlant d'un nœud.
Faitô, *v.*	C'est-à-dire.
Faiyă, *v.*	Nager, se soutenir sur l'eau par un certain mouvement du corps.
Faiyekat, B. *s.*	Nageur, celui qui sait nager.
Faja, D. *s.*	Trente moules (mesure de capacité ; environ trente litres).

Wolof.	*Français.*
Făkatalou, *v.*	Choquer, heurter du pied contre quelque chose.
Făkou, *v.*	Éviter, prendre garde, faire attention, fuir ce qui déplaît.
Falarey, D. *s.*	Croupe, les hanches et le haut des fesses de certains animaux, principalement du cheval.
Fâle, *adj.*	Nom, titre que prend le damel de Cayor.
Falé, *v.*	Écouter, faire attention à une personne qui parle.
Faley, *adv.*	Là, dans cet endroit.
Fănăge, G. *s.*	Bois pourri.
Fănână, *v.*	Se coucher dans une maison.
Fănânal ak diame, *v.*	Couche-toi avec paix ; mot à mot, rafraîchis-toi avec la paix.
Fanever, *s.*	Trente, nom de nombre.
Fănndé, *v.*	Se coucher sans souper.
Fănne, B. *s.*	Le jour, le temps que le soleil est sur notre horizon.
Fanne, *adv.*	D'où, de quel lieu.
Fără, *v.*	Effacer, biffer, raturer.
Fàră, *v.*	Être épais, avoir de la consistance, de l'épaisseur.
Fară, *v.*	Soutenir, protéger, accorder protection, secourir.
Farajâne, V. *s.*	Brise, vent de nord, vent frais.
Făral, *adv.*	Souvent.
Faraley, B. *s.*	Partisan, qui est attaché au parti de quelqu'un.
Farapôte, B. *s.*	Concierge, celui ou celle qui a la garde d'une porte.
Fare, V. *s.*	Amoureux, amant. (En wolof il ne s'emploie qu'au masculin.)

Wolof.	*Français.*
Fâre, V. *s.*	Les côtes des animaux.
Fâre, B. *s.*	Consistance.
Farfarlé, *v.*	Enhardir, encourager, rendre hardi, exciter.
Farimboyo, B. *s.*	Moustique de la plus petite espèce.
Färlou, *v.*	Faire attention, s'appliquer, avoir du zèle.
Fary, V. *s.*	Empereur, souverain, le chef d'un empire.
Fassalé, *v.*	Démêler, séparer les choses qui sont mêlées ensemble.
Fässe, V. *s.*	Le cheval (quadrupède).
Fassé, *v.*	Divorcer, abandonner sa femme pour en prendre une autre.
Fâtă, *v.*	Battre la crème pour faire du beurre.
Fată, *v.*	Mettre en sûreté, serrer, conserver.
Fatalikou, *v.*	Se souvenir, avoir mémoire de.
Fatalikouatou, *v.*	Se ressouvenir encore (idée que l'on conserve ou que l'on se rappelle d'une chose passée).
Fatanjalou, *v.*	Agiter, mouvoir, ébranler.
Fatargni, *v.*	Révolter, ôter avec violence, retirer.
Fatargnikou, *v.*	Se révolter, regimber, s'ôter avec violence des mains de quelqu'un.
Fäte, B. *s.*	Digue, amas de terre, de pierre, de bois, &c., pour servir de rempart contre l'eau.
Faté, *v.*	Oublier, ne pas se souvenir.
Fatfatlou, *v.*	Remuer la tête.
Fathiă, *v.*	Être nécessaire, utile, indispensable, de nécessité.
Fatou, *v.*	Se mettre en sûreté.
Fättă, *v.*	Aveugler, jeter du sable, de la poussière &c. dans les yeux de quelqu'un.
Fawaïe, B. *s.*	Muscles intérieurs du ventre.

Wolof.	*Français.*
Fäya, *v.*	Éteindre, arrêter la combustion.
Fayă, *v.*	Payer, acquitter, s'acquitter, payer ses dettes.
Fäyalä, *v.*	Défrayer, payer la dépense de quelqu'un.
Fayekat, B. *s.*	Payeur, celui qui paie.
Fäyou, *v.*	Percevoir, recevoir par les sens l'impression du danger.
Fayou, *v.*	Venger, tirer satisfaction de quelque injure.
Fayoukat, B. *s.*	Vengeur, celui qui punit, qui venge.
Fébre, B. *s.*	La fièvre (maladie).
Féinthie, V. *s.*	Assemblée, conseil, réunion.
Félle, V. *s.*	Puce (insecte).
Félou, *v.*	Éviter, fuir une chose nuisible ou désagréable.
Fénne, *adv.*	Nulle part, dans aucun endroit.
Fépe, V. *s.*	Grain de mil.
Féralä, *v.*	Sevrer un enfant, le tirer de nourrice, ne vouloir pas qu'il tette.
Féralé, *v.*	Arranger, mettre dans l'ordre convenable.
Féranjal, B. *s.*	Crochet, petit croc.
Férgneinte, V. *s.*	Étincelle, petite parcelle de feu, bluette.
Fétă, *v.*	Avoir des yeux. — Sauter (en parlant des pepins qu'on fait griller).
Féttä, *v.*	Ne vouloir pas, refuser.
Feuguä, *v.*	Secouer, remuer quelque chose fortement, ébranler.
Feurä, *v.*	Carder, préparer le coton, la laine, &c.
Filey, *adv.*	Ici, en ce lieu-ci, dans ce lieu-ci.
Finaguä, *v.*	Penser, réfléchir.
Fink ou diänte, B. *s.*	Le lever du soleil.
Fintä, *v.*	Inciser, faire une incision.

Wolof.	*Français.*
Firă, *v.*	Être jaloux, avoir de la jalousie.
Firaône, *s.*	Pharaon, nom d'homme.
Fire, G. *s.*	Piége, attrapoire, souriciére, &c.
Firekat, B. *s.*	Jaloux, qui a de la jalousie.
Firi, *v.*	Déployer les ailes. — Prêcher, haranguer, parler publiquement.
Firoubouki, B. *s.*	Salsepareille (plante).
Firre, G. *s.*	Ficelle, petite corde.
Firri, *v.*	Éplucher, nettoyer, racler, préparer certaines choses.
Fithie, Y. *s.*	Pustule, petite tumeur inflammatoire.
Fitou, B. *s.*	Berlue, éblouissement passager.
Fitte, V. *s.*	Ame, souffle, principe de la vie chez les hommes.
Foăntou, *v.*	Plaisanter, badiner, jouer, s'amuser.
Foki, *v.*	Enfler, grossir, augmenter.
Fokji, *v.*	Se découvrir la tête, ôter son chapeau, son bonnet.
Folli, *v.*	Destituer, déposer, priver quelqu'un d'une charge, d'un emploi; détrôner, disgracier.
Fôlo, *v.*	Amuser quelqu'un, jouer avec un enfant.
Fompă, *v.*	Nettoyer, rendre net, emporter tout ce qui est dans un lieu.
Fompă gome, *v.*	Déterger, nettoyer une plaie.
Fônă, *v.*	Sentir, embrasser, baiser, appliquer sa bouche sur le visage de quelqu'un.
Fonde, *adj.*	Labourable, propre à être labouré, cultivé.
Fônekat, B. *s.*	Celui qui se plaît à baiser, à donner des baisers, baiseur.
Foră, *v.*	Ramasser, rassembler, faire un assemblage, une collection.
Foraje, G. *s.*	Aigre, acide.

Wolof.	*Français.*
Foraje, *adj.*	Vif.
Foriey, B. *s.*	Savant, qui sait beaucoup.
Fotă, *v.*	Étouffer, suffoquer, faire perdre la respiration.
Fôtă, *v.*	Laver, nettoyer le linge sale, lessiver, faire la lessive, blanchir le linge.
Fôtatou, *v.*	Relaver, laver de nouveau, laver encore.
Fôtekat, B. *s.*	Laveur, laveuse, celui ou celle qui lave.
Fothi, *s.*	Se dit de l'épi des graminées lorsqu'il est entièrement sorti de son enveloppe.
Fou, fo, *adv.*	Où, dans quel endroit, dans quel lieu.
Foudou, *v.*	S'étendre, s'alonger, s'agrandir.
Fouk, *s.*	Dix, nom de nombre.
Fouk ak niare, *s.*	Douze, nom de nombre.
Foukel, *s.*	Le dixième, nom de nombre; celui qui tient le dixième ordre.
Foukjalé, *v.*	Être gourmand, être avide.
Founaike, *adv.*	Par-tout, dans chaque endroit.
Fouri, *v.*	Déteindre, perdre la couleur.
Foută, *v.*	Être nu, n'avoir pas d'habillement.
Fow, *v.*	S'amuser, jouer, folâtrer, badiner.
Frastou, B. *s.*	Bouteille.
Frôssă, *v.*	Balayer, ôter les ordures d'un lieu avec le balai, nettoyer la chambre.
Frôssekat, B. *s.*	Balayeur.

G

Gabassă, *v.*	Être méchant, peu endurant, avoir l'humeur triste.
Gâbou, G. *s.*	Noyau, amande.
Gadâmă, *v.*	Être hydropique, avoir l'hydropisie.

Wolof.	*Français.*
Gadâme, G. *s.*	Hydropisie, maladie causée par un amas d'eau.
Gadame, G. *s.*	La rate, viscère de l'animal.
Gadayă, *v.*	Abandonner le lieu où l'on était pour s'en aller dans un autre.
Gadayou, *v.*	S'expatrier.
Gade, G. *s.*	Chaumière, case, hutte.
Gädhiă, *v.*	Fendre.
Gadou, *v.*	Porter sur l'épaule, enlever quelque chose.
Gadoukat, B. *s.*	Chargeur, qui charge.
Gaéte, B. *s.*	Perche, chevron, petite poutre.
Gafaka, G. *s.*	Sac, musette de cheval.
Gâffe, G. *s.*	Mauvaise famille, famille qui jouit d'une mauvaise réputation.
Gagandey, B. *s.*	Malheur, accident.
Gagna, *s.*	Messieurs (éloigné).
Gägnă, *v.*	Faire la moue, faire des grimaces.
Gagni, *s.*	Messieurs (présent).
Gagnou, *s.*	Messieurs (proche).
Gaidă, *v.*	Bouder, murmurer.
Gaidekat, B. *s.*	Boudeur, têtu.
Gaignă, *v.*	Jurer, prendre Dieu à témoin.
Gaïssou, *v.*	Regarder en arrière.
Gakală, *v.*	Tacher, souiller, salir, faire une tache.
Gake, B. *s.*	Tache, souillure.
Galajendikou, *v.*	Se rincer la bouche, se gargariser.
Galle, G. *s.*	Bâtiment, navire, bateau, barque.
Gämbe, B. *s.*	Gourde, courge séchée et vidée qui sert de bouteille.
Gamou, G. *s.*	Mars, la lune de mars, le troisième des mois de l'année.
Gâna, G. *s.*	Celui qui a perdu l'usage d'un bras, manchot.

Wolof.	*Français.*
Ganaou, *adv.*	Après, ensuite. (Il est aussi préposition.)
Ganaoulola, *adv.*	Dorénavant, dans la suite.
Ganaye, G. *s.*	Arme, instrument qui sert à attaquer ou à se défendre.
Ganayou, *v.*	S'armer, se munir d'armes.
Gane, G. *s.*	Étranger, aubain.
Gäniäjou, *v.*	Faire des grimaces.
Ganndérä, *v.*	Abandonner, quitter son devoir pour faire ce qu'on ne doit pas faire.
Ganne, *pron.*	Lequel, laquelle.
Ganthiägne, G. *s.*	Colonne vertébrale, l'épine du dos.
Gantou, *v.*	Refuser.
Gao, G. *s.*	Samedi, le dernier jour de la semaine.
Gârä, *v.*	Raccommoder.
Garap, G. *s.*	Arbre, herbe, plante, végétal.
Garapou tandarma, G. *s.*	Dattier, palmier qui porte les dattes.
Garapou vouténe, V. *s.*	Cotonnier (arbrisseau).
Garbo, B. *s.*	Catin, femme de mauvaise vie, femme publique.
Gârekät, B. *s.*	Raccommodeur.
Garre, B. *s.*	Mélange de bouillie et de poisson.
Gasba, B. *s.*	Tabatière.
Gassä, *v.*	Faire un trou, creuser.
Gässaje, V. *s.*	Ver, petit insecte long et rampant, qui n'a ni os ni vertèbres.
Gässäm-gässamä, *v.*	Secouer continuellement.
Gassé, *v.*	Parier, faire un pari.
Gassekat, B. *s.*	Fossoyeur, creuseur, celui qui creuse.
Gatä, *v.*	Être court.
Gate, *adj.*	Court.
Gatelo, *v.*	Raccourcir, rendre plus court, abréger.
Gatelo, G. *s.*	Raccourcissement, abréviation.

Wolof.	*Français.*
Gatetanke, *adj.*	Stable, qui est dans un état, dans une situation ferme.
Gathie, G. *s.*	La charge de l'âne.
Gathiéy, G. *s.*	La honte.
Găttă, *v.*	Cueillir, détacher des fruits de leurs branches.
Gatte, G. *s.*	Cu, le derrière, les fesses et le fondement.
Gaume, B. *s.*	Plaie, blessure, ulcère.
Gaw, *adj.*	Vîte.
Gaw, *v.*	Aller vite, se sauver, courir.
Gawăntou, *v.*	Se presser, se hâter, accélérer.
Gawantou, *v.*	Gober, manger avidement.
Gaware, G. *s.*	Cavalier, homme à cheval.
Gawaye, B. *s.*	Rapidité, célérité, vîtesse.
Gayendey, G. *s.*	Le lion.
Gnaguă, *v.*	Entourer, environner, ceindre.
Gnăje, M. *s.*	Paille, herbe, foin, fourrage.
Gname, V. *s.*	Le manger.
Gnara, B. *s.*	Madame. (Mot dérivé du portugais.)
Gnăramtălă, *v.*	Châtouiller.
Gnăramtăle, B. *s.*	Châtouillement, action de châtouiller.
Gnargo, *v.*	Chiffonner, froisser.
Gnassajetikou, *v.*	Renifler, retirer, en respirant un peu fort, l'humeur qui remplit les narines.
Gnassajetikoukat, B. *s.*	Renifleur, celui ou celle qui renifle.
Gnassală, *v.*	Amatir, arracher le poil, les cheveux, dépolir.
Gnawaye, B. *s.*	Tranchant, le taillant d'un couteau, d'une hache.
Gnénaine, *adj.*	Autres.
Gnéye, V. *s.*	Éléphant.
Gnimantou, *v.*	Grignoter.
Gnodi, *v.*	Gagner, faire un bénéfice.

Wolof.	*Français.*
Gnome, *pron.*	Eux, elles.
Gnomé, *v.*	Avoir la hardiesse, le courage, la valeur.
Gnomékat, B. *s.*	Hardi, courageux, valeureux, vaillant, fort.
Gnoméy, B. *s.*	La hardiesse, le courage, l'assurance, la valeur, la vaillance, la force.
Gnope, *adj.*	Tout.
Gnori, *v.*	Dépouiller, ôter les habillemens à une personne, la découvrir.
Gnoubi, *v.*	Aller chez soi.
Gôbă, *v.*	Moissonner, faucher.
Gobar, B. *s.*	Le poignard, espéce de couteau.
Gôbatou, *v.*	Recueillir, amasser une seconde fois la moisson.
Gôbekat, B. *s.*	Moissonneur.
Gok, B. *s.*	Bride du cheval.
Gokji, *v.*	Ravaler, retirer en dedans du gosier.
Golaje, G. *s.*	Singe.
Gôle, B. *s.*	Cheval de médiocre valeur et de petite taille, mauvais cheval.
Gonakey, G. *s.*	Acacia (arbre épineux du Sénégal).
Gonală, *v.*	Se rafraîchir, prendre le frais le soir.
Gontă, *v.*	Partir à trois heures, se mettre en route à trois heures.
Gope, G. *s.*	Nord, septentrion (la partie du monde opposée au midi).
Gope, B. *s.*	Manche de la bêche, de la hache, &c.
Gôre, G. *s.*	L'homme, le mâle.
Gôre, *adj.*	Viril, qui convient à l'homme.
Goro, B. *s.*	Beau-père, belle-mère.
Gorră, *v.*	Abattre, mettre à bas, renverser par terre, faire tomber.
Gorre, *adj.*	Honnête, vertueux, conforme à l'honneur, à la vertu.

N

Wolof.	*Français.*
Gorré, *v.*	Être honnête.
Goú, *art.*	Le, la (proche). *(Voyez* la *Grammaire.)*
Goubă, *v.*	Faucher, couper avec la faulx.
Gouboukaye, B. *s.*	Pré, lieu où l'on coupe le foin.
Goudă, *v.*	Être grand, être d'une taille élevée.
Goudală, *v.*	Alonger, rendre plus long.
Goudaye, B. *s.*	Longueur, étendue d'une chose.
Goudé, *v.*	Arriver, venir après l'heure indiquée.
Goude, *adj.*	Long.
Goudy, G. *s.*	La nuit.
Goumba, G. *s.*	Aveugle, qui a perdu l'organe de la vue.
Goumbalo, *v.*	Aveugler, rendre aveugle.
Gouney, G. *s.*	Enfant, garçon.
Goungué, *v.*	Accompagner, aller de compagnie avec quelqu'un.
Goungué, M. *s.*	Conduite, action de conduire.
Gounguékat, B. *s.*	Conducteur, celui qui conduit.
Gounour, B. *s.*	Insecte de la famille des scarabées.
Gourgouri, *v.*	Roucouler. (Il ne se dit que des pigeons.)
Goute, B. *s.*	Cruche.
Gouy, G. *s.*	Baobab (arbre du Sénégal).
Gua, *art.*	Le, la (éloigné). *(Voyez* la *Grammaire.)*
Guălă, *v.*	Baver, jeter de la bave.
Guănâre, G. *s.*	Poule, poulet.
Guangue, G. *s.*	Espèce de figue.
Guărape, G. *s.*	Remède, tisane.
Guătaje, G. *s.*	Chaume des graminées.
Guédhie, V. *s.*	Poisson sec.
Guédiame, G. *s.*	La canne à sucre, la canne roseau.
Guéentă, *v.*	Rêver, faire des songes.
Guéentekat, B. *s.*	Rêveur, qui rêve, qui s'entretient de *ses* imaginations.
Guégare, B. *s.*	La teigne.

Wolof.	*Français.*
Guéléme, G. *s.*	Le chameau, le dromadaire.
Guélevar, B. *s.*	Noble, celui qui, par sa naissance ou par une concession du souverain, est d'un rang au-dessus des autres citoyens.
Guemã, *v.*	Croire.
Guemelo, *v.*	Persuader, faire croire.
Guémigne, G. *s.*	La bouche, le bec, la gueule des animaux.
Guemontou, *v.*	S'endormir, commencer à dormir.
Guenale, *adj.*	Préférable, meilleur.
Guenalé, *v.*	Améliorer, rendre meilleur, perfectionner, favoriser, traiter favorablement.
Guenalékat, B. *s.*	Celui qui aime à favoriser, celui qui favorise.
Guenao, G. *s.*	Le dos.
Guenaon, *adj.*	Hors, après, outre, excepté.
Guénati, *v.*	Ressortir, sortir après être entré ou sortir une seconde fois.
Guénde, G. *s.*	Clavicule (os).
Guéne, B. *s.*	La queue des animaux.
Guené, *adj.*	Médiocre, qui est entre le bon et le mauvais.
Guênebeutou, *v.*	Regarder de travers.
Gueneu, G. *s.*	Mortier, espèce de vase dont on se sert pour piler certaines choses.
Guénnã, *v.*	Sortir.
Guennã, *v.*	Être meilleur.
Guenne, *adj.*	Supérieur, qui est au-dessus et fort élevé.
Guénne, *art.*	Un, une.
Guénné, *v.*	Renvoyer, faire en sorte qu'une personne aille ou qu'une chose soit portée dans un lieu, chasser.
Guennélou, *v.*	Faire sortir.
Guennesorey, *prép.*	Au-delà, plus loin que.
Guénnewal, G. *s.*	Un demi, une demie, une moitié.

Wolof.	*Français.*
Guepărou, *v.*	S'asseoir par terre.
Guerămă, *v.*	Remercier, rendre grâces.
Guérap, G. *s.*	Arbre.
Guertey, G. *s.*	Pistache (arachis).
Guétană, *v.*	Ennuyer, causer de l'ennui à quelqu'un.
Guétanou, *v.*	S'ennuyer, s'opprimer.
Guétanté, *v.*	N'être pas rangé de niveau.
Guethiă, *v.*	Être vide.
Guéthiălo, *v.*	Vider, rendre vide.
Guéthie, G. *s.*	La mer.
Guethie, *adj.*	Vide.
Guétte, G. *s.*	Troupeau, bercail, bergerie.
Guétte ou mbame, M. *s.*	Toit à pourceaux.
Guetti, *v.*	Être plus long.
Gueup, *adv.*	Tout, entièrement, sans exception, sans réserve.
Gueussă, *v.*	Gratter la terre.
Guewal, B. *s.*	Peuple errant d'Afrique. (Griot.)
Gui, *art.*	Le, la (présent). *(Voyez* la *Grammaire.)*
Guife, G. *s.*	Semence du baobab.
Guijă, *v.*	Faire du bruit en mangeant.
Guije, G. *s.*	Grain, le fruit et la semence des graminées.
Guije ou nadhié, G. *s.*	Semence des courges.
Guile, B. *s.*	Brise, vent frais et périodique.
Guiley, *pron.*	Ce, cet, cette.
Guilite, G. *s.*	Le tison du feu.
Guire, G. *s.*	Race, famille.
Guiro, *v.*	Gourmander, manger avec avidité.
Guirre, B. *s.*	Contusion, meurtrissure.
Guissă, *v.*	Voir, apercevoir quelque chose.
Guissané, *v.*	Deviner, prédire les choses à venir.
Guissanékat, B. *s.*	Devineur.
Guissaney, G. *s.*	Bonne aventure.

Wolof.	*Français.*
Guissetil, *v.*	Ne rien voir, ne rien apercevoir.
Guissou, B. *s.*	Miroir, glace.

I

Idhiä, *v.*	Épeler, nommer les lettres et en former des syllabes.
Iller, B. *s.*	Espèce de bêche, instrument de cultivateur, ratissoire.
Imbä, *v.*	Envelopper.
Imbi, *v.*	Développer, ôter l'enveloppe, déployer.
Issi, *v.*	Apporter, transporter.
Ittä, *v.*	Frapper, donner un ou plusieurs coups.
Itte, *adv.*	Aussi.
Ittekat, B. *s.*	Celui qui frappe.

J

Jabä, *v.*	Laper, boire en tirant l'eau avec la langue.
Jäbälä, *v.*	Effarer.
Jabäne, V. *s.*	Gros bœuf.
Jäbâre, B. *s.*	Histoire, narration des actions et des choses dignes de mémoire.
Jädä, *v.*	Faire collation.
Jädhiä, *v.*	Étouffer, suffoquer, faire perdre la respiration.
Jadhie, B. *s.*	Le chien.
Jadhie ou reube, B. *s.*	Limier (gros chien de chasse).
Jadhioumboyo, B. *s.*	Demoiselle (insecte à quatre ailes).
Jadialé, *v.*	Séparer, diviser, partager, désunir, disjoindre.

Wolof.	*Français.*
Jafra, *v.*	Affamé, qui a faim.
Jagnă, *v.*	Priver, ôter à quelqu'un ce qu'il a.
Jâgnă, *v.*	Habiller quelqu'un, vêtir.
Jâgnou, *v.*	S'habiller, mettre ses habillemens, se vêtir.
Jaibă, *v.*	Refuser, mépriser.
Jaidhie, B. *s.*	La femme que l'on aime, la femme chérie.
Jaidhie, B. *s.*	Pique, lance, sorte d'arme.
Jaifă, *v.*	Avoir faim.
Jaife, B. *s.*	La faim, l'appétit.
Jaiflo, *v.*	Affamer, ôter les vivres, causer la faim.
Jaigne, B. *s.*	Parfum, aromate agréable.
Jaigue, B. *s.*	Demoiselle, jeune fille.
Jaïjă, *v.*	Se battre, se frapper.
Jaikje, B. *s.*	Dogue, gros chien.
Jailli, *v.*	Verser, épancher, répandre, transvaser, vider.
Jaïna, *adj.*	Incertain, douteux, peut-être.
Jaîne, V. *s.*	Orage, tempête.
Jaine, *adj.*	Orageux, qui cause de l'orage.
Jairre, V. *s.*	Pierre, caillou, roche, rocher.
Jaită, *v.*	Racler, ratisser.
Jaîte, B. *s.*	Famille, généalogie des personnes d'une même race.
Jaïte, B. *s.*	Fiente, excrément.
Jaîte ou bour ya, *s.*	Dynastie, famille des rois.
Jaitekat, B. *s.*	Racleur, celui qui racle.
Jaitou, *v.*	Se décrotter, se nettoyer.
Jaitoukaye, B. *s.*	Décrottoir, lieu où l'on décrotte.
Jaiw, *part.*	Ce qu'il y a, ce que c'est. (*Lou jaiw*, qu'est-ce qu'il y a !)
Jakjetayă, *v.*	Rire avec éclats.
Jală, G. *s.*	Arc, bois recourbé qui sert à tirer des flèches.

Wolof.	*Français.*
Jalanjou, *v.*	Se vautrer, se rouler par terre.
Jâlasse, V. *s.*	Rognon, le rein d'un animal.
Jalâtă, *v.*	Penser, desirer, réfléchir.
Jalâte, M. *s.*	La pensée, ce que l'on desire, idée, opinion, avis, sentiment.
Jalawe, G. *s.*	Petit chien.
Jâle, B. *s.*	Melon, sorte de fruit.
Jăle, V. *s.*	Charbon allumé.
Jalél, B. *s.*	Enfant, enfance.
Jalima, G. *s.*	La plume, et généralement ce qui sert à écrire.
Jalisse, B. *s.*	Argent, métal blanc très-ductile, le plus précieux après l'or.
Jămă, *v.*	Avoir le mal caduc, avoir l'épilepsie.
Jamă, *v.*	Savoir, connaître, avoir connaissance.
Jamadi, *v.*	Être ignorant, ne rien savoir.
Jamady, *adj.*	Ignorant, qui ne sait rien.
Jamé, *v.*	Reconnaître, se mettre dans l'esprit l'idée d'une chose, d'une personne.
Jamejană, *v.*	Savoir faire, avoir connaissance.
Jamekat, B. *s.*	Savant, qui a beaucoup de savoir.
Jămjămălă, *v.*	Ciller, fermer les yeux et les rouvrir dans le moment.
Jamlo, *v.*	Faire savoir, faire connaître, donner de la science.
Jămôtă, *v.*	Réfléchir en s'appuyant la tête avec la main.
Jamou, *v.*	Ignorer, ne savoir pas.
Jampă, *v.*	Dévorer, manger avec avidité, déchirer sa proie.
Jampekat, B. *s.*	Celui qui dévore.
Jana, *part.*	Il n'y a que, si ce n'est ce que, comme.
Jandiar, B. *s.*	Cuivre jaune.

Wolof.	*Français.*
Jăndoră, *v.*	Ronfler, faire un certain bruit de la gorge et des narines en respirant pendant le sommeil.
Jandorekat, B. *s.*	Ronfleur, celui qui ronfle.
Jankjă, *v.*	Être chauve, n'avoir plus de cheveux sur le sommet de la tête.
Jankjéle, B. *s.*	Canard (oiseau palmipède).
Jănngnă, *v.*	Être bossu.
Japăti, *v.*	Entamer , ôter une petite partie d'une chose entiére. — Mordre. (Il ne se dit qu'en parlant des alimens que l'on mange.)
Jară, *v.*	Fendre, diviser, séparer en long ou autrement.
Jâră, *v.*	Attendre, espérer, être dans l'attente.
Jarabă, *v.*	Ne pas remercier, avoir de l'ingratitude, être ingrat.
Jarabekat, B. *s.*	Ingrat , celui ou celle qui manque de reconnaissance.
Jărafă, *v.*	Entrer, passer du dehors au dedans, introduire.
Jărafatou, *v.*	Rentrer, entrer de nouveau.
Jarafé, *v.*	Introduire, donner entrée, faire entrer.
Jâre, M. *s.*	Envie, marque que les enfans ont quelquefois en naissant.
Jarékat, B. *s.*	Guerrier, qui appartient à la guerre , à l'armée.
Jărey, B. *s.*	La guerre, armée, grand nombre de troupes assemblées.
Jarfélou, *v.*	Faire entrer.
Jarfou, G. *s.*	L'occident, l'ouest, le couchant.
Jarjar, B. *s.*	Couture, assemblage de deux choses qui se fait par le moyen de l'aiguille &c.

Wolof.	*Français.*
Jarjarlé, *v.*	Être à l'agonie, agoniser.
Jărou, *v.*	Se détruire, se faire périr.
Jărou, B. *s.*	Suicide, action de celui qui se tue lui-même.
Jarou, *v.*	Trépigner, frapper des pieds contre terre.
Jartal, G. *s.*	Douleur rhumatismale.
Jässă, *v.*	Injurier, outrager, offenser.
Jassabă, *v.*	Couder, auner, mesurer.
Jassabe, B. *s.*	Coudée, l'étendue du bras depuis le coude jusqu'au bout du doigt du milieu.
Jassaw, *v.*	Empester, infecter, sentir mauvais, puer.
Jässaw, *adj.*	Puant, ce qui a mauvaise odeur.
Jasse, V. *s.*	Injure, outrage, offense.
Jasté, *v.*	Quereller, contester.
Jastékat, B. *s.*	Querelleur, qui fait souvent querelle.
Jătă, *v.*	Embarrasser, causer de l'embarras, encombrer.
Jătăle, B. *s.*	Embarras, encombre, empêchement, obstacle.
Jate, B. *s.*	Paille, chaume des graminées.
Jăteure, V. *s.*	Les poumons, organes de la respiration.
Jăthiă, *v.*	Haler, tirer à soi.
Jathié, *v.*	Se dédire, se rétracter.
Jathie, L. *s.*	La lime, instrument qui sert à polir les métaux.
Jăthio, *v.*	Faire la concurrence.
Jâthiou, *v.*	S'écrier, faire un grand cri, une exclamation.
Jătimă, *v.*	Parafer, signer.
Jaw, *v.*	Avoir à-peu-près, environ, presque.
Jăyă, *v.*	Partir de bonne heure, de bon matin.
Jaye, G. *s.*	Acajou (arbre).
Jayelite, M. *s.*	Bilieux, qui abonde en bile.
Jédală, *v.*	Rancir, devenir rance, vieillir.

Wolof.	Français.
Jeffe, v. s.	Cil, poil des paupières.
Jégnă, v.	Exhaler, pousser hors de soi des vapeurs.
Jélinte, B. s.	Albugo, tache blanche qui se forme à l'œil ; cataracte.
Jélo, v.	Oser, avoir la hardiesse de.
Jépărou, v.	S'asseoir par terre en se croisant les jambes.
Jeră, v.	Avoir de la douleur, du chagrin.
Jéräffe, B. s.	Le gazon, terre couverte d'herbe courte et menue.
Jéraignă, v.	Avoir de l'adresse, de la dextérité.
Jéraignękat, B. s.	Celui qui a de l'adresse, de la dextérité.
Jérre, B. s.	La forêt, le bois.
Jérre bou ntoute, B. s.	Bosquet, petit bois, petite touffe de bois.
Jesse, v. s.	Sensation que produisent sur l'odorat les émanations de certains corps.
Jétaje, B. s.	Duvet, espèce de coton qui vient sur certains fruits.
Jête, v. s.	Qualité, ce qui fait qu'une chose est bonne ou mauvaise.
Jévar, B. s.	Cerise, baie du laurier-cerise.
Jibonne, B. s.	Douillet, tendre, délicat.
Jidi, v.	Sortir de l'endroit où l'on s'était caché, se mettre en évidence.
Jijă, v.	Souffler à peine, soupirer, pousser, faire des soupirs.
Jinikou, v.	Regarder derrière soi.
Jipi, v.	Ouvrir les yeux.
Jiră, v.	Exciter, agacer.
Jirou, v.	Se cacher derrière quelque chose.
Jirou, v.	Gronder, murmurer, se plaindre entre les dents.
Jiroukat, B. s.	Grondeur, celui qui aime à gronder.
Jissă, v.	Être méchant, faire du mal en jouant.

Wolof.	*Français.*
Jită, *v.*	Bouillir. (Il se dit de l'ébullition des liquides que l'on fait chauffer.)
Jobă, *v.*	Garnir, mettre, placer ce qui garnit.
Jobe, V. *s.*	La feuille des végétaux.
Jobi, *v.*	Dégarnir, ôter ce qui garnit.
Jode, L. *s.*	Aigrette, oiseau blanc huppé, espèce de héron.
Jode ou diâne, L. *s.*	Héron, grand oiseau du genre échassier.
Jokjetală, *v.*	Intimider, donner de la crainte à quelqu'un.
Jôlă, *v.*	Regarder fixement, admirer, regarder avec étonnement.
Jolâjole, B. *s.*	Rollier, oiseau bleu de l'ordre des pies.
Jole, B. *s.*	Le cœur, viscère de l'animal.
Jôlekat, B. *s.*	Admirateur.
Joli, *v.*	Éplucher, peler, ôter l'écorce, la peau qui couvre certaines choses.
Jollă, *v.*	Abéquer, mettre à un oiseau la nourriture dans le bec.
Jomâkă, *v.*	Rouiller, oxider.
Jomâke, G. *s.*	Rouille (oxidation).
Jombe, B. *s.*	Charbonnier, celui qui fait du charbon.
Jomjome, B. *s.*	Espèce de chardon, plante dont la tête est couverte de piquans.
Jompă, *v.*	Empoisonner, faire prendre du poison.
Jompaye, B. *s.*	Le poison.
Jone, B. *s.*	L'arc-en-ciel (météore).
Jonétă, *v.*	Être étourdi.
Jonkjă, *v.*	Être rouge, avoir la couleur rouge.
Jonkjălă, *v.*	Rougir, rendre rouge, teindre en rouge.
Jonkje, *adj.*	Rouge, qui est de couleur rouge.
Jope, L. *s.*	Raie (poisson).
Jore, V. *s.*	Os hyoïde.

Wolof.	*Français.*
Jôre, V. *s.*	Crête, morceau de chair rouge qui vient sur la tête de certains oiseaux.
Joromă, *v.*	Saler, mettre du sel dans quelque mets.
Jorondome, M. *s.*	La fourmi échancrée (insecte).
Jorome, S. *s.*	Le sel, muriate de soude.
Jorompoléy, D. *s.*	Clou de girofle.
Jorre, V. *s.*	Coquillage, petit poisson à coquille.
Josse, G. *s.*	Sauvage, qui n'est pas apprivoisé.
Jossi, *v.*	Égratigner, déchirer la peau avec les ongles.
Jotălă, *v.*	Creuser, caver, rendre creux.
Jotâye, B. *s.*	Profondeur, qualité de ce qui est profond, creux.
Jôte, *adj.*	Creux , qui a une cavité intérieure , concave.
Joti, *v.*	Déchirer, rompre, mettre en pièces sans instrument tranchant.
Jotite, B. *s.*	Déchirure, ce qui a été déchiré, écorce, épluchure, pelure.
Joubéy, D. *s.*	Le fort, la forteresse, la citadelle.
Joufou, *v.*	Se couper les cheveux.
Jouffă, *v.*	Tondre, couper la laine ou le poil des bêtes.
Joussekat, B. *s.*	Tondeur, celui qui tond.
Joujâne, B. *s.*	Hernie, déplacement de certains viscères.
Joulé, *v.*	Disputer, contester, discuter, gronder quelqu'un.
Joulo, *v.*	Disputer, chicaner, quereller.
Joulo, B. *s.*	Contestation, dispute, débat.
Joulokat, B. *s.*	Disputeur, celui qui dispute.
Joumbălă, *v.*	Fumer le reste de la pipe.
Jourală, *v.*	Rouiller, faire venir de la rouille, oxider.
Jouréte, V. *s.*	Coqueluche, maladie des enfans.
Jourjour, B. *s.*	Rouille, oxide, espèce de crasse rougeâtre qui se forme sur certains métaux.

Wolof.	*Français.*
Jourjouri, *v.*	Avoir de la jactance, de la vanterie, se vanter.
Jourjoury, B. *s.*	La jactance, la vanterie.
Joussä, *v.*	Marcher dans l'eau.
Joussou, B. *s.*	L'endroit où une rivière est guéable.

K

Kaba, *s.*	Bouteille. (Bambara.)
Kabirane, *s.*	L'univers, le monde entier.
Kabousse, G. *s.*	Le pistolet.
Kädhie, G. *s.*	Foêne, sorte de trident propre à la pêche.
Kaéte, V. *s.*	Le papier,
Kagne, *prép.*	Quand, quoi.
Kagnesoly, G. *s.*	Rat, petit animal qui se retire au bord des rivières.
Kailéley, G. *s.*	Osier (bois).
Kaïlifa, G. *s.*	Chef d'une tribu.
Kaime, B. *s.*	Vertèbre, un des os qui composent l'épine du dos de l'animal.
Kaine, *pron.*	Personne, aucun, aucune.
Kaip, *adj.*	Juste, exact, précis.
Kairo, *s.*	L'autre jour, naguère, il n'y a pas long-temps.
Kala, B. *s.*	Poisson du genre mâchoiran.
Kaley, *pron.*	L'autre.
Kambe, G. *s.*	Citerne sans eau, puits desséché.
Kaname, G. *s.*	La figure, le visage, la face.
Kananata, *nom propre.*	Caïn.
Kandia, G. *s.*	Maladie vénérienne.
Kandiakat, *adj.*	Vérolé, qui a la vérole, vénérien.
Kangame, B. *s.*	Le prince, seconde autorité d'un état.

Wolof.	*Français.*
Kanne, *pron.*	Qui.
Kanne, B. *s.*	Dame-jeanne, grande bouteille.
Kany, G. *s.*	Piment, espèce de poivre.
Kaône, *nom propre.*	Capitale du royaume de Saloum, province yolofe.
Karmâthiou, *v.*	Flatter, louer à l'excès, dans le but de plaire, de séduire ; tromper en déguisant la vérité, caresser.
Karmâthioukat, B. *s.*	Flatteur, caresseur, trompeur, celui qui trompe.
Karmel, G. *s.*	Tombeau, mausolée, tombe.
Karre, G. *s.*	L'épée.
Kassara, B. *s.*	Malheur, accident funeste, mort prématurée.
Kassey, B. *s.*	Chaudière ou chaudron.
Katarkatari, *v.*	Marcher en se secouant.
Kathi, *v.*	Vesser, lâcher une vesse.
Kathikat, B. *s.*	Vesseur, celui qui vesse.
Käthiou, G. *s.*	Le fuseau.
Kau, G. *s.*	La campagne. (Il se dit plus généralement du pays habité par les Maures.)
Kaw, *prép.*	Au-dessus.
Kaw ou négue, B. *s.*	Le plancher.
Kaware, G. *s.*	Cheveu, poil, laine.
Kawăsse, B. *s.*	Les bas.
Käwé, *adj.*	Haut.
Kawéaye, B. *s.*	Hauteur, élévation.
Kawélă, *v.*	Élever, donner de l'élévation, augmenter la hauteur.
Kawtéf, G. *s.*	Miracle, phénomène, chose extraordinaire.
Kayă, *v.*	Viens. (Il n'est d'usage qu'à l'impératif, seconde personne, singulier.)

Wolof.	*Français.*
Kayä laine, *v.*	Venez. (Il n'est d'usage qu'à l'impératif, seconde personne, pluriel.)
Kayor, *nom propre.*	Capitale des états du Damel, roi d'une province yolofe.
Kédo, B. *s.*	Soldat du Damel.
Kéme, B *s.*	Phalange, os des doigts.
Kénaine, *adj.*	Autre.
Kérigne, L. *s.*	Charbon éteint.
Keufe, K. *s.*	La chose.
Keule, B. *s.*	Bassin, vase rond servant aux usages des nègres.
Keule ou bonate, B. *s.*	Carapace, écaille de la tortue.
Keulkälite, B. *s.*	Tison, reste du bois qui est déjà allumé.
Keupatalä, *v.*	Trébucher.
Keupatale, B. *s.*	Trébuchet.
Keurämndôme, B. *s.*	Gésier, second ventricule.
Keurre, G. *s.*	La maison.
Keurre ou boure, B. *s.*	Palais, maison du roi.
Kéwale, G. *s.*	La biche (quadrupède ruminant).
Kile, G. *s.*	Le carnier, espèce de poche dont se servent les chasseurs.
Kitabe, B. *s.*	Dictionnaire, recueil de tous les mots. (Ce mot est arabe.)
Ko, *pron.*	Le, lui, la, elle.
Kofo, *adj.*	Amusant.
Koke, B. *s.*	Le noyau de certains fruits.
Kokou.	Qui est là !
Koniawä, B. *s.*	Occasion, conjoncture de temps, de lieux propres pour quelque chose.
Koniawal, B. *s.*	Qui méprise.
Kony, B. *s.*	Fruit du palmier-latanier.
Kope, B. *s.*	Tasse, écuelle, ustensile de cuisine, de ménage.

Wolof.	*Français.*
Kopine, B. *s.*	La poule dinde.
Koraye, L. *s.*	Le grain du coton, la semence du cotonnier.
Korba, B. *s.*	L'amorce d'une arme à feu.
Kori, G. *s.*	La Pâque chez les nègres.
Korothie, G. *s.*	Le corail.
Kostane, B. *s.*	Éperon des oiseaux.
Kotekoty, G. *s.*	Claquement, le bruit que font les dents d'un homme qui tremble de froid.
Kothiajeté, *v.*	Caresser, témoigner de l'amitié, flatter, faire des caresses.
Koty, B. *s.*	Crabe, crustacé à dix pattes, dont les premières sont munies de pinces.
Kou, *pron.*	Qui est-ce qui, celui, celle, celui qui, celle qui.
Kou amoul mpâle, *s.*	Inattention, défaut d'attention.
Koubäle, L. *s.*	La coutume, impôt coutumier.
Koubär, *adj.*	Puissant, fort.
Koubokädeuk, *s.*	Concitoyen, qui est de la même ville qu'un autre.
Koubére, L. *s.*	Couvercle, ce qui sert à couvrir quelque chose.
Kou di diojé ndigal, M. *s.*	Consultant, celui qui donne des conseils.
Kou di dogäl, *adj.*	Concluant, qui conclut.
Koudou, G. *s.*	Cuiller, ustensile de table.
Kou gnou laibe, K. *s.*	Créancier, celui à qui il est dû de l'argent.
Kou jamoul yalla, *s.*	Athée, celui qui ne connaît point Dieu.
Kouli, *s.*	Le roi de l'univers, l'être suprême, le maître de la nature.
Koulifétanngue, B. *s.*	Chancre (ulcère vénérien).
Koumpa, D. *s.*	La curiosité.

Wolof.	*Français.*
Kounaike, *pron.*	Chacun, chacune, chaque personne, chaque chose.
Koungue, B. *s.*	Seau, vase servant à puiser de l'eau.
Koupa, B. *s.*	La paume, petite boule.
Kour, G. *s.*	Le pilon, instrument pour piler dans un mortier.
Kou rägal yalla.	Timoré, qui craint Dieu.
Kourousse, G. *s.*	Espèce de chapelet dont les mahométans se servent.
Kou sopou, *adj.*	Aimable.
Kou tégou, *s.*	Celui qui est circoncis.
Koutoutoume, B. *s.*	Le cartilage, partie blanche, polie, élastique, qu'on nomme croquant.
Kow ou tounde, V. *s.*	Cime, sommet d'une montagne.

L

La, *pron.*	Toi, tu.
La, *art.*	Le, la (éloigné). *(Voyez la Grammaire.)*
Lâ, B. *s.*	Le filet de la langue.
Lâa, B. *s.*	Perche, chevron, pieu, poutre.
Labä, *v.*	Se noyer.
Lâbä, *v.*	Être vierge, avoir sa virginité.
Labalä, *v.*	Faire noyer, submerger.
Labatä, *v.*	Faire la cour, courtiser, chercher à plaire aux dames.
Lâbe, B. *s.*	La vierge.
Ladhiä, *v.*	Demander, chercher, interroger.
Ladhietékat, B. *s.*	Questionneur, celui qui questionne.
Ladhietey, B. *s.*	Question, interrogation.
Laé, B. *s.*	Procès, instance devant un juge sur un différent.

Wolof.	*Français.*
Laé, *v.*	Plaider, contester avec quelqu'un en justice, faire un procès à quelqu'un.
Laékat, B. *s.*	Plaideur, celui ou celle qui plaide.
Lâfe, V. *s.*	Aile d'oiseau.
Lagne, B. *s.*	Sentier.
Lagui, *v.*	Être infirme, avoir des infirmités.
Lagui, B. *s.*	Boiteux, celui qui boite.
Laï, B. *s.*	Serein, rosée, brouillard.
Lăï, B. *s.*	Sangsue (insecte aquatique).
Laibă, *v.*	Devoir, être obligé à payer quelque chose.
Laíbe, V. *s.*	Conte, fable, histoire fabuleuse, proverbe.
Laibe, *adj.*	Comptable, celui qui est assujetti à rendre compte.
Laibelé, *v.*	Prêter, donner à condition qu'on rendra.
Laidhiă, B. *s.*	Folâtrer, badiner, faire des actions folâtres.
Laidhiekat, B. *s.*	Folâtre, celui qui s'amuse à badiner.
Laigate, B. *s.*	Cicatrice, marque d'une plaie après sa guérison.
Laiguelaigue, *adv.*	Souvent, fréquemment.
Laikă, *v.*	Manger, mâcher et avaler quelque aliment pour se nourrir.
Laikadi, *v.*	Manger peu.
Laikelo, *v.*	Faire manger.
Laikji, *v.*	Être infirme.
Laikji, *s.* et *adj.*	Infirme.
Laimă, *v.*	Ployer, plier, mettre en un ou plusieurs doubles, courber.
Laime, G. *s.*	Miel, suc doux que les abeilles tirent des fleurs.
Laine, *pron.*	Eux, elles, vous.
Lairră, *v.*	Être clair, lumineux, transparent, diaphane.
Lairre, G. *s.*	Lumière, splendeur, clarté, lampe.

Wolof.	*Français.*
Laiwatã, *v.*	Être doux, affable, obéissant, tranquille.
Laïwe, *adj.*	Aigu, pointu, anguleux.
Lajä, *v.*	Faire sa cuisine, faire la bouillie, le kous-kou, &c.
Lajabe, B. *s.*	Lien de cuir dont on se sert pour conduire des chevaux.
Lajassã, *v.*	Carguer, envelopper, serrer.
Lajassaye, G. *s.*	Bande, enveloppe.
Lajassou, *v.*	Se ceindre.
Lajassoukat, B. *s.*	Celui qui se ceint.
Lâje, B. *s.*	Bouillie, mélange de farine et de lait ou d'eau.
Lajira, *s.*	L'autre monde.
Lajou, *v.*	Ne pas faire sa cuisine.
Lâk, V. *s.*	La langue, le langage, l'idiome d'une nation.
Lãkã, *v.*	Envelopper.
Lakã, *v.*	Brûler, mettre en combustion, incinérer.
Lãkaye, B. *s.*	Enveloppe.
Lake, B. *s.*	Combustion, l'action de brûler.
Lakite, V. *s.*	Cendre, résidu d'un combustible consumé par le feu.
Lakjou, *v.*	Se cacher dans un coin.
Lãkou, *v.*	S'envelopper.
Lal, B. *s.*	Le lit, meuble dont on se sert pour se coucher.
Lâlã, *v.*	Toucher, indiquer, palper.
Lalä, *v.*	Concerner, appartenir, avoir rapport à.
Lalalã, *v.*	Être mouillé par le serein, la rosée.
Lalanté, *v.*	Se toucher, se joindre.
Lale, B. *s.*	Concernant, qui concerne.
Laley, *pron.*	Ça, cela, celle-là.
Lalo, D. *s.*	Feuilles de baobab réduites en poudre.

Wolof.	*Français.*
Lămbă, *v.*	Courber, rendre courbe ce qui était droit, plier.
Lambatou, *v.*	Tâtonner comme un aveugle, marcher à tâtons.
Lambatoukat, B. *s.*	Tâtonneur, celui qui tâtonne.
Lambaye, *nom propre.*	Capitale du royaume de Baol, province yolofe.
Lamigne, V. *s.*	La langue, l'organe de la parole.
Lamme, B. *s.*	Bracelet, ornement que les femmes portent aux bras.
Lăndămală, *v.*	Obscurcir, rendre obscur.
Lăndăme, G. *s.*	Ténébres, obscurité.
Lăngo, *v.*	Accoler, jeter les bras au cou de quelqu'un.
Langue, G. *s.*	Collier, rangée de verroterie, &c., que les femmes portent au cou.
Lanne, *pron.*	Quoi ! eh bien !
Lapeto, *v.*	Interpréter, traduire, expliquer, servir d'interprète.
Laplo, *v.*	Rendre faible, affaiblir.
Laptot, B. *s.*	Matelot, homme qui sert à la manœuvre d'un vaisseau.
Larafe, *s.*	Purgatoire, lieu destiné à la purification des ames.
Lâre, B. *s.*	Grigri, espèce de fétiche.
Lasse, V. *s.*	Roupie, goutte d'eau qui pend au nez.
Lassekăt, *adj.*	Chassieux, qui a de la chassie aux yeux.
Lavaĭe, B. *s.*	Prince, personnage d'une haute dignité.
Law, *v.*	Pêcher avec un filet.
Layă, *v.*	Vanner le grain, le nettoyer.
Lăyă, *v.*	Lever, en parlant du germe des plantes qui sortent de terre.
Layedour, D. *s.*	Séné, arbrisseau du levant dont les feuilles sont un grand purgatif.

Wolof.	*Français.*
Layekat, B. *s.*	Vanneur, celui qui vanne le grain.
Layetaye, B. *s.*	Lange, morceau d'étoffe dont on enveloppe les enfans.
Layou, B. *s.*	Van, tamis.
Lébére, V. *s.*	Hippopotame, cheval marin.
Léguy, *adv.*	Bientôt, tout-à-l'heure, à l'instant.
Léje, B. *s.*	La joue, partie du visage.
Lékă, *v.*	Violer, dépuceler.
Lékatte, G. *s.*	Calebasse, vase dont se servent les nègres.
Lekéntâne, B. *s.*	Galère (molusque).
Lélă, *v.*	Voler un troupeau, picorer.
Lélăke, G. *s.*	Le matin, la première partie du jour.
Lélekat, B. *s.*	Pillard, voleur, celui qui pille un troupeau.
Lemmi, *v.*	Déplier, déployer, étendre.
Lénaine, *s.*	Autre chose.
Lende, G. *s.*	Toile d'araignée.
Léräne, D. *s.*	Eau de la pipe.
Léraw, V. *s.*	Phoque, animal amphibie.
Létă, *v.*	Tresser, faire une tresse.
Létou, *v.*	Se tresser les cheveux.
Leufe, L. *s.*	La chose, objet, tout ce qui s'offre à la vue.
Leugue, V. *s.*	Le lièvre, petit animal de l'ordre des rongeurs.
Leule, B. *s.*	Chaumière, petite maison couverte de chaume.
Leume, *adj.*	Entier.
Leup, *adv.*	Tout, entièrement, sans exception, sans réserve.
Leupleup, B. *s.*	Papillon.
Li, *art.*	Le, la (présent). *(Voyez* la *Grammaire.)*
Liguéyă, *v.*	Travailler.
Liguéyando.	Collaborateur, celui qui travaille conjointement avec un autre.

Wolof.	*Français.*
Liguéye, B. *s.*	Le travail, ouvrage, labeur, devoir, ce que l'on est obligé de faire.
Ligueyekat, B. *s.*	Travailleur, celui qui travaille.
Liguéyoukaye, B. *s.*	Le lieu où l'on travaille.
Liley, *pron.*	Ça, cela, cette chose.
Lire, B. *s.*	Piéton, homme qui va à pied.
Lire bou toé, B. *s.*	Poupard, enfant nouveau né.
Lîtă, *v*	Jouer de la flûte.
Lîte, G. *s.*	La flûte, instrument de musique.
Lîtekat, B. *s.*	Flûteur, celui qui joue de la flûte.
Liw, *v.*	Avoir froid.
Lo, *conj.*	Que.
Lobă, *v.*	Arranger quelque chose, préparer.
Loguă, *v.*	Mettre quelque chose dans ses babouches.
Lojă, *v.*	Trembler, être agité par de fréquentes secousses.
Lojekat, B. *s.*	Trembleur, celui qui tremble.
Lojo, B. *s.*	Le bras, membre du corps humain qui tient à l'épaule.
Lolaley, *adv.*	Cela.
Lôle, *adv.*	Certainement, sans doute.
Lolouley, *adv.*	Précisément, exactement, au juste.
Loragalo, *adj.*	Alarmant.
Lorre, V. *s.*	Salive.
Lotă, *v.*	Être fatigué par le travail, par la marche.
Lothio, G. *s.*	Pirogue, nacelle, petit bateau qui n'a ni mât ni voile.
Lou, B. *s.*	Muet, qui est privé de l'usage de la parole.
Lou, *art.*	Le, la (proche). (*Voyez* la *Grammaire.*)
Louă, *v.*	Être muet, être privé de la parole.
Lou amă lairre, *adj.*	Lumineux, qui a de la lumière.
Lou attane, *adj.*	Contenant, qui contient.

Wolof.	*Français.*
Lou bone, *adj.*	Contraire, nuisible, impropre, qui ne convient pas, qui n'est pas bon.
Loûbou, G. *s.*	Mauvais sujet.
Loudikat, *s.*	Avenir, futur.
Lou doul deugue, *adj.*	Absurde, ce qui n'est pas vrai, incroyable.
Lou doul dounde, *s.*	Les minéraux.
Lou doul fouri, *adj.*	Invariable, ce qui ne varie jamais.
Lou doul neube, *adj.*	Incorruptible.
Lou doul soti, *adj.*	Éternel, infini, ce qui ne finit jamais.
Lou dy vove, *s.*	Les corps secs.
Lou dy amä raine, *s.*	Les végétaux.
Lou dy dhiomal, *s.*	Phénomène, tout ce qui apparaît de nouveau dans l'air, dans le ciel.
Lou dy dojatelo, *adj.*	Venteux, qui cause des vents.
Lou dy gaw todhie, *adj.*	Cassant, qui se casse facilement.
Lou dy guéne ndoje, *s.*	Les corps aqueux.
Lou dy naine, *s.*	Les ovipares.
Lou dy nampal, *s.*	Les mammifères.
Lou dy nathie, *s.*	Les animaux.
Lou dy sawlo, *adj.*	Diurétique.
Lou dy vassine, *s.*	Les vivipares.
Lou fessoul, *adj.*	Qui n'est pas plein, qui n'est pas complet.
Lou gaw lakä, *s.*	Combustible, ce qui est disposé à brûler aisément.
Lou gnôdi, *adj.*	Celui qui a gagné dans le commerce.
Lou guissou oul, *adj.*	Invisible.
Loujoussä, *v.*	Faire le baladin, être farceur.
Loujousse, B. *s.*	Farce, action plaisante et ridicule.
Loujoussekat, B. *s.*	Farceur, baladin, polichinel.
Loukätä, *v.*	Empoisonner les poux.
Lou ma thia bougäl, *v.*	Peu m'importe.
Lou néje jesse, *s.*	Les corps odorans, les aromates.
Lounkä, *v.*	Être de travers, n'être pas droit.

Wolof.	*Français.*
Lou noye, *s.*	Les corps moux.
Loupe, B. *s.*	La cuisse, le fémur.
Loutaje, *conj.*	Pourquoi, pour quelle chose.
Loute, B. *s.*	Nombril.
Louvéye, L. *s.*	Prétérit, ce qui est passé.
Lou yamoul, *adj.*	Inégal, qui n'est pas égal.
Lovételo, *adj.*	Ce qui donne de l'ennui.

M

Ma, *pron.*	A moi.
Ma, *art.*	Le, la (éloigné). *(Voyez* la *Grammaire.)*
Mada, D. *s.*	Cantique, hymne, complainte.
Madhiä, *v.*	Exercer, dresser, former, instruire.
Madhie, B. *s.*	Parade, exercice.
Madhielo, *v.*	Faire faire la parade, l'exercice.
Maée, *v.*	Donner, octroyer, concéder, accorder.
Magataye, B. *s.*	La vieillesse, le dernier âge de la vie.
Magate, *adj.*	Vieux, ancien, antique.
Magaye, B. *s.*	Agrandissement.
Magnä, *v.*	Ensemencer une terre nouvellement défrichée.
Maguä, *v.*	Grandir, croître, devenir plus grand.
Mague, *adj.*	Agé, grand, vieux.
Maibä, *v.*	Gesticuler, faire des gestes.
Maibe, B. *s.*	Geste, action des bras et des mains dans la déclamation.
Maibekat, B. *s.*	Celui qui fait trop de gestes, gesticulateur.
Maikä, *v.*	Se taire, garder le silence.
Mailinte, M. *s.*	Grosse fourmi (insecte).
Maimä, *v.*	Bêler, faire un bêlement.
Maime, M. *s.*	Le bêlement, cri des moutons et des brebis.

Wolof.	*Français.*
Maiti, *adj.*	Dangereux.
Maitite, G. *s.*	La douleur, la souffrance.
Mäje, M. *s.*	Insecte, classe d'animaux sans vertèbres.
Majetoumey, M. *s.*	Porte-feuille.
Mak, D. *s.*	Frère aîné.
Makandey, M. *s.*	Maïs, blé de Turquie.
Makjä, *v.*	Mâcher, broyer les alimens avec les dents.
Makjekat, B. *s.*	Mâcheur, celui qui mâche.
Malaka, M. *s.*	Monstre, esprit, être surnaturel, génie malfaisant.
Malâne, M. *s.*	La pagne, espèce de jupon.
Mamargni, M. *s.*	Bisaïeul, ancêtre.
Mamâte, D. *s.*	Aïeul.
Mâme, D. *s.*	Grand-père, grand'mère.
Mame ou kore, D. *s.*	Juin, la lune de juin.
Manä, *v.*	Pouvoir, être dans la possibilité.
Mandi, *v.*	Se soûler, se griser, s'enivrer, être pris de boisson.
Mandialey, B. *s.*	Camarade ivrogne, compagnon d'ivrognerie.
Mandikat, B. *s.*	Ivrogne, celui, qui se grise souvent.
Mandikaye, B. *s.*	Le lieu, l'endroit où l'on s'enivre.
Mandilo, *v.*	Enivrer quelqu'un, faire griser avec des liqueurs fortes.
Mandinngue, M. *s.*	Chemin, route, sentier.
Mane, *pron.*	Moi, me.
Mäné, *v.*	Être d'accord, convenir, donner son consentement.
Mane â, *v.*	C'est moi.
Manemane, B. *s.*	Métier, état, art, pouvoir.
Manga, *prép.*	Le voilà.
Mangue, *adj.*	Errant, vagabond, qui n'a pas de demeure fixe.

Wolof.	*Français.*
Mangui, *prép.*	Me voici.
Mară, *v.*	Avoir soif.
Măragală, *v.*	Arrondir, rendre rond.
Măraglaye, B. *s.*	Rondeur, figure de ce qui est rond, rotondité.
Măraklou, *adj.*	Rond.
Marame - laisselaisse, M. *s.*	Colibri (oiseau).
Margeul, B. *s.*	Cercle, terme de géométrie.
Margniente, B. *s.*	Grains de sable.
Mariame, M. *s.*	La Vierge Marie.
Mărră, *v.*	Lécher, passer la langue sur quelque chose.
Mărre, M. *s.*	Ruisseau, petite rivière.
Mărrou, *v.*	Se lécher.
Massă, *v.*	Biffer, effacer.
Mâsse, B. *s.*	Condisciple, compagnon d'étude.
Mată, *v.*	Mordre, serrer avec les dents.
Matatou, *v.*	Remordre, mordre une seconde fois.
Matăye, *adv.*	Peu m'importe.
Mate, V. *s.*	Punaise, insecte qui se niche ordinairement dans les lits.
Măthiă, *v.*	Sucer, tirer une liqueur, un suc avec les lèvres.
Mathie, B. *s.*	Allumette, brin de bois soufré pour allumer des chandelles.
Matte, M. *s.*	Bois, corps ligneux.
Maye, G. *s.*	Cadeau, don, présent, gratification, offre, ce que l'on donne.
Mayemayedo, B. *s.*	Crocodile, animal quadrupède et amphibie.
Mbadhie, M. *s.*	Couverture de laine.
Mbaél, M. *s.*	Campos, congé que l'on donne aux écoliers.
Mbăgue, M. *s.*	Épaule, partie de l'animal.

Wolof.	*Français.*
Mbaithientane, B. *s.*	Cauchemar.
Mbajaney, M. *s.*	Chapeau, bonnet.
Mbajel, M. *s.*	La vertu, tendance habituelle de l'ame vers le bien.
Mbăkă, *v.*	Toquer, heurter la tête contre quelque chose.
Mbăkanté, *v.*	Se cosser. (Il se dit des moutons, des bœufs et des boucs qui se heurtent la tête les uns contre les autres.)
Mbame, M. *s.*	Cochon, porc, pourceau, animal domestique.
Mbame ou alle, M. *s.*	Sanglier, porc sauvage, cochon du désert.
Mbame seuf, M. *s.*	Ane, animal quadrupède du cap de Bonne-Espérance.
Mbande, M. *s.*	Cruche, vase servant à conserver l'eau.
Mbănite, M. *s.*	Petit lait, sérosité du lait.
Mbănne, M. *s.*	Inondation, débordement des eaux d'une rivière.
Mbâr, *adv.*	Est-ce que !
Mbâră, *v.*	S'abriter, se construire un ombrage, un abri, une remise, un hangar.
Mbâre, M. *s.*	Hangar, remise.
Mbâre ou mbote, M. *s.*	Champignon, famille de plantes acotylédones.
Mbarre, M. *s.*	Fourreau, gaine, étui.
Mbarre ou beute, B. *s.*	Paupière, fourreau de l'œil.
Mbărtou, M. *s.*	Agneau, le petit de la brebis.
Mbéde, M. *s.*	La rue, chemin d'une ville.
Mbégnă, *v.*	Donner un soufflet du dos de la main.
Mbenembaye, M. *s.*	Déluge, grande inondation. (Il se dit surtout du déluge universel de **Noé** et de celui de Deucalion.)

Wolof.	*Français.*
Mbére, M. *s.*	Pus d'une plaie.
Mbérou, M. *s.*	Pissat, urine des animaux.
Mbilôre, M. *s.*	L'écho.
Mbindafoune, M. *s.*	Genre humain, la nature entière.
Mbinde, M. *s.*	Écriture, ce que l'on a écrit.
Mbirite, M. *s.*	L'aurore, le point du levant que le soleil embellit de ses rayons.
Mbirre, M. *s.*	Le devoir, ce que l'on est obligé de faire.
Mbite, *conj.*	Ou, ou bien.
Mbithirane, M. *s.*	Frange, ornement.
Mbognika, M. *s.*	Prépuce, la peau qui couvre l'extrémité du membre viril.
Mbojosse, M. *s.*	Sac, outre.
Mboke, M. *s.*	Parent.
Mbôle, M. *s.*	Épis des graminées.
Mbolo, M. *s.*	La société, l'assemblée, la réunion.
Mboodhie.	Nom, titre que prend le roi de Walo (le roi brak).
Mbotaye, G. *s.*	Compagnie, assemblée de plusieurs personnes en conversation, peuple.
Mbôte, M. *s.*	Kakerlaque, espèce de blatte, insecte volant.
Mbote, M. *s.*	Crapaud, grenouille.
Mbôtou, M. *s.*	Linge servant à attacher l'enfant derrière le dos.
Mboube, M. *s.*	Chemise, robe, habillement, tunique.
Mboubite, M. *s.*	Balayures, immondices.
Mbougal, M. *s.*	Arrêt, jugement, décision des juges, censure, condamnation.
Mboumbandä, *v.*	Jouer au colin-maillard.
Mboumbande, M. *s.*	Bandeau, bande qui sert à ceindre le front et la tête.
Mbourou, M. *s.*	Pain, aliment fait de farine pétrie et cuite.
Mboyo, M. *s.*	Vent d'est, vent chaud du désert.

Wolof.	*Français.*
Mégnä, *v.*	Boutonner. (Il ne se dit que des arbres et des plantes.)
Mélajä, *v.*	Reluire, luire par réflexion.
Mélaje, G. *s.*	Éclair.
Mélassetikou, *v.*	Savourer, goûter avec attention et avec plaisir.
Méle, *adj.*	Semblable, pareil.
Mélo, B. *s.*	La nature.
Memägnä, *v.*	Édenter, rompre les dents.
Memägne, M. *s.*	Édenté, qui a perdu une ou plusieurs dents.
Mémounä, B. *s.*	Citron, limon.
Menine, B. *s.*	Métier, manière, état, condition.
Merlo, *v.*	Irriter, mettre en colère, faire fâcher.
Merrä, *v.*	Se mettre en colère, se fâcher.
Merre, M. *s.*	La colère, la fureur, la rage, passion démesurée.
Merrekat, B. *s.*	Colérique, celui qui se fâche souvent.
Merso, B. *s.*	Plomb à tirer, à giboyer.
Métel, G. *s.*	Couronne dont se servent les rois de la Sénégambie.
Méthiou, *v.*	Pincer les lèvres.
Meup, *adv.*	Tout, entièrement, sans exception, sans réserve.
Méw, M. *s.*	Lait doux, lait frais.
Mi, *art.*	Le, la (présent). *(Voyez* la *Grammaire.)*
Mikre, B. *s.*	Sournois, taciturne.
Mile, M. *s.*	Horizon visuel.
Mimä, *v.*	Nier, désavouer.
Minä, *v.*	Apprivoiser, rendre doux et moins farouche.
Mingui, *prép.*	Le voici, la voici.
Mirä, *v.*	Étourdir, troubler.

Wolof.	*Français.*
Mire, M. *s.*	Étourdissement.
Miskine, M. *s.*	Celui qui a perdu un membre, un œil, une oreille, &c.
Mô, *interj.*	Ah çà, à propos.
Modi, *v.*	Cela fait, il est, c'est-à-dire.
Mognă, *v.*	Granuler, réduire en petits grains.
Mojă, *v.*	Désenfler, cesser d'être enflé.
Molă, *v.*	Traverser, passer à travers.
Môle, M. *s.*	Pêcheur, celui qui prend du poisson pour le vendre.
Molou, *v.*	Maudire, faire des imprécations contre quelqu'un, blasphémer.
Momă, *v.*	Appartenir, être en propriété.
Mome, *pron.*	Se, de tout genre et de tout nombre; soi, lui, elle.
Morome, M. *s.*	Compatriote, semblable, ami, pair, pareil, camarade.
Morră, *v.*	Chaponner, châtrer un jeune coq, un mâle.
Morre, M. *s.*	La castration, l'action de châtrer.
Morrekat, B. *s.*	Chaponneur, celui qui châtre.
Mossă, *v.*	Goûter, discerner les saveurs par le goût.
Môsse, *adv.*	Toujours.
Motaje, *conj.*	C'est pourquoi, afin que.
Motali, *v.*	Achever, finir une chose commencée, parfaire, terminer.
Motalikat, B. *s.*	Celui qui continue, qui termine.
Motaly, B. *s.*	La continuation.
Mothiă, *v.*	Marcher vîte.
Mou, *art.*	Le, la (proche). *(Voyez la Grammaire.)*
Mou, *pron.*	Il, elle, lui.
Moudhiă, *v.*	Arriérer, être en arrière pour les paiemens.

Wolof.	*Français.*
Moudhie, G. *s.*	La fin, après, ensuite.
Moudiéllä, *v.*	Être le dernier après tous les autres.
Moudiélle, B. *s.*	Le dernier après tous les autres.
Mougnä, *v.*	Patienter, prendre patience, attendre avec patience.
Moûgnâ, *v.*	Ricaner, rire à demi, soit par sottise, soit par malice.
Mougnadi, *v.*	Être impatient.
Mougnadikat, B. *s.*	Celui qui s'impatiente.
Mougne, G. *s.*	Patience, vertu qui fait supporter les adversités, les douleurs.
Mougnekat, B. *s.*	Patient, qui souffre les adversités, les injures.
Moûgnekat, B. *s.*	Ricaneur, qui ricane.
Mouk, *adv.*	Jamais.
Mouminä, *v.*	Être chaste, avoir son innocence, être vierge.
Moumine, B. *s.*	L'état d'une personne vierge. (Il ne se dit que des enfans.)
Mouna, B. *s.*	Chiquenaude.
Mounä, *v.*	Donner une chiquenaude sur le nez.
Mounasse, M. *s.*	Encens, parfum.
Moungou, *prép.*	Le voilà, la voilà (proche).
Mou ni, *v.*	Il dit, elle dit.
Mourä, *v.*	Couvrir, mettre une chose sur une autre pour la cacher.
Moure, M. *s.*	Bonheur, état heureux, prospérité.
Mouri, *v.*	Découvrir, ôter ce qui couvre une chose ou une personne.
Mourtode, B. *s.*	Apostat, celui qui abandonne sa religion pour en prendre une autre.
Moussä, *v.*	Être rusé, être malin, fin.
Moussa, *nom propre.*	Moïse.

Wolof.	*Français.*
Moussălă , *v.*	Sauver , garantir , tirer du péril.
Mousse , M. *s.*	Chat , chatte , animal domestique qui prend les rats et les souris.
Mousse , *adj.*	Malin , fin , rusé.
Moussé , *v.*	Ruser , se servir de ruses.
Moussou , *v.*	Sucer , tirer quelque liqueur ou quelque suc avec les lèvres.
Mouthiă , *v.*	Sauver , garantir , tirer du péril.
Moyă , *v.*	Renoncer , se désister , se déporter de quelque chose.
Moyă , *v.*	Quitter , abandonner , s'écarter de.
Moyă , *v.*	Manquer son coup, en parlant du chasseur.
Moyală , *v.*	Exproprier, confisquer, prendre par force.
Moyătou , *v.*	Éviter , fuir, esquiver une chose nuisible ou désagréable.
Mpadou, M. *s.*	Tempe de la tête.
Mpaijey , M. *s.*	Disposition, préparation, ouvrage, œuvre, arrangement , assaisonnement.
Mpaithie, M. *s.*	La danse, l'action de danser.
Mpaje , M. *s.*	Trou , cavité.
Mpăle, M. *s.*	Titre , dignité.
Mpale , M. *s.*	Patience.
Mpatey , *adv.*	Obligeamment.
Mpăye, M. *s.*	Le paiement, ce qu'on donne pour l'acquit d'une dette.
Mpéje, M. *s.*	L'air, le fluide qui enveloppe la terre.
Mpendalate, M. *s.*	Espèce de jupon, jupe courte, petite pagne.
Mpénthie, M. *s.*	Arbre public, ormeau du village, arbre où se fait l'assemblée.
Mpénthie ou yalla, M. *s.*	Jugement dernier (mot à mot, l'assemblée de Dieu).
Mperague , M. *s.*	Bras, l'humérus.

Wolof.	*Français.*
Mpésse, M. *s.*	Soufflet, coup du plat de la main, claque.
Mpétaje, M. *s.*	Le pigeon, oiseau domestique qu'on élève dans un colombier.
Mpétaje ou mariame, M. *s.*	Tourterelle, colombe (oiseau de Marie).
Mpétte, *prép.*	A côté de, près de, aux environs de.
Mpéye, M. *s.*	La nage, l'action de nager, la natation.
Mpire, M. *s.*	La jalousie.
Mpithie, M. *s.*	Oiseau, animal à deux pieds, ayant des plumes et des ailes.
Mpo, M. *s.*	Jeu, amusement, exercices du corps.
Mpognette, M. *s.*	Fagot de bois.
Mpojätame, M. *s.*	Aisselle du bras.
Mpologne, M. *s.*	Surface, contour, pourtour, superficie.
Mpône, M. *s.*	Tabac.
Mpotaje, *s.*	Laite ou laitance des poissons.
Mpôte, M. *s.*	Le lavage, le blanchissage, la lessive.
Mpôtou, M. *s.*	Le lieu où l'on lave le linge sale.
Mpourite, M. *s.*	Écume, mousse de certaines liqueurs, de certaines substances.
Mpoute, M. *s.*	Le gosier.

N

Na, *pron.*	Je.
Nă, *pron.*	Il, elle.
Năb, B. *s.*	Abcès, apostème, tumeur formée par un amas d'humeurs corrompues.
Năbenăbe, B. *s.*	Bonbon, friandise.
Nabina, B. *s.*	Prophète, celui qui prophétise, législateur d'une secte.
Nadanakoréte, *interj.*	Silence! chut!

F

Wolof.	*Français.*
Nâdhie, v. s.	Lumière, clarté, splendeur, le fluide qui rend les objets visibles.
Nadhié, B. s.	Courge, citrouille, potiron.
Nadiaé, D. s.	Oncle, tante.
Nâf, B. s.	Fagot, faisceau de menu bois, paquet.
Nâfa, D. s.	Porte-feuille dont se servent les nègres du Sénégal.
Nafaikje, adj.	Cafard, hypocrite, faux dévot.
Nagatite, adv.	Aussi.
Nagnă, v.	Gronder, mugir, beugler, hurler.
Năgnou, pron.	Ils, elles, eux.
Nague, v. s.	Bœuf, vache (quadrupède ruminant).
Naiguă, v.	Attendre, espérer, prendre patience, prétendre.
Naigue, B. s.	Chambre. (Il se dit de la plupart des pièces d'une maison.)
Naijă, v.	Plaire.
Naije, adj.	Agréable, excellent, délicieux.
Naije-dérette, v.	Joyeux, avoir de la joie, avoir de la gaieté.
Naikă, v.	Être dans un lieu.
Naină, v.	Pondre, en parlant des oiseaux.
Naine, B. s.	Œuf, substance que produit la femelle des ovipares.
Nainktéme, B. s.	L'os des pommettes.
Najă, v.	Tromper, attraper, mentir.
Năjă, v.	Être trouble, être bourbeuse, en parlant de l'eau.
Najâtă, v.	Chamarrer, orner un habit, un meuble de galons, de dentelles, de broderie, de bijoux, &c.
Najâte, B. s.	Ornement, feston, broderie.
Najatou, v.	Retromper, tromper encore.

Wolof.	*Français.*
Najekat, B. *s.*	Trompeur, celui qui trompe, menteur.
Najey, B. *s.*	Fraude, tromperie.
Năjïte, B. *s.*	Lie, dépôt de certains liquides.
Naka, *adv.*	Comment, comme, de quelle manière.
Nakamou, *interj.*	Comment ! qu'est-ce qu'il y a !
Nakjadi, *v.*	Nuire, faire tort, porter dommage.
Nakjamtikou, *v.*	Mâcher sans avoir rien à la bouche.
Nakjar, V. *s.*	Chagrin, peine, affliction, tristesse, mélancolie.
Nakjarlo, *v.*	Chagriner, donner du chagrin, tourmenter.
Năkje, B. *s.*	Le bas-ventre, l'abdomen.
Nălă, *v.*	Pressurer, presser les fruits pour en avoir le jus.
Nămă, *v.*	Aiguiser, rendre pointu, tranchant.
Nâme, *adv.*	Plait-il ! que voulez-vous !
Nampă, *v.*	Teter, sucer le lait de la mamelle.
Nampalekat, B. *s.*	Nourrice, celle qui allaite un enfant.
Nână, *v.*	Boire, avaler un liquide, absorber.
Nandală, *v.*	Arroser, mouiller quelque plante en versant de l'eau dessus.
Nandalou, *v.*	Se purger, nettoyer, purifier le corps avec des remèdes.
Nandalou, B. *s.*	Arrosoir, vase fait pour arroser.
Nânekat, B. *s.*	Buveur, celui qui boit.
Nangainetane, M. *s.*	Glaire, humeur visqueuse.
Năngou, *v.*	Recevoir, accepter, conclure, soumettre.
Năngoukat, B. *s.*	Celui qui reçoit, qui accepte, receveur.
Nankou, G. *s.*	Turban, coiffure des chefs de tribu chez les maures et les nègres.
Nănou, *pron.*	Nous.
Nânou, B. *s.*	La pipe.
Napă, *v.*	Pêcher, prendre du poisson.

Wolof.	*Français.*
Napekat, B. *s.*	Pêcheur, celui dont la profession est de pêcher.
Napoukaye, B. *s.*	Pêcherie, le lieu où l'on pêche.
Nâre, B. *s.*	Maures, peuples de la Mauritanie.
Narlo, *v.*	Faire mentir quelqu'un, l'engager à dire un mensonge.
Narră, *v.*	Mentir, parler contre la vérité.
Narre, B. *s.*	Mensonge, ce qui est contre la vérité.
Narrekat, B. *s.*	Menteur, flatteur, celui qui ment.
Nasarane, *nom propre.*	Nom que les Wolofs donnent aux Chrétiens.
Năssă, *v.*	Enfiler, passer un fil par le trou d'une aiguille, d'une perle, &c.
Nasse, G. *s.*	Flot, marée, flux de la mer.
Nătăl, B. *s.*	Portrait, image, buste, statue.
Nătalkat, B. *s.*	Peintre, celui qui fait profession de peindre.
Nâte, B. *s.*	Pintade, oiseau du genre des gallinacées.
Nathiä, *v.*	Saigner, tirer du sang en ouvrant la veine.
Năthiatăle, G. *s.*	Ratière, petite machine servant à prendre les rats et les souris.
Năttă, *v.*	Mesurer, peser, estimer une quantité. — Essayer, faire un essai, tâcher de réussir, voir si l'on pourra.
Năttekat, B. *s.*	Mesureur, celui qui mesure.
Naujelou, *v.*	Accabler, abattre par la pesanteur, faire succomber.
Naujelou, M. *s.*	Accablement.
Naure, B. *s.*	Bonne saison, temps qui comprend l'hiver et le printemps.
Navéte, B. *s.*	Mauvaise saison, hivernage, temps des pluies chez les nègres du Sénégal.

Wolof.	Français.
Năw, *v.*	Louer, prodiguer des louanges, flatter.
Nâw, *v.*	Voler, s'élever en l'air par le moyen des ailes.
Nâwal, B. *s.*	Cerf-volant, papier collé sur des baguettes, que les enfans font voler.
Nawe, G. *s.*	Sternum, os plat situé à la partie antérieure de la poitrine.
Năyou, *v.*	Complimenter, faire un compliment, féliciter.
Năyou, B. *s.*	Le compliment.
Năyoukat, B. *s.*	Complimenteur, celui qui complimente.
Ndâa, L *s.*	Espèce de jarre, grand vase de terre.
Ndăbe, L. *s.*	Panier, corbeille, ustensile de ménage.
Ndadié, M. *s.*	Assemblée, nombre de personnes réunies dans un même lieu, société.
Ndadiey mou bone, M. *s.*	Clique, société de gens qui s'unissent pour tromper.
Ndadiey ou daïje, G. *s.*	Confluent, l'endroit où se joignent deux rivières.
Ndăgâne, M. *s.*	Sollicitation, instigation, instance.
Ndagnă, *v.*	Choquer, donner un choc, heurter.
Ndagne, L. *s.*	Choc, heurt d'un corps contre un autre. — Chasse d'un métier de tisserand.
Ndăgou, L. *s.*	Plante des pieds.
Ndaïe, *prép.*	Pour, à cause, en considération de.
Ndaïe bou, *conj.*	De peur que.
Ndaïe sotală, *adv.*	Enfin, pour finir, en un mot.
Ndakje, M. *s.*	La victoire, l'action de vaincre.
Ndame, L. *s.*	La gloire, honneur, splendeur, éclat.
Ndamndame, L. *s.*	Perroquet (oiseau).
Ndana, M. *s.*	L'action de bien tirer, de bien chasser.
Ndănde, M. *s.*	Tambour des nègres.
Ndangal, L. *s.*	Harpe, instrument de musique.

Wolof.	*Français.*
Ndankä, *v.*	Agir doucement, avec silence, avec lenteur, avec beaucoup de calme.
Ndankaye, B. *s.*	Le silence.
Ndănne, L. *s.*	Banquet, festin, repas.
Ndânou, M. *s.*	L'action de tomber, la chute.
Ndaossy, *s.*	Madame, terme dont se servent les nègres lorsqu'ils ne veulent pas prononcer le nom de la personne à laquelle ils parlent.
Ndaou, L. *s.*	L'ambassadeur, l'envoyé d'un souverain.
Ndäpassändäpassä, *v.*	Frapper des pieds en marchant.
Ndar, *nom prop.*	L'île Saint-Louis du Sénégal.
Ndäpe, M. *s.*	Le renversement, l'action de renverser.
Ndäw, M. *s.*	La fuite, l'action de fuir, désertion, abandonnement.
Ndaw, *adj.*	Jeune, qui n'a que peu d'années.
Ndaw, *v.*	Être jeune, être encore dans la jeunesse.
Ndăwal, M. *s.*	La course, l'action de courir.
Ndawalä, *v.*	Rajeunir, rendre jeune.
Ndawkounda, *adj.*	Noble, celui qui est de bonne naissance.
Ndéate, M. *s.*	Peste, maladie contagieuse.
Ndée, M. *s.*	La mort, l'action de mourir.
Ndéey, D. *s.*	Mère, femme qui a mis au monde un enfant. (Il se dit aussi de la femelle des animaux.)
Ndéey ou kôre, G. *s.*	Juillet, la lune de juillet chez les nègres.
Ndéfare, M. *s.*	Rétablissement, l'action de rétablir, une chose rétablie.
Ndéfe, M. *s.*	Crottin, excrément des chevaux, des bœufs, &c.; fumier.
Ndégam, *conj.*	Pourvu que, puisque.
Ndéki, L. *s.*	Le déjeûner, le repas du matin.
Ndéky, M. *s.*	Résurrection, retour de la mort à la vie.
Ndéloussi, M. *s.*	Le retour, action de retourner, de revenir.

Wolof.	*Français.*
Ndére, *nom propre.*	Capitale des états de Brak, roi d'une province yolofe.
Ndérére, B. *s.*	La sole, espèce de poisson.
Ndésse, M. *s.*	Natte, tissu de paille ou de jonc.
Ndeume, G. *s.*	Sortilége, maléfice, diablerie, mauvais effet dont on ne connaît pas la cause.
Ndéyaley, M. *s.*	Confident.
Ndéye, M. *s.*	Le secret, la confidence, le mystère.
Ndéyediore, B. *s.*	Main droite, la partie droite.
Ndhiaéténdhiaéty, M. *s.*	Chancellement, action de ce qui penche de côté et d'autre.
Ndhie, M. *s.*	L'action de semer, de jeter les semences dans la terre.
Ndhiégney, M. *s.*	Accusation, reproche d'une faute.
Ndhiérite, M. *s.*	Criblure, ordure séparée du grain par le crible ou par le van.
Ndhine, M. *s.*	Appel, action d'appeler.
Ndhiortou, M. *s.*	L'imagination, faculté par laquelle l'ame imagine.
Ndhiougoube, L. *s.*	Chauve-souris, sorte d'oiseau nocturne dont les ailes sont des membranes.
Ndhioure, M. *s.*	L'action d'enfanter.
Ndhiourkal, M. *s.*	Milan, oiseau de proie.
Ndhiaée, M. *s.*	Vente, l'action de vendre.
Ndhiaée, *nom propre.*	Titre que prend le roi du royaume de Yolof.
Ndhiagabar, L. *s.*	Pélican (oiseau).
Ndhiäguä, M. *s.*	Caravane, troupe de marchands qui se réunissent pour voyager.
Ndiägue, M. *s.*	Le coût, le prix d'une chose, ce qu'elle a coûté.
Ndiakje, L. *s.*	Pot, vase de terre dont se servent les nègres.

Wolof.	*Français.*
Ndialbéne, L. *s.*	Le commencement.
Ndialever, L. *s.*	Tourbillon, vent impétueux qui va en tournoyant.
Ndialo, M. *s.*	Concubinage, commerce d'un homme et d'une femme qui vivent secrètement.
Ndiamantou, M. *s.*	Apprentissage, état d'un apprenti, étude.
Ndiambar, M. *s.*	Intrépidité, hardiesse, courage.
Ndiambour, M. *s.*	Liberté, indépendance, état d'un homme libre.
Ndiâme, G. *s.*	L'esclavage, la captivité.
Ndiamou, M. *s.*	Adoration, action d'adorer.
Ndianaje, M. *s.*	Muscle du bras.
Ndiânde, M. *s.*	L'achat, l'action d'acheter.
Ndiândey, M. *s.*	Le marché, la convention.
Ndiângale, L. *s.*	Pillage, l'action de piller, de dévaster un village.
Ndiangue, M. *s.*	La lecture, l'action de lire.
Ndiape, M. *s.*	La confiscation, l'action de confisquer, de prendre.
Ndiape, M. *s.*	La retenue, l'action de retenir.
Ndiaw, M. *s.*	Médisance, détraction, action de médire.
Ndiébal, M. *s.*	Livraison, action de livrer.
Ndiégnä, M. *s.*	L'action de pousser.
Ndiégne, M. *s.*	Accusation, délation, dénonciation, inculpation.
Ndiékar, L. *s.*	Mauvaise action, chose abominable.
Ndieketef, L. *s.*	Sorcier, celui ou celle qui, suivant l'opinion du peuple, a un pacte avec le diable pour faire des maléfices.
Ndiéme, M. *s.*	L'entreprise, l'action d'entreprendre.
Ndiérére, B. *s.*	La sauterelle, insecte ailé fort commun en Afrique.
Ndigal, M. *s.*	Commission, promesse, exemple.

Wolof.	*Français.*
Ndigue, L. *s.*	Rein, partie du corps.
Ndiguey, M. *s.*	Le complot, mauvais dessein formé entre plusieurs personnes.
Ndiguy, *conj.*	Afin que, à cause de, selon, pourvu que, puisque, en cas que, parce que.
Ndimal, L. *s.*	Secours, aide, assistance, bienfait.
Ndimo, L. *s.*	La guinée, toile bleue qui vient de l'Inde.
Ndinthie, M. *s.*	La conservation, action de conserver.
Ndiobaye, L. *s.*	Alouette (oiseau).
Ndiobo, L. *s.*	Lièvre, petit animal de l'ordre des rongeurs.
Ndioéndioé, L. *s.*	Plante laiteuse, espèce d'euphorbe.
Ndiogänal, L. *s.*	Le goûter, repas qui se fait entre le dîner et le souper.
Ndiogney, M. *s.*	La malice, la ruse, la feinte, le stratagème, la finesse.
Ndiogue, M. *s.*	L'action de se lever, de se tenir debout.
Ndiole, M. *s.*	Homme fluet.
Ndiolôre, M. *s.*	Midi, le milieu du jour.
Ndiôre, M. *s.*	Fusillade, plusieurs coups de fusil tirés à-la-fois.
Ndiote, M. *s.*	Le rachat, l'action de racheter.
Ndioubanty, M. *s.*	La correction, action de corriger, de civiliser, de dresser.
Ndioudou, M. *s.*	Habitant, celui qui habite une ville, un village ; indigène.
Ndioulite, G. *s.*	Piété, dévotion, sagesse, vertu, continence.
Ndiouma, L. *s.*	Monstre, animal qui a une conformation difforme.
Ndioume, M. *s.*	L'erreur, l'inadvertance, l'action de se tromper.
Ndo, *adv.*	Ensemble, l'un avec l'autre.
Ndobine, L. *s.*	Calao (oiseau).

Wolof.	Français.
Ndofaye, B. *s.*	Folie, extravagance.
Ndogal, G. *s.*	Accident, fléau, malheur, disgrace, misère.
Ndogal, L. *s.*	Conclusion, fin d'une affaire.
Ndogate, M. *s.*	Le hachis, l'action de hacher, de couper.
Ndogou, L. *s.*	Collation, léger souper des jours de jeûne.
Ndogue, M. *s.*	La coupure, l'action de couper, de trancher.
Ndoje soufe, L. *s.*	Le serpent, reptile venimeux.
Ndokelé, *v.*	Prendre part à la joie de quelqu'un, féliciter quelqu'un.
Ndolinte, M. *s.*	L'augmentation.
Ndoly, M. *s.*	Ajoutage, augmentation, action d'augmenter.
Ndonel, L. *s.*	Héritage, succession.
Ndongo, B. *s.*	L'os occipital.
Ndonngue, L. *s.*	Écolier, disciple, apôtre, élève.
Ndore, M. *s.*	Le commencement.
Ndortey, G. *s.*	Commencement, par où chaque chose commence.
Ndougue, M. *s.*	Marchandise.
Ndoukâne, L. *s.*	Intendant, celui qui dirige et qui a soin des affaires d'un autre ; ministre.
Ndouma, L. *s.*	Punition, châtiment, peine.
Né, *v.*	Il dit, elle dit.
Néau, B. *s.*	Espèce de fruit qui a quelque ressemblance avec la pêche (parinarium).
Nébnéb, D. *s.*	Acacia, arbre ou arbrisseau épineux du Sénégal.
Nébonne, G. *s.*	Graisse, substance huileuse concrète.
Négandikou, *adj.*	Provisionnel, qui se fait par provision.

Wolof.	*Français.*
Néjală, *v.*	Sucrer, adoucir, rendre doux, agréable. — Contenter, satisfaire, rendre content, récompenser. — Flatter, cajoler, dorloter, traiter délicatement, caresser.
Néjalekat, B. *s.*	Le flatteur, le cajoleur.
Néjatou, *v.*	Se contenter, être content, être satisfait.
Néke, G. *s.*	Graisse, substance huileuse liquide.
Nel, B. *s.*	Tête pelée, rasée.
Nélaw, *v.*	Dormir, reposer, être dans le sommeil.
Néo, B. *s.*	Meurtrissure, contusion livide.
Nérajă, *v.*	Réfléchir les rayons lumineux.
Néramă, *v.*	Éblouir, empêcher l'usage de la vue par une trop grande lumière.
Nétali, *v.*	Déclamer, réciter à haute voix et d'un ton d'orateur, raconter, narrer.
Nétalikat, B. *s.*	Déclamateur, qui déclame, qui raconte, qui rapporte.
Neûbă, *v.*	Sentir mauvais, puer, pourrir, corrompre, gâter, infecter.
Neubă, *v.*	Cacher quelque chose, soustraire, détourner.
Neubou, *v.*	Se cacher, ne pas se laisser voir.
Nevală, *v.*	Être ignorant.
Nevale, B. *s.*	Ignorance.
Névi, *v.*	Être enflé, être gonflé, être bouffi.
Néw, *v.*	N'avoir pas, ne pas avoir, être privé, manquer de quelque chose.
Néw, *adv.*	Peu, en petite quantité.
Nsolli, M. *s.*	La destitution, l'action de destituer, de détrôner.
Nga, *pron.*	Tu, toi.
Ngâga, L. *s.*	Gros poisson du genre marsouin, baleine.
Ngagne, M. *s.*	Eau salée, eau de la mer, eau saumâtre.

Wolof.	*Français.*
Ngaiguénaye , L. *s.*	Traversin, chevet , oreiller, coussin , &c.
Ngaine , *pron.*	Vous.
Ngămôte , L. *s.*	Le sommeil, le repos.
Ngăndhie , L. *s.*	Indigo , matière colorante.
Ngangore , L. *s.*	Troupe , multitude , grande réunion de personnes assemblées.
Ngangouney , L. *s.*	Tribunal , lieu où l'on juge.
Ngănndal , L. *s.*	Espèce d'amadou , duvet qui se trouve dans le noyau des néaux.
Ngarkangoki , B. *s.*	Hermaphrodite , qui réunit les deux sexes.
Ngatane , L. *s.*	Couchette , petit lit, canapé.
Ngnâam , V. *s.*	Mâchoire, os situés à la partie supérieure et inférieure de la bouche.
Ngnabou , G. *s.*	L'orgueil, opinion trop avantageuse de soi-même, fierté , vanité.
Ngnaboulo, *v.*	Rendre orgueilleux, donner de l'orgueil, de la fierté.
Ngnaboutey , G. *s.*	Caractère de celui qui est fier, orgueilleux.
Ngnajä , *v.*	Braire. (Terme qui exprime le cri de l'âne.)
Ngnampatä , *v.*	Mordre , serrer avec les dents. (Il se dit aussi des oiseaux et des insectes.)
Ngnankă , *v.*	Tenir, mettre quelque chose entre ses dents.
Ngnéef , *adj.*	Admirable.
Ngnéjallä , *v.*	Hennir. (Verbe qui exprime le cri du cheval.)
Ngneub , B. *s.*	Poignée, autant que la main fermée peut contenir.
Ngnissä , *v.*	S'évaporer, se réduire en vapeur , se dessécher.
Ngnodhiä , *v.*	Être transi, avoir des crispations, être engourdi.
Ngnodhie , B. *s.*	Crispation , maladie des nerfs, engourdissement.
Ngnôte , V. *s.*	Épi de graminées.

Wolof.	*Français.*
Ngnotôte, B. *s.*	Ciron, le plus petit des animaux, pou des poules et des canards, &c.
Ngobetey, L. *s.*	La moisson, récolte des blés et autres grains.
Ngogne, M. *s.*	Foin, fourrage, herbe séchée au soleil.
Ngonale, L. *s.*	Veillée.
Ngône, G. *s.*	Le soir, dernière partie du jour.
Ngôre, *adj.*	Bravoure, vaillance, hardiesse.
Ngortäne, L. *s.*	Pivert, oiseau dont le plumage est jaune et vert.
Ngounoure, L. *s.*	Poulailler, lieu où se logent les poules.
Ngoûre, G. *s.*	Règne, gouvernement d'un état.
Ngoury, L. *s.*	Insecte de l'ordre des hyménoptères.
Nguame, L. *s.*	Sûreté, éloignement de tout péril.
Nguärame, L. *s.*	Remerciement, reconnaissance, action de grâce.
Nguéldi, L. *s.*	Cadis, serge.
Nguéloô, L. *s.*	Vent, air mu avec plus on moins de rapidité.
Nguémbe, L. *s.*	Espèce de culotte dont se servent les nègres.
Nguétane, L. *s.*	Persécution, vexation, châtiment, punition, mauvais traitement.
Nguilaûre, M. *s.*	Écho, bruit, son renvoyé avec éclat par les corps environnans.
Nguirala, G. *s.*	Lisse du métier de tisserand.
Ni, *v.*	Dire, faire connaître, annoncer.
Ni, *conj.*	Que.
Niaguä, *v.*	Clore.
Niaje, B. *s.*	Orge de riz (graminée).
Niäje, M. *s.*	Paille, tuyau et épi de blé, d'orge, de mil, &c.
Niajéte, B. *s.*	Espèce de pantoufle, savate, vieux soulier, sandale.

Wolof.	*Français.*
Niâkä, *v.*	Inoculer la petite vérole.
Niakä, *v.*	N'avoir pas de, manquer de, perdre.
Niaka soutoura, *v.*	Être impertinent, n'avoir aucun respect, être malhonnête.
Niakjä, *v.*	Suer, transpirer, avoir chaud.
Niâkou, *v.*	S'inoculer la petite vérole.
Niälä, *v.*	Connaître un lieu, un endroit.
Nialéme, *v. s.*	Proverbe, calembour.
Niälgou, *v.*	Monter, grimper sur un arbre, &c.
Niânä, *v.*	Prier, réclamer, implorer, demander avec instance, solliciter, supplier.
Niânaley, *B. s.*	Camarade de réclamation, celui qui demande, qui implore, qui sollicite avec quelqu'un.
Nianate, *B. s.*	Masure, débris d'une maison, d'un objet quelconque.
Niandä, *v.*	Moucher quelqu'un.
Niandajite, *v. s.*	Rhume de cerveau, coryza, morve, excrément du cerveau.
Niandou, *v.*	Se moucher.
Niânekat, *B. s.*	Demandeur, celui qui demande, qui implore, qui sollicite.
Nianette, *nom de nomb.*	Quatre.
Niangor, *D. s.*	Vipère, serpent vivipare.
Niankarbi, *B. s.*	La colique, maladie qui cause des tranchées dans le bas-ventre.
Niänkarbi, *v.*	Avoir la colique, des tranchées.
Niao, *v.*	Être beau, joli, agréable.
Niare, *nom de nombre.*	Deux.
Niarel, *B. s.*	La deuxième partie, le second, qui est du second ordre.
Niarel ou tier, *B. s.*	La demie, la moitié.
Niàsse, *adj.*	Raboteux, qui n'est point poli.

Wolof.	*Français.*
Niâta , *adv.*	Combien, quel est le nombre, quel est le prix de cela !
Niatel , B. *s.*	Troisième, celui qui tient le troisième ordre.
Niatel ou tier , B. *s.*	La troisième partie, le tiers.
Niatte , *nom de nombre.*	Trois.
Niaurä , *v.*	Mûrir, être prêt, être en maturité, être bon à manger.
Niaw , *v.*	Coudre, joindre des choses ensemble avec du fil, du coton, &c.
Niäw , *v.*	Venir, arriver, se transporter d'un lieu dans un autre.
Niaw , *adj.*	Laid, hideux, difforme, qui a quelque grand défaut dans les proportions ou les couleurs.
Niawalä , *v.*	Mépriser, avoir du mépris, détester.
Niawalou , *v.*	Se mépriser, se détester.
Niawaye , B. *s.*	Laideur.
Niawkat , B. *s.*	Celui qui coud, celle qui coud.
Niébey , D. *s.*	Haricot, plante légumineuse.
Niégue , B. *s.*	Duodenum (intestin).
Niéjou , *v.*	Laper, boire en tirant l'eau avec la langue.
Nielle-nielli , *v.*	Marcher à grands pas.
Niéme , B. *s.*	Tenaille, pince dont se servent les forgerons.
Niguä , *v.*	Il se dit de l'eau chaude.
Nimsé , *v.*	Douter, être incertain.
Ninä , *v.*	Être engraissé, devenir gras.
Ninälä , *v.*	Engraisser, faire devenir gras.
Niorjälä , *v.*	Châtouiller, causer un tressaillement qui provoque à rire.
Niorjälkat , B. *s.*	Celui qui châtouille.

Wolof.	Français.
Niou, G. *s.*	Crème, la partie la plus grasse du lait.
Nioulälä, *v.*	Noircir, rendre noir.
Nioule, *adj.*	Noir, qui est de couleur noire.
Nioïe, B. *s.*	La trompe de l'éléphant.
Nioulle, D. *s.*	Palma-christi, ricin (plante).
Nioulouguä, *v.*	Mettre de l'eau à chauffer, faire chauffer de l'eau.
Nioussey, B. *s.*	Coït, l'accouplement du mâle avec la femelle pour la génération.
Nirä, *v.*	Regarder, fixer, jeter la vue sur quelque chose.
Niro, *v.*	Être semblable, conforme, avoir les mêmes formes.
Niro, *adj.*	Semblable, pareil.
Nirolä, *v.*	Assimiler, rendre semblable, conformer.
Nirolé, *v.*	Conformer, rendre conforme, semblable, pareil.
Nirou, *v*	Être semblable, pareil.
Nírre, V. *s.*	Nuage, amas de vapeurs élevées en l'air.
Nîtou, B. *s..*	Tison, chandelle dont se servent les nègres, brandon, flambeau.
Nitte, G. *s.*	Homme, gens, peuple, nation, le genre humain.
Niw, B. *s.*	Cadavre, corps mort.
Njâfe, M. *s.*	Belier, mâle de la brebis.
Njâgne, M. *s.*	Habillement, vêtement.
Njaïou, M. *s.*	Fête, jour consacré aux réjouissances.
Njalam, L. *s.*	Violon, lyre, instrument de musique.
Njalâte, M. *s.*	Pensée, opération de l'esprit et de l'imagination.
Njargaine, M. *s.*	Hirondelle (oiseau).
Njärre, M. *s.*	Mouton, brebis.
Njassawane, M. *s.*	Basilic, plante aromatique.

Wolof.	Français.
Njäthiä, *v.*	Limer, polir avec la lime.
Njäthie, G. *s.*	Instrument d'acier, lime.
Njäthite, M. *s.*	Limaille, petite partie du métal que la lime fait tomber.
Njayelite, M. *s.*	Bile, humeur animale dont la sécrétion se fait dans le foie.
Njel, M. *s.*	Esprit, idée, perception de l'ame.
Njerdhiédhie, M. *s.*	Hibou, oiseau nocturne, chat-huant, chouette.
Njirou, M. *s.*	L'action de réprimander, de crier contre quelqu'un.
Njoussaba, L. *s.*	Chemise, vêtement que l'on porte sur la chair.
Nkadou, G. *s.*	Ton, certain degré d'élévation de la voix.
Nkâfe, L. *s.*	Cage, petite loge où l'on met les oiseaux.
Nkagnane, G. *s.*	Haine, aversion, inimitié.
Nkagnne, L. *s.*	Le cerveau, le crâne de la tête, la boîte cérébrale.
Nkäloûre, M. *s.*	Mollet, gras de la jambe.
Nkandé, G. *s.*	Amitié, concorde, union de cœur et de volonté.
Nkane, M. *s.*	Trou.
Nkane mou jôte, M. *s.*	Gouffre, abîme, précipice.
Nkängne, M. *s.*	Savant, qui sait beaucoup de choses.
Nkärigne, L. *s.*	Charbon éteint, bois brûlé.
Nkassey, L. *s.*	Chaudron.
Nkaure, G. *s.*	Le jeûne, l'abstinence, l'action de jeûner.
Nkawedire, G. *s.*	La chaudière, la marmite, ustensile de cuisine.
Nkerre, G. *s.*	Ombre, obscurité que cause un corps opaque en interceptant la lumière.
Nkide, B. *s.*	Pince des crabes, écrevisses, &c.
Nkissé, *adv.*	Bientôt, dans peu de temps.

Wolof.	*Français.*
Nkoke , L. *s.*	Espèce de gobelet , d'écuelle, de tasse, ustensile de ménage.
Nkordio , B. *s.*	Collyre , remède extérieur qui s'applique aux yeux.
Nkore , G. *s.*	Banqueroute , insolvabilité , mauvaise foi d'un marchand.
Nkôre , G. *s.*	Conspiration, conjuration, complot contre l'autorité , trahison.
Nkoubére , G, *s.*	Couvercle , ce qui sert à fermer certains vases.
Nkoudey , G. *s.*	Métier du cordonnier.
Nkouke , M. *s.*	La navette d'un métier de tisserand.
Nkousse , M. *s.*	Coccix , extrémité du bas de l'échine de l'homme.
Nobnobe , B. *s.*	Luxure, incontinence, lubricité , desir déréglé.
Nodă , *v.*	Gagner au jeu.
Nodoume vaitey , *v.*	Comment cela s'appelle! (Mot emprunté des Poules, peuple qui avoisine le Sénégal.)
Noé, *adj.*	Mou, qui a peu de résistance, qui cède facilement, qui a peu de vigueur.
Noéaye , B. *s.*	Tendreté , qualité de ce qui est tendre.
Noflaye, B. *s.*	Tranquillité, calme , état de ce qui est tranquille, quiétude.
Nona ak nona, *adv.*	Aussitôt , au même instant.
Noô , B.	Aspiration, action d'attirer l'air par la bouche.
Nopalikou , *v.*	Se reposer , prendre du repos.
Nopalikou , B. *s.*	Relâche, interruption , discontinuation de quelque travail , repos.
Nopalou , M. *s.*	La halte, lieu où l'on s'arrête , l'endroit où les caravanes font halte.
Nopi , *v.*	Se taire , ne dire pas, observer le silence.

Wolof.	*Français.*
Nopijaléle , B. *s.*	Démon, diable qui fait peur aux enfans.
Noppe , B. *s.*	L'oreille , l'organe de l'ouie.
Nossã , *v.*	Parler du nez.
Notajalou , B. *s.*	Contusion, meurtrissure.
Noujoura , B. *s.*	Sangle, courroie qui sert à fixer la selle d'un cheval , &c.
Noune , *pron.*	Nous.
Nouou , *nom. p.*	Noé.
Nourãlã , *v.*	Plonger, enfoncer quelque chose dans l'eau.
Nourekat , B. *s.*	Plongeur , celui qui plonge.
Nourrã , *v.*	Se moisir, se chancir , rancir.
Nourraye , B. *s.*	Moisissure, corruption d'une chose moisie.
Nourre , *adj.*	Moisi, ranci.
Nouthiã , *v.*	Être cagneux, avoir les genoux tournés en dedans , bancroche.
Noutouthie , B. *s.*	Aiguillier, étui où l'on serre des aiguilles, des épingles, &c.
Noyi , *v.*	Respirer, attirer l'air dans sa poitrine , vivre.
Nsakje , M. *s.*	Grange , lieu où l'on dépose les grains après la moisson.
Ntafã , *v.*	Frire, rôtir, faire cuire dans la friture.
Ntafe , M. *s.*	La friture , le rôti, ce qui a été frit.
Ntafekat , B. *s.*	Celui qui frit, qui fait rôtir dans la friture.
Ntafoukaye , B. *s.*	Le lieu où l'on fait des fritures.
Ntãgne , M. *s.*	Troupe, multitude de gens ou d'animaux assemblés.
Ntagnelaye , L. *s.*	Bandeau, turban.
Ntague , L. *s.*	Nid, petit logement que les oiseaux font pour y pondre.
Ntague , M. *s.*	Corbeille, panier, ustensile de ménage.
Ntãgue , G. *s.*	Forge, le lieu où l'on travaille le fer.

Q *

Wolof.	*Français.*
Ntaïdadi, M. *s.*	Impoli, malhonnête, incivil, homme grossier.
Ntaïde, M. *s.*	L'honnêteté, la civilité, l'urbanité.
Ntaje, M. *s.*	Appartement, logement de plusieurs pièces.
Ntăkakou, B. *s.*	Cordon, petite corde.
Ntăkaye, L. *s.*	Bijou, petit ouvrage curieux ou précieux.
Ntăke, G. *s.*	Dot du mariage.
Ntake, G. *s.*	Rive, bord d'un fleuve, d'un étang, d'un lac.
Ntălată, M. *s.*	Soufflet, coup donné du plat de la main.
Ntanne, M. *s.*	Choix, action de choisir.
Ntape, L. *s.*	Massue, bâton noueux et gros, tricot.
Ntarli, G. *s.*	Sapajou, petit singe.
Ntassite, M. *s.*	Décombres, démolition, les matériaux qui restent de ce qu'on démolit ; cassé.
Ntawăne, M. *s.*	Extrémité de l'oreille.
Ntawate, M. *s.*	Gémissement, lamentation, plainte, cri, pleurs.
Ntayeley, M. *s.*	Otage, engagement, ce que l'on remet à ceux avec qui on fait un traité pour sûreté de son exécution.
Ntégal, M. *s.*	La circoncision, l'action par laquelle on circoncit.
Ntégue, M. *s.*	Selle du cheval.
Nténey, L. *s.*	Léopard, bête féroce.
Ntéréte, B. *s.*	Cordelle, cordeau qui sert à tirer les bateaux.
Ntérey, M. *s.*	Abolition, défense.
Nterranga, M.	Le respect, vénération qu'on a pour quelqu'un.
Nthială, v.	Gripper, ravir subtilement, en parlant des chats.
Nthialekat, B. *s.*	Celui qui grippe, qui vole avec subtilité.

Wolof.	*Français.*
Nthiangaye, M. *s.*	Hardes, tout ce qui sert pour l'habillement.
Nthiästäne, L. *s.*	Talon, la partie postérieure du pied. — Coude, partie extérieure du bras à l'endroit où il se plie.
Nthiathie, G. *s.*	Le vol, ce que l'on a volé, le larcin, l'action de voler, de dérober.
Nthiauw, L. *s.*	Tapage, désordre accompagné d'un grand bruit.
Nthiayenthiaye, G. *s.*	Libertinage, débauche et mauvaise conduite.
Nthiébo, M. *s.*	La première pluie, la pluie qui commence l'hivernage.
Nthiedaley, M. *s.*	Séparation, distribution, partage, division.
Nthiew, M. *s.*	Rayon.
Nthifä, *v.*	Fouetter, donner des coups de fouet sur le derrière.
Nthife, M. *s.*	Action de fouetter.
Nthifekat, B. *s.*	Fouetteur, celui qui fouette.
Nthifou, *v.*	Se fouetter, se donner des coups de fouet.
Nthifoukaye, B. *s.*	Le lieu où l'on fouette.
Nthine, L. *s.*	Pot de terre, d'argile, vase servant à mettre de l'eau.
Nthioé, L. *s.*	Perruche, espèce de petit perroquet.
Nthiofel, M. *s.*	L'amour, l'amitié éternelle, l'attachement constant.
Nthiokaire, L. *s.*	Perdrix, oiseau bon à manger.
Nthiole, L. *s.*	Plongeon, oiseau aquatique.
Nthioro, L. *s.*	Amoureuse, maîtresse, amante.
Nthiounkore, L. *s.*	Crinière, tout le crin qui est sur le cou du cheval.
Nthiour, B. *s.*	Petit requin (poisson).
Ntiafo, L. *s.*	Le goût, un des cinq sens.

Wolof.	Français.
Ntiâje, L. *s.*	Filet, seine, ustensile de pêcheur.
Ntiakarake, B. *s.*	Turbot (poisson).
Ntiamogne, B. *s.*	Main gauche, la partie gauche.
Ntiangue, M. *s.*	Mésentère, graisse des boyaux, enveloppe des intestins.
Ntiasse, L. *s.*	Tendron, cartilage.
Ntiate, L. *s.*	Angle, pointe, bout, extrémité.
Ntielle, M. *interj.*	Chut, paix, silence.
Ntiésse, L. *s.*	Tetin, le bout de la mamelle, soit aux hommes, soit aux femmes.
Ntiéyete, G. *s.*	Noce, mariage.
Ntile, G. *s.*	Renard, animal carnassier.
Ntinje, L. *s.*	Paume de la main.
Ntiojor, M. *s.*	Méchanceté, caractère de celui qui est méchant, mauvais.
Ntioube, G. *s.*	Teint, action de teindre, de colorer certaines choses.
Ntioute, L. *s.*	Croupion, extrémité postérieure de l'échine des oiseaux.
Ntioy, *adj.*	Vert, qui est de couleur verte.
Ntioyelo, *v.*	Verdir, rendre vert, teindre en vert.
Ntitelle, M. *s.*	Étonnement, surprise, ravissement, admiration.
Ntobo, M. *s.*	Le trou préparé pour recevoir de la semence, de la graine.
Ntodhie, M. *s.*	Dévastation, ruine, désolation, pillage d'un pays, l'action de casser, &c.
Ntonte, L. *s.*	Parole de la divinité, réponse de l'oracle.
Ntortor, M. *s.*	Fleur, production des végétaux qui précède et contient le fruit.
Ntorrajetey, L. *s.*	Déshonneur, honte, opprobre, ce qui est peu honorable, honteux.
Ntougal, B. *s.*	La France, l'Espagne, &c., l'Europe.

Wolof.	*Français.*
Ntougne, M. *s.*	Lèvre, partie de la bouche.
Ntoute, *adj.*	Petit.
Nvaidy, M. *s.*	L'action de contredire, contradiction ; *bou vaidy*, contradictoirement.
Ny, *conj.*	Ni.

O

O, *interj.*	Interjection dont on se sert pour appeler quelqu'un.
Obali, *v.*	Bâiller, respirer en ouvrant la bouche.
Obalikat, B. *s.*	Bâilleur, celui qui bâille.
Obo, B. *s.*	Labre, espèce de poisson.
Omate, B. *s.*	Vers des intestins.
Ombă, *v.*	Ourler, faire un ourlet à du linge ou à quelque étoffe.
Ombekat, B. *s.*	Celui ou celle qui ourle.
Ome, B. *s.*	Coude, genou, rotule.
Omelé, *v.*	Gagner. — Faire bonne chasse, bonne pêche, bonne capture.
Ommă, *v.*	Être maigre, devenir maigre, maigrir.
Ommattă, *v.*	Conduire un aveugle.
Omme, *adj.*	Maigre, qui a peu de graisse.
Ommelo, *v.*	Rendre maigre, faire maigrir, emmaigrir, devenir maigre.
Onkă, *v.*	Languir, être consumé peu à peu par les souffrances, le chagrin.
Onkekat, B. *s.*	Languissant, celui qui languit, qui se plaint, qui souffre.
Opă, *v.*	Être malade, souffrir.
Opatou, *v.*	N'être plus malade.
Ope, *interj.*	Horreur.

Wolof.	*Français.*
Ope, D. *s.*	Maladie, altération dans la santé.
Ope, *adj.*	Malade, qui a quelque altération dans la santé.
Opela ma la, *interj.*	Fi, quelle horreur !
Opelo, *v.*	Rendre malade, provoquer la maladie, altérer la santé.
Opou, *v.*	N'être pas malade.
Oră, *v.*	Être certain, avoir la certitude, avoir connaissance exacte.
Oradi, *v.*	Être incertain.
Orady, *adj.*	Incertain.
Ore, *adj.*	Certain, qui est certain.
Orma, D. *s.*	Respect, vénération, déférence qu'on a pour quelqu'un ou pour quelque chose, à cause de sa qualité, de son excellence.
Orră, *v.*	Conspirer, faire un complot contre l'autorité, espionner, calomnier.
Orrekat, B. *s.*	Conspirateur, espion, calomniateur, celui qui conspire, qui médite une conspiration.
Ossou, *v.*	Retirer l'hameçon de l'eau, tirer la ligne à soi.
Ou, *prép.*	De, des, du ; le livre de Pierre, *téé ou Pierre.*
Ouaw, *adv.*	Oui.
Oubă, *v.*	Fermer, clore ce qui est ouvert, fermer la porte.
Oubi, *v.*	Ouvrir, ouvrir la porte.
Oubikat, B. *s.*	Ouvreur, celui qui ouvre.
Oubikou, *part.* et *adj.*	Ouvert ; livre ouvert, porte ouverte.
Oudey, B. *s.*	Le cordonnier, celui qui prépare le cuir, qui le travaille, le bourrelier.

Wolof.	*Français.*
Oudhie, v. *s.*	Rival, concurrent.
Oudhié, *v.*	Rivaliser, disputer de mérite.
Oul, *nég.*	Ne pas, ne point.
Oume, G. *s.*	Le premier jour de carême des nègres.
Ounke, B. *s.*	Espèce de lézard, reptile.
Oupou, B. *s.*	Éventail, soufflet dont on se sert pour augmenter le feu et la vitesse de l'air.
Oupou, *v.*	Se rafraîchir avec l'éventail.
Ouri, *v.*	Jouer à certains jeux, aux cartes, aux dames, &c.
Ourikat, B. *s.*	Joueur, celui qui aime à jouer.
Ouroudhiä, *v.*	Différer de payer ce qu'on doit.
Oury, B. *s.*	Houri, nom que les mahométans donnent aux femmes qui doivent servir les élus.
Ouy, *interj.*	Ah! ouf! qui marque une douleur subite, l'étouffement, l'oppression.
Ouyou, *v.*	Répondre, répartir à ce qu'il a dit ou demandé.

P

Pairre, B. *s.*	Mollet, le gras de la jambe.
Paissä, *v.*	Souffleter, donner un soufflet.
Pajey, B. *s.*	Incirconcis, qui n'est point circoncis.
Paka, B. *s.*	Couteau, canif, instrument tranchant composé d'une lame et d'un manche.
Palanje, M. *s.*	Omoplate, os plat et triangulaire situé à la partie supérieure et postérieure du thorax.
Pände, B. *s.*	Poussière, terre réduite en poudre.
Panthie, B. *s.*	Morceau de roseau fendu.
Parou, B. *s.*	Carde, peigne d'un cardeur.

Wolof.	*Français.*
Pata, B. *s.*	Babouin, gros singe.
Pătălă, *v.*	Éborgner, rendre borgne.
Pătate, B. *s.*	Batate ou patate, espéce de rave, de pomme de terre, légume.
Pâte, B. *s.*	Se dit de celui qui vend du lait, vendeur de lait, laitier, laitiére.
Păte, B. *s.*	Borgne, celui qui a perdu un œil.
Péndale, M. *s.*	Petite pagne, cotillon court, petite jupe.
Pép, B. *s.*	Grain. (Il ne se dit que du corail et de l'ambre.)
Pérre, B. *s.*	Grain de verroterie, grain de verre percé.
Peude, B. *s.*	Jaune d'œuf.
Peuranjal, B. *s.*	Barre, pièce de bois servant à tenir une porte fermée.
Peureupousse, B. *s.*	Chien, pièce qui tient la pierre d'une arme à feu.
Péye, B. *s.*	Palais royal, maison du roi.
Pindale, B. *s.*	Carré, ce qui a la forme d'un carré.
Pinke, B. *s.*	Cuisse, partie de l'animal.
Pinkou, B. *s.*	L'orient, l'est, le levant.
Pirki, *v.*	Fricasser, faire cuire de la viande avec certains assaisonnemens.
Pirkikat, B. *s.*	Celui qui fricasse, qui assaisonne.
Poeundaje, B. *s.*	Mie de pain.
Pojome, B. *s.*	Vieille pipe.
Pokje, B. *s.*	Trame de tisserand.
Pône, M. *s.*	Tabac (plante).
Ponkale, M. *s.*	Grand homme, homme fort, robuste.
Ponke, B. *s.*	Manche, partie d'un instrument par où on le prend pour s'en servir.
Potaje, *adv.*	Presque, à-peu-près.
Pôte, B. *s.*	Puits malsain, fontaine dont les eaux sont mauvaises.

Wolof.	*Français.*
Pôthie, B. *s.*	Hanche, partie du corps.
Poudhie, B. *s.*	Sommet du toit de la maison, le faîte d'une maison.
Pouftane, M. *s.*	Vessie, sac membraneux qui reçoit et contient l'urine.
Pouje, B. *s.*	La bière, boisson faite avec de l'orge, du mil, &c.
Poujekat, B. *s.*	Brasseur, celui qui fait la bière.
Poulôje, B. *s.*	Cotylédons, feuilles séminales des végétaux.
Poupă, *v.*	Aller à la selle, se décharger le ventre.
Pourogne, B. *s.*	Peuple noir de la Mauritanie, nation d'Afrique.
Poursă, B. *s.*	Aiguille, petit instrument qui sert à coudre.
Prăme, B. *s.*	Cuivre rouge, rosette, airain.

R

Rabă, *v.*	Tisser, faire un tissu.
Rabadhie, *v.*	Embrouiller, mélanger, mettre en désordre plusieurs choses.
Rabadhié, B. *s.*	Confusion, désordre, mélange confus.
Rabe, G. *s.*	Métier du tisserand.
Răbe, V. *s.*	Bête, animal, tout ce que comprend le règne animal.
Rabekat, B. *s.*	Tisserand, celui qui fait la toile, &c.
Raboukaye, B. *s.*	Le lieu où l'on tisse, l'endroit où l'on fait des tissus.
Rădă, *v.*	Rayer, faire des raies, biffer.
Răde, V. *s.*	Raie, trait tiré de long avec une plume, un clou, &c.
Rafelé, *v.*	Être mal habillé, mal vêtu.

Wolof.	*Français.*
Rafétă, *v.*	Être joli, beau, aimable, &c.
Rafétaye, **b.** *s.*	Charme, beauté.
Raféte, *adj.*	Joli, aimable, gentil, agréable, beau.
Rafétlo, *v.*	Rendre joli, donner de la beauté, rendre beau, aimable, agréable.
Ragal, **b.** *s.*	Matamore, faux brave.
Ragală, *v.*	Craindre, appréhender, avoir peur.
Ragalkat, **b.** *s.*	Poltron, lâche, peureux.
Ragalo, *v.*	Épouvanter, faire peur, faire craindre.
Ragalou, *adj.*	Dangereux, qui met en danger.
Ragaloukaye, **b.** *s.*	Coupe-gorge, lieu où il est dangereux de passer à cause des voleurs.
Ragnalé, *v.*	Séparer, disjoindre, éloigner.
Ragnână, *v.*	Partir la nuit, entreprendre un voyage de nuit.
Răgnâne, **m.** *s.*	Camisade, attaque faite de nuit ou de grand matin pour surprendre l'ennemi.
Raguă, *v.*	Être malade, avoir une maladie.
Răguă, *v.*	Décrasser, ôter la crasse, nettoyer, rendre net.
Raiguă, *v.*	Avoir une indigestion.
Raindi, *v.*	Couper le cou, tuer, assassiner.
Raindikat, **b.** *s.*	Meurtrier, assassin, celui qui tue ou qui a tué.
Raine, **b.** *s.*	L'année présente, cette année.
Raio, **m.** *s.*	Royaume, état gouverné par un roi, un prince, un chef.
Rairă, *v.*	Souper, prendre le repas du soir.
Rajă, *v.*	Renduire, enduire une seconde fois.
Răjă, *v.*	Falsifier un métal, tromper sur sa qualité, y ajouter un alliage.
Rajassă, *v.*	Laver, rincer, nettoyer quelque chose.

Wolof.	*Français.*
Rajassou, *v.*	Se laver, se nettoyer le corps.
Rak, D. *s.*	Frère cadet.
Räkä, *v.*	Frapper avec la main.
Rakate dhigamou, D. *s.*	Mai, le cinquième mois de l'année, la lune de mai.
Rakaty kôre, D. *s.*	Septembre, le mois de septembre, la lune de septembre.
Raki gamou, G. *s.*	Avril, le mois d'avril, la lune d'avril.
Raki kôre, D. *s.*	Août, le mois d'août, la lune d'août.
Rako, B. *s.*	Gomme mouillée.
Ralä, *v.*	Craquer. (Il ne se dit que pour exprimer le bruit que font les corps durs en se frottant ou en se cassant.)
Râmä, *v.*	Marcher à quatre pattes, se traîner comme les enfans, ramper.
Ramä, *v.*	Être galeux, avoir la gale.
Rämätou, B. *s.*	Sénégali (oiseau).
Rämbadhié, *v.*	Dénoncer quelqu'un, faire connaître ses torts.
Ramekat, B. *s.*	Galeux, celui qui a la gale.
Rändalä, *v.*	Retirer, éloigner quelque chose.
Rände, B. *s.*	Provision, subsistance, vivres.
Randou, *v.*	Se reculer, se retirer, s'en aller, s'éloigner.
Ränkä, *v.*	Bourrer, mettre de la bourre dans une arme à feu.
Raou, G. *s.*	Virginité, état d'une personne vierge.
Rässä, *v.*	Plier, mettre en un ou plusieurs doubles, faire des plis.
Rässe, B. *s.*	Pli, un ou plusieurs doubles que l'on fait à une étoffe.
Rässou, *v.*	Flétrir, faner, ternir, ôter la fraîcheur, la couleur.

Wolof.	*Français.*
Rătă, *v.*	Traire. (Il n'est guère d'usage qu'en parlant de certaines femelles d'animaux dont on tire le lait.)
Rătăjă, *v.*	Être glissant, onctueux, gluant, visqueux, poli.
Rătăjală, *v.*	Polir, rendre poli, gluant, onctueux, visqueux.
Rătăje, *adj.*	Gluant, visqueux, onctueux, poli.
Rathiă, *v.*	Remuer la bouillie.
Raw, *v.*	Être pire, être plus mauvais. — Échapper, déserter, fuir, se sauver, s'enfuir, &c.
Răw, *v.*	Corder, faire de la corde.
Răwkat, B. *s.*	Cordier, ouvrier qui fait des cordes.
Răyă, *v.*	Tuer, ôter la vie, massacrer, assommer, assassiner, occire.
Rée, *v.*	Rire, éprouver un mouvement involontaire qui annonce la satisfaction.
Régadiou, *v.*	Faire des grimaces.
Rék, *adv.*	Seulement, pas davantage.
Rêne, B. *s.*	Racine, partie du végétal.
Réou, G. *s.*	Enfant gâté.
Rérä, *v.*	Perdre, être privé de ce qu'on possédait, cesser d'avoir.
Resse, V. *s.*	Foie, un des viscères de l'animal.
Réthiou, *v.*	Se repentir, avoir de la douleur.
Reubă, *v.*	Maudire, faire des imprécations contre quelqu'un, blasphémer. — Chasser, faire la chasse aux oiseaux, aux bêtes féroces, &c.
Reube, V. *s.*	Malédiction, jurement, imprécation, blasphème.
Reubekat, B. *s.*	Chasseur, qui chasse ou qui aime à chasser.

Wolof.	*Français.*
Reubi, *v.*	Aller à la chasse.
Reubou, *v.*	Jurer, blasphémer contre soi-même.
Reudä, *v.*	Graver, tracer des traits sur le sable, sur le bois, &c. ; rayer, marquer.
Reudekat, B. *s.*	Graveur, celui qui grave.
Réwtalkat, B. *s.*	L'accoucheuse, celle qui préside à l'accouchement.
Ri, *v.*	Être grand, gros.
Rinke, *adj.*	Bancroche.
Rirä, *v.*	Bruire, rendre un son confus. (Il se dit des échos.)
Rire, M. *s.*	Son, écho.
Rissou, *v.*	Aborder, approcher, prendre terre, joindre, accoster.
Robä, *v.*	Enterrer, inhumer un corps mort, le mettre dans la terre.
Robe, B. *s.*	Enterrement, l'action d'enterrer.
Robi, *v.*	Enterrer une personne, inhumer.
Roboukaye, B. *s.*	Cimetière, le lieu où l'on enterre les corps humains.
Rofä, *v.*	Cacher quelque chose dans ses habillemens, mettre dans sa chemise, dans sa poche.
Rognä, *v.*	Déloger, abandonner son logement.
Rognou, *v.*	Se déménager, se déloger, quitter son logement.
Rojä, *v.*	Dévorer, manger avec avidité, déchirer avec les dents.
Rokassä, *v.*	Bourrer, mettre de la bourre dans un trou, dans un fusil, &c.
Roke, B. *s.*	Jabot, poche que les oiseaux ont dans la gorge.
Rombä, *v.*	Passer sous quelque chose, passer sous un arbre.

Wolof.	*Français.*
Rômme, B. *s.*	Petit poisson (mulet).
Rône, G. *s.*	Palmier-rondier, arbre du Sénégal.
Ronne, B. *s.*	Fruit du palmier-rondier lorsqu'il est mûr.
Ropi, *v.*	Sortir des habillemens ce qu'on y avait caché, ôter de sa poche.
Rouke, G. *s.*	Ruban, tissu de soie, fil ou laine, plat, mince et peu large.
Roukje, B. *s.*	Coin, angle.
Roumetou, *v.*	Murmurer, faire un bruit sourd entre ses dents.
Rourã, *v.*	Fourrer, introduire, faire entrer, cacher, insérer.
Roussã, *v.*	Avoir de la honte, être confus, honteux.
Roûssã, *v.*	Muer, changer de poil, de plumage, être défeuillé, n'avoir pas de feuilles.
Rousse, G. *s.*	Honte, trouble excité dans l'ame par l'idée de quelque déshonneur.
Rousse, *adj.*	Penaud, qui est embarrassé, honteux, interdit.
Roussekat, B. *s.*	Honteux, confus, embarrassé.
Rousselo, *v.*	Humilier, abaisser, mortifier, donner de la confusion, de la honte.
Routoutoume, B. *s.*	Cendre chaude.
Rouyalã, *v.*	Fondre, rendre liquide ce qui était solide, liquéfier.
Rouyale, B. *s.*	Fusion, action de fondre, de rendre liquide.
Rouyalekat, B. *s.*	Fondeur, celui qui fond.
Rouyaye, B. *s.*	Liquidité, qualité des corps liquides.
Royã, *v.*	Imiter, fréquenter, hanter, aller avec, aller de compagnie.
Ry, *adj.*	Grand, gros.
Ryalã, *v.*	Grossir, rendre gros.
Ryaye, B. *s.*	Grosseur, grandeur.

S

Wolof.	Français.
Sa, *pron.*	Ton, ta.
Sa, *art.*	Le, la (éloigné). *(Voyez* la *Grammaire.)*
Să, *adj.*	Petit.
Sâ, s. *s.*	Moment, instant, le plus petit espace de temps.
Sâaba, s. *s.*	Le saint, l'ange, créature spirituelle, esprit bienheureux.
Sabà, v. *s.*	Crier, faire un cri (en parlant des animaux).
Sabajou, *v.*	Parler ab hoc et ab hac, sans ordre, sans raison.
Săbâre, B. *s.*	Javelle, plusieurs poignées de blé que les moissonneurs déposent sur les sillons.
Sabbă, *v.*	Piauler. (Il se dit du cri des petits poulets.)
Sabine, v. *s.*	Voix, cri des animaux.
Sa bosse, *pron.*	Le tien, la tienne ; mot à mot, ton tien, ta tienne.
Sabou, B. *s.*	Savon, composition d'un corps gras avec un alcali, qui sert à blanchir, à dégraisser.
Săde, v. *s.*	Baguette, verge, houssine, bâton fort menu. — Fouet, cordelette de chanvre ou de cuir.
Săde ou făsse, v. *s.*	Cravache, baguette dont on se sert pour faire aller les chevaux.
Sădhiă, *v.*	Courber, ployer quelque chose.
Sădhiekat, B. *s.*	Celui qui courbe quelque chose.
Sădhiou, *v.*	Se cabrer, se dresser sur les pieds de derrière (en parlant d'un cheval).
Saél, s. *s.*	Chat-tigre (quadrupède carnassier).
Saćtou, *v.*	Tenir, avoir quelque chose dans sa main.

R

Wolof.	*Français.*
Safǎ, *v.*	Se dit d'un homme qui est un peu pris de boisson ; avoir assez de.
Sâfǎ, *v.*	Torréfier, griller (en parlant de certaines semences).
Safandou, S. *s.*	Hyène (animal féroce).
Safara, S. *s.*	Le feu, l'un des quatre élémens , calorique.
Safinatou, S. *s.*	Arche de Noé.
Saga, S. *s.*	Sottise, injure, paroles obscènes, indécentes, injurieuses.
Sagakat, B. *s.*	Impertinent, celui qui dit des impertinences, des injures, des sottises, &c.
Sǎgar, V. *s.*	Chiffon, guenille, haillon.
Sâgnǎ, *v.*	Boucher, fermer avec un bouchon, un tampon, &c.
Sagne, B. *s.*	La scie (poisson).
Sagnesagne, B. *s.*	Le pouvoir, la puissance.
Sagni, *v.*	Déboucher, ôter ce qui bouche, ôter le bouchon.
Sagnikou, *v.*	Se déboucher.
Sagnou, B. *s.*	Bouchon, tampon, tout ce qui sert à boucher un trou.
Sago, S. *s.*	Raison, esprit, faculté d'un esprit cultivé.
Sagôre, B. *s.*	Se mettre à l'abri , s'abriter.
Sǎgou, *v.*	Moineau, passereau (oiseau).
Sǎguǎ, *v.*	S'abaisser, devenir plus bas, diminuer sa hauteur.
Sǎï, V. *s.*	Fagot, paquet de hardes, d'herbes, de bois, &c.
Saibé, *v.*	Se moquer, mépriser, grimacer, faire des grimaces, insulter, railler.
Saibe, B. *s.*	Moquerie, dérision, grimace, insulte.
Saibé, M. *s.*	Plaisanterie, badinerie, raillerie.

Wolof	*Français.*
Saibékat, B. *s.*	Grimacier, qui fait des grimaces, qui se moque, qui raille.
Saibey, M. *s.*	Grimace, contorsion du visage, feinte raillerie, dissimulation.
Saibrey, B. *s.*	Petite barre de fer.
Saidală, *v.*	Refroidir, rendre froid, rafraîchir.
Saidalékat, B. *s.*	Distributeur, celui qui distribue, qui divise.
Saidaley, B. *s.*	Distribution, division, répartition, séparation, lotissement.
Saide, B. *s.*	Le froid, ce qui est opposé au chaud.
Saigaye, B. *s.*	Filtration, action de filtrer, de clarifier.
Saiguă, *v.*	Clarifier, rendre clair, filtrer, passer de l'eau par un filtre.
Saigue, S. *s.*	Tigre, quadrupède carnivore à peau de couleur fauve et rayée de bandes noires.
Saiguesaigue, B. *s.*	Clarification.
Saikaike, B. *s.*	Oreillons, tumeurs des glandes voisines de l'oreille.
Saikje, G. *s.*	Coq, le mâle de la poule.
Sailă, *v.*	Émincer, couper de la viande en tranches fort minces.
Sailou, *v.*	Se mettre à l'abri, à couvert du vent, de la pluie.
Sailou, B. *s.*	L'abri, lieu où l'on peut se mettre à l'abri.
Sailoukaye, B. *s.*	Lieu où l'on trouve des abris.
Saină, *v.*	Apercevoir, commencer à voir. — Couler, fluer. (Il se dit des liquides.)
Sainată, *v.*	Apercevoir, voir de loin quelque chose, commencer à voir, découvrir.
Saine, *pron.*	Leur. (Il signifie à eux, à elles.)
Sainou, *v.*	Regarder, voir, apercevoir.
Saiou, *adj.*	Petit, mince, menu, délié, fin.

Wolof.	*Français.*
Saită, *v.*	Regarder, jeter la vue sur quelque chose, examiner avec attention, vérifier, faire voir la vérité.
Saitatou, *v.*	Revoir, voir une seconde fois, voir encore.
Saitaye ou jole, B. *s.*	Candeur, la pureté de l'ame.
Saitelou, *v.*	Contempler, examiner attentivement.
Saiteloukat, B. *s.*	Contemplateur, celui qui contemple, qui examine.
Saîtine, V. *s.*	Regard, action de la vue.
Saito, *adj.*	Incognito, sans être connu.
Saiton, *v.*	Se mirer, se regarder dans quelque chose qui rend l'image des objets qu'on lui présente.
Saitsi, *v.*	Rendre visite, aller voir quelqu'un, visiter.
Saiwală, *v.*	Amincir, rendre plus mince, diminuer, apetisser.
Sajă, *v.*	Pousser. (Il se dit des végétaux.)
Săjâr, S. *s.*	Fumée, vapeur épaisse qui sort des choses brûlées.
Sajayayă, *v.*	Sarcler, ôter les mauvaises herbes d'un champ.
Săje, *adv.*	Même, de la même sorte.
Săjemâte, S. *s.*	Le sel de cuisine, muriate de soude.
Săkă, *v.*	Remplir, couvrir de terre.
Sakă, *v.*	Prendre dans la main ce que l'on obtient, se saisir de ce que l'on accorde.
Săke, *adj.*	Juste, précis, exact.
Sakéte, V. *s.*	Cloison, palissade, clôture.
Sakjă, *v.*	Être touffu, avoir beaucoup de feuilles (en parlant des arbres).
Sakjami, *v.*	Mâcher, broyer les alimens.
Sakjată, *v.*	Tousser, avoir la toux.

Wolof.	*Français.*
Sakji, B. *s.*	Pas, le mouvement que fait un animal en mettant un pied devant l'autre.
Sâl, B. *s.*	Amande, graine renfermée dans un noyau.
Salâmalékoume, B. *s.*	Le bonjour, le salut. (Mot emprunté de l'arabe, et qui signifie *le bonheur est à vous.*)
Salawite, B. *s.*	Minerai, paille de fer, tout ce qui a quelque rapport avec les métaux.
Salemir, S. *s.*	Brouillard, vapeurs qui obscurcissent l'air.
Sălire, B. *s.*	Grillon, cigale (insecte).
Sălmă, *v.*	Débarbouiller la figure de quelqu'un avec de l'eau.
Sălmou, *v.*	Se débarbouiller la figure avec de l'eau.
Sălou, S. *s.*	Bouvillon, jeune bœuf, génisse, veau.
Sam, *nom propre.*	Sem.
Săma, *pron.*	Mon, ma.
Săma bosse, *pron.*	Le mien, la mienne ; mot à mot, mon mien, ma mienne.
Sămbe, G. *s.*	Barbet, chien qui a du poil long et frisé.
Sămbe, *adj.*	Laineux, qui a beaucoup de laine, velu.
Sammă, *v.*	Paître, mener des troupeaux au pâturage.
Samme, B. *s.*	Berger, celui qui a la garde d'un troupeau.
Sammekat, B. *s.*	Pâtre, celui qui garde les troupeaux, berger, bouvier, &c.
Sammoukaye, B. *s.*	Pâturage.
Sănajă, *v.*	Avoir la crampe, contraction aux jambes ou aux pieds.
Sandal, S. *s.*	Goudron, résine, poix.
Săndantălou, *adj.*	Pendant, ce qui est suspendu.
Săne, B. *s.*	Butte de sable, monticule, éminence.
Săngă, *v.*	Baigner, mettre dans l'eau, faire prendre un bain, laver.

Wolof.	*Français.*
Săngoukat, B. *s.*	Baigneur, celui qui se baigne.
Sanguă, *v.*	Revêtir, habiller, couvrir.
Sangara, s. *s.*	Rum, eau-de-vie.
Sangatou, *v.*	Recouvrir, couvrir de nouveau.
Sangou, *v.*	Se couvrir, mettre sur soi quelque chose, s'envelopper.
Săngou, *v.*	Se baigner, se mettre dans l'eau, prendre un bain, se laver.
Săngoukaye, B. *s.*	Le lieu où l'on se baigne.
Sangue, B. *s.*	Maître, supérieur, chef, propriétaire, principal, &c.
Săngue, M. *s.*	Vin de palme, tari, liqueur qui découle des incisions faites au palmier.
Săngnekat, B. *s.*	Baigneur, celui qui baigne, qui fait prendre des bains.
Sanikat, B. *s.*	Tirailleur, celui qui tire des coups de fusil.
Sanjalégne, B. *s.*	Fourmi, petit insecte qui vit en société comme l'abeille.
Sănkă, *v.*	Avoir la constipation, être constipé, état de celui dont le ventre est resserré.
Sankă, *v.*	Dépenser, employer son argent à quelque chose.
Sănke, B. *s.*	Constipation, état de celui qui est constipé.
Sanke, B. *s.*	Dépense, l'argent qu'on emploie.
Sannikaye, B. *s.*	Index, le doigt le plus proche du pouce.
Sanni, *v.*	Jeter, lancer avec la main, tirer un coup de fusil, de pistolet, &c.
Săntă, *v.*	Charger quelqu'un d'une commission, donner une commission à quelqu'un.
Sante, B. *s.*	Palfrenier.
Santhiă, *v.*	Avoisiner, être proche, être voisin, établir, fixer en un lieu peu éloigné.
Sănthiou, *v.*	S'établir, se fixer en un lieu.

Wolof.	*Français.*
Saou, B. *s.*	Porc-épic, quadrupède dont la peau est hérissée de pointes.
Saoukaye, B. *s.*	Endroit où l'on urine, lieu où l'on pisse.
Saouta, B. *s.*	Herminette, outil servant à doler et à planer le bois.
Sapi, *v.*	Rebuter, dégoûter, décourager.
Sapi, B. *s.*	Rebut, action par laquelle on rebute, on décourage.
Săraje, S. *s.*	Charité, aumône, ce que l'on donne aux pauvres.
Săraj kat, B. *s.*	Celui qui donne l'aumône.
Săre, B. *s.*	Vagin, canal qui conduit à la matrice.
Săre, V. *s.*	Leçon, instruction, ce que le maître donne à l'écolier à apprendre.
Sărjou, *v.*	Mendier, demander l'aumône.
Sărjoukat, B. *s.*	Mendiant, celui qui mendie, indigent.
Sarte, B. *s.*	La faulx, instrument pour couper l'herbe.
Sărvéte, B. *s.*	Pique-bœuf (oiseau).
Sassă, *v.*	Être véritable, être vrai.
Săssă, *v.*	Être dans la maison, être chez soi.
Săssi, *adv.*	Présentement, maintenant, à présent.
Săssoul, *v.*	N'être pas dans la maison, n'être pas chez soi.
Sătă, *v.*	Tailler, aiguiser, rendre pointu.
Satala, S. *s.*	Marmite de fer blanc, bidon, &c.
Sathiă, *v.*	Voler, dérober, prendre ce qui appartient à autrui, tromper.
Sathiatou, *v.*	Revoler, voler encore.
Săthie, B. *s.*	Petite trame.
Sathiekat, B. *s.*	Voleur, usurpateur, ravisseur, qui vole, qui dérobe.
Sathiôme, B. *s.*	Huitre, coquillage de la mer.
Sătou, S. *s.*	Rasoir, instrument d'acier pour raser.

Wolof.	*Français.*
Satou, *v.*	Glaner, ramasser les épis qui restent après la moisson.
Sätte, B. *s.*	Petit-fils, arrière-petit-fils.
Sau, *v.*	Se coucher. (Il ne se dit que du coucher du soleil.)
Sau ou diänte, B. *s.*	Le coucher du soleil.
Sauô, M. *s.*	Lait, liqueur blanche qui se forme dans les mamelles des femmes et dans celles des femelles d'animaux vivipares.
Sauré, *v.*	Être éloigné, être loin.
Saurélo, *v.*	Éloigner quelqu'un, envoyer loin.
Sauréo, *v.*	S'éloigner, s'écarter.
Sauw, B. *s.*	Charivari, bruit tumultueux de poêlons, chaudrons, &c.
Savarä, *v.*	Être courageux, avoir du courage.
Säw, *v.*	Dévider, mettre en écheveau le fil qui est sur le fuseau.
Saw, *v.*	Uriner, pisser, se décharger la vessie.
Sawkat, B. *s.*	Pisseur, qui pisse souvent.
Säwkat, B. *s.*	Dévideur, dévideuse, qui dévide des fils.
Säwoukaye, B. *s.*	Dévidoir, instrument qui sert à dévider le fil.
Säy, *pron.*	Vos.
Sâyä, *v.*	Décéder, mourir. (Il n'est d'usage en wolof qu'en parlant d'un roi.)
Sayesaye, B. *s.*	Polisson, bandit, vagabond, galopin, canaille.
Sayesayelo, *v.*	Débaucher quelqu'un, le rendre polisson.
Säysäyäl, B. *s.*	Zigzag, suite de lignes les unes au-dessus des autres, formant entre elles des angles très-aigus.
Sébrey, B. *s.*	Éperon.
Sédé, *v.*	Témoigner, servir de témoin.

Wolof.	*Français.*
Sédé, B. *s.*	Témoignage, rapport d'un ou plusieurs témoins.
Sédey, B. *s.*	Témoin, celui qui est appelé en témoignage.
Séeyä, *v.*	Se marier, s'engager dans le mariage, prendre une femme.
Séeye, B. *s.*	Le mariage, hymen, l'action de se marier.
Séeyéte, B. *s.*	Noce, célébration du mariage.
Séjä, *v.*	Manger goulument, avec avidité.
Sékjä, *v.*	Entourer, clore, enfermer, fermer les passages.
Sékji, *v.*	Ouvrir les passages, déclore.
Sélle, B. *s.*	Dents canines.
Sémigne, V. *s.*	Hache, cognée, instrument tranchant.
Sémpi, *v.*	Arracher des piquets de la terre.
Sène, B. *s.*	La femme que l'on n'aime pas.
Sépe, *adv.*	Tout, entièrement, sans exception, sans réserve.
Sépsépi, *v.*	Tomber goutte à goutte (en parlant des liquides).
Sérati, *v.*	Faire jaillir de l'eau de sa bouche.
Sérigne, B. *s.*	Iman, ministre de la religion mahométane, marabou, prêtre.
Séyetaney, S. *s.*	Mauvaise action, chose abominable, honteuse.
Sérre, B. *s.*	Pagne, toile de coton dont les nègres s'habillent.
Sétou, B. *s.*	Miroir, glace.
Séttä, *v.*	Être propre.
Séttaye, B. *s.*	Netteté, qualité par laquelle une chose est nette, propreté.
Sétte, *adj.*	Net, qui est propre, sans ordures.
Seube, B. *s.*	Haricot, pois, plante légumineuse.

Wolof.	Français.
Seuf, B. *s.*	Charge, fardeau, ce que peut porter un cheval, un âne, &c.
Seuke, B. *s.*	Quai, levée faite entre la rivière et les maisons pour arrêter les eaux.
Seupădiallégnă, *v.*	Faire la culbute, se culbuter.
Seupădiallégne, B. *s.*	La culbute.
Seutte, B. *s.*	Panier, cabas, ustensile de ménage fait d'osier, de jonc, &c.
Si, *art.*	Le, la (présent). (*Voyez* la *Grammaire.*)
Sibe, B. *s.*	Ennemi, qui hait, qui veut du mal, contraire, antipathique.
Sidite, G. *s.*	Veine, artère, vaisseau sanguin.
Sidite ou bouki, B. *s.*	Crampe, contraction douloureuse des muscles de la jambe ou du pied.
Signă, *v.*	Montrer ses dents, ses gencives.
Signe, M. *s.*	Gencive, tissu spongieux dans lequel les dents sont enchâssées.
Sigua, B. *s.*	Poulie d'un métier de tisserand.
Sĭje, B. *s.*	Jumeau. (Il se dit des enfans qui naissent ensemble.)
Sĭjelou, *v.*	Détester, avoir en horreur, mépriser, abhorrer.
Sĭjeloukat, B. *s.*	Celui qui abhorre, qui déteste, qui méprise.
Sikette, B. *s.*	Bouc, le mâle de la chèvre.
Sikíme, B. *s.*	Menton, éminence située au milieu du bord inférieur de la face.
Silmaïa, B. *s.*	Aveugle, qui a perdu la vue.
Simă, *v.*	Tremper le kouskous, délayer, mouiller, humecter, imbiber.
Sin, *nom propre.*	Capitale du royaume de ce nom, province yolofe.
Sindaïe, B. *s.*	Lézard (reptile), petit quadrupède ovipare et à longue queue.

Wolof.	*Français.*
Sindoney, B. *s.*	Le sud, la partie du monde qui est opposée au nord.
Sipetajou, *v.*	Falsifier, tromper sur la qualité des denrées, tricher.
Sipou, B. *s.*	Celui qui achète du lait.
Sipsipaje, B. *s.*	Écrevisse, homard, genre de crustacés à longue queue.
Sirata, S. *s.*	La porte du ciel, l'entrée du paradis.
Sirou, S. *s.*	Putois, animal sauvage de la famille des martes.
Sissä, *v.*	Gourmander, se rendre maître, tourmenter celui qui mange.
Sisse, B. *s.*	Tendon, queue d'un muscle qui forme un corps blanchâtre.
Sitä, *v.*	Dégoutter, couler goutte à goutte.
Sitallä, *v.*	Égoutter, faire tomber goutte à goutte.
Sitatou, *v.*	Humer, avaler un liquide en retirant son haleine.
Siw, *v.*	Défrayer, payer la dépense.
So, *conj.*	Si, en cas que, pourvu que, à moins que.
Sobä, *v.*	Plaire. (Il ne s'emploie qu'en parlant de ce qui est agréable à Dieu.)
Sobley, s. *s.*	Ognon, ciboule, petit ognon bon à manger en salade, échalote, ail.
Sôbou, *v.*	Se jeter, se lancer dans l'eau.
Sodhiä, *v.*	Être enrhumé, avoir la toux.
Soflé, *v.*	Refuser d'écouter ce que l'on dit.
Sognä, *v.*	Tisonner, remuer les tisons du feu.
Sojä, *v.*	Charger un fusil, une arme à feu.
Sôjä, *v.*	Boiter, clocher en marchant.
Sôjekat, B. *s.*	Boiteux, celui qui boite.
Sojela, S. *s.*	Le besoin, l'affaire, la nécessité.
Sojelä, *v.*	Avoir besoin de quelque chose.

Wolof.	*Français.*
Sojelakat, B. *s.*	Qui a des affaires.
Sojor, B. *s.*	Méchant, brigand, mauvais sujet, indécent.
Sojor ak ayebir, B. *s.*	Tyran, cruel, méchant, inhumain, qui a toutes les mauvaises qualités.
Sojoră, *v.*	Être méchant, brigand, mauvais sujet, indécent.
Sokă, *v.*	Emplir excessivement, combler.
Sokje, *v.*	Piler le mil, moudre, réduire du grain en poudre.
Sokji, *v.*	Décharger un fusil, tirer une arme à feu.
Solă, *v.*	Mettre, vêtir, habiller, mettre sa chemise, ses souliers, &c.
Solă y dalle, *v.*	Chausser, mettre des souliers.
Sollă, *v.*	Entonner, verser une liqueur dans un vase.
Solo, s. *s.*	Nouvelle, le premier avis qu'on reçoit d'une chose arrivée récemment.
Sommă, *v.*	Fouetter.
Sompă, *v.*	Prendre une prise, tenir du tabac entre ses doigts.
Sompe, B. *s.*	Espèce de verrue, poireaux qui viennent à l'extrémité des doigts.
Sonă, *v.*	Souffrir, endurer, supporter, languir.
Sonală, *v.*	Tourmenter, faire souffrir quelqu'un, tyranniser, ennuyer, donner de la peine.
Sonalé, *v.*	Tracasser, tourmenter, contrarier, ennuyer.
Sonalékat, B. *s.*	Celui qui tourmente.
Songaye, B. *s.*	Attaque, l'action d'attaquer.
Songuă, *v.*	Assaillir, attaquer vivement, saisir, se jeter sur quelqu'un.

Wolof.	*Français.*
Songuekat, B. *s.*	Assaillant, qui attaque.
Sonke, S. *s.*	Le roseau, plante aquatique.
Soôtou, *v.*	Oter ce qui se met entre les dents, se nettoyer les dents.
Soôw, *v.*	Bavarder, parler beaucoup.
Sopä, *v.*	Aimer, avoir de l'amitié, estimer.
Sopandikou, *v.*	Trafiquer, faire trafic, commercer, négocier.
Sopanté, *v.*	S'aimer mutuellement, aimer réciproquement.
Sopantey, B. *s.*	Amitié, amour.
Sopi, *v.*	Pervertir, faire changer en mal.
Sopikou, *v.*	Se changer, être varié, se diversifier, se métamorphoser, muer.
Sôpikou, *adj.*	Pâle, blême, qui est de couleur tirant sur le blanc.
Soratoune, *part.*	Ainsi soit-il, amen, c'est fini.
Sorsore, G. *s.*	Palmier, arbre qui produit le vin de palmier.
Sossä, *v.*	Peupler, remplir d'habitans.
Sossey, *nom prop.*	Peuple des bords de la Gambie.
Sotälä, *v.*	Finir, achever, terminer, cesser, discontinuer.
Sotandikou, *v.*	Transvaser, verser d'un vase à l'autre.
Sothiä, *v.*	Rincer, nettoyer, laver.
Sothiänte, B. *s.*	Tumeur, enflure qui vient dans la figure.
Sothiou, *v.*	Se nettoyer les dents, les frotter, les brosser pour les blanchir.
Sothite, B. *s.*	Rinçure, l'eau avec laquelle on a rincé quelque chose.
Soti, *v.*	Finir, achever entièrement, terminer.
Soti, *adj.*	Fini, terminé, achevé.

Wolof.	*Français.*
Soti, *v.*	Désemplir, vider en partie.
Sou, B. *s.*	Pieu, pièce de bois qui est pointue par un des bouts.
Sou, *art.*	Le, la (proche). (*Voyez* la *Grammaire.*)
Sou, *conj.*	Si, en cas que, pourvu que, à moins que.
Souba, S. *s.*	Le matin, la première partie du jour.
Soubä, *v.*	Teindre, donner de la couleur à un objet quelconque.
Soubekat, B. *s.*	Teinturier, celui qui teint.
Soubôo, *interj.*	Dont on se sert pour souhaiter du mal à quelqu'un.
Souboukaye, B. *s.*	Lieu où l'on teint.
Soudhié, *v.*	S'habiller, se vêtir, mettre ses habits.
Souf, *prép.*	Dessous; *thy souf,* au-dessous.
Soufe, S. *s.*	Sable, terre, et généralement tous les corps terreux.
Soufélä, *v.*	Abaisser, baisser, mettre plus bas, diminuer la hauteur.
Sougnal, B. *s.*	Hérisson, petit animal dont la peau est couverte de piquans.
Soujä, *v.*	Chavirer. (Il se dit d'un vaisseau qui se renverse en virant de bord.)
Souje, V. *s.*	Trou qui se forme dans certains arbres.
Soukä, *v.*	Se mettre à genoux, s'agenouiller.
Soukji, *v.*	Épiler, dépiler, enlever les poils, les plumes, plumer, arracher les cheveux, &c.
Soukou, B. *s.*	Séparation, cloison, ce qui sépare les trous des narines. — Le levier d'un métier de tisserand.
Soûlä, *v.*	Couvrir de sable, remplir un trou avec du sable, de la terre, &c.
Soule, B. *s.*	Verge, membre viril.

Wolof.	*Français.*
Soule ou faïtal, G. *s.*	Détente, pièce d'acier qui sert au ressort des armes à feu.
Soûlou, *v.*	Se couvrir de sable, s'enterrer, se cacher dans la terre.
Soumi, *v.*	Déshabiller, ôter les habillemens à quelqu'un. — Oter son chapeau, ses hardes, se découvrir.
Soumikou, *v.*	Se déshabiller, ôter ses habillemens.
Soumpe, B. *s.*	Arbre fruitier du Sénégal.
Souna, S. *s.*	Millet, mil.
Sounka, S. *s.*	Musc, parfum.
Sounou, *adj. poss.*	Notre, qui est à nous.
Sourà, *v.*	Être rassasié, avoir l'appétit satisfait.
Soutourlou, *adj.*	Heureux, qui jouit d'un état heureux, prospère.
Souttä, *v.*	Être plus long, plus grand.

T

Tä, *v.*	Ne pouvoir pas.
Tââ, *v.*	Croupir. (Il se dit des eaux qui, faute d'écoulement, se corrompent.)
Täbä, *v.*	Voltiger, voler sans direction déterminée. (Il se dit des abeilles, des papillons et quelquefois des oiseaux.)
Täbajä, *v.*	Bâtir, construire.
Tabaje, B. *s.*	Feuille de papier.
Täbajekat, B. *s.*	Constructeur, celui qui bâtit.
Tabaski, B *s.*	Mois de décembre, lune de décembre.
Tabe, B. *s.*	Clou, bouton (maladie).
Tabi, *v.*	Tomber dans un trou.

Wolof.	*Français.*
Tädhiä, *v.*	Enfermer, mettre en prison, détenir, emprisonner. — Fermer quelque chose, serrer, clore, fermer à clef, barricader.
Tadhiatou, *v.*	Refermer, fermer une seconde fois.
Taélä, *v.*	Être paresseux, fainéant.
Taéle, *adj.*	Paresseux, fainéant.
Taélekat, B. *s.*	Paresseux, fainéant.
Tafantou, *v.*	Tricher, tromper dans de petites choses.
Tagätou, *v.*	Dénicher, ôter du nid, prendre les oiseaux dans leur nid.
Tagätoukat, B. *s.*	Dénicheur, celui qui déniche.
Tagouânä, *v.*	Annoncer son mariage ; invitation aux parens.
Tagoute, B. *s.*	La couleur, impression que fait sur l'œil la lumière réfléchie par les surfaces.
Taï, *v.*	Être fatigué, être las.
Taidä, *v.*	Être honnête, avoir de la politesse, de la civilité.
Taidadi, *v.*	Être malhonnête, grossier, impertinent, impoli.
Taide, *adj.*	Modeste, qui a de la modestie, honnête, probe, vertueux.
Taié, *v.*	Confisquer, prendre par autorité ce qui appartient à autrui.
Taiglé, *v.*	Entasser, mettre en tas, accumuler, ramasser.
Taigne, V. *s.*	Pou, insecte parasite.
Taignou, *v.*	Se pouiller, tuer ses poux.
Taiguä, *v.*	Placer, mettre en place, poser.
Taîguä, *v.*	Compenser, faire une estimation par laquelle une chose tient lieu d'une autre.

Wolof.	*Français.*
Taigue, B. *s.*	Compensation, indemnité.
Taigui, *v.*	Déplacer, changer de place, ôter ce qui était placé.
Taijali, *v.*	Déjoindre, séparer ce qui était joint.
Taijé, *v.*	Réussir.
Taikji, *v.*	Retrancher, séparer une partie du tout.
Tainä, *v.*	Lever la tête.
Taine, B. *s.*	Puits, fontaine, citerne.
Taipi, *v.*	Découdre, défaire ce qui était cousu.
Taipikou, *v.*	Se découdre, détourner quelqu'un de son opinion, lui faire changer d'avis.
Tairé, *v.*	Défendre, dissuader, préserver, empêcher, faire mettre obstacle, protéger.
Taiw, B. *s.* et *adj.*	Comptant.
Taijä, *v.*	Provoquer, donner, faire.
Tajagnä, *v.*	Ficeler, rouler, envelopper, entortiller.
Tajagnou, B. *s.*	Ensouple, rouleau autour duquel on tourne ce qui doit servir de chaîne à une étoffe.
Tajanä, *v.*	Couper du bois, faire sa provision de bois.
Tajani, *v.*	Aller couper du bois.
Tajaw, *v.*	Se tenir debout, rester droit et ferme sur ses pieds.
Taje, B. *s.*	Besace, long sac à deux poches.
Täje, *adj.*	Sourd, qui est affecté de la perte ou de la diminution de l'organe de l'ouïe.
Täkä, *v.*	Attacher, lier.
Takjalé, *v.*	Joindre, assembler plusieurs choses, réunir, attacher.
Takjaley, B. *s.*	Union, accord de deux ou plusieurs choses.
Takjallä, *v.*	Coller, joindre avec de la colle.

Wolof.	*Français.*
Takjalo, *v.*	Se joindre, se rapprocher de quelque chose.
Takjandor, V. *s.*	Ombre, obscurité que cause un corps opaque en interceptant la lumière.
Takou, *v.*	Menacer, faire des menaces.
Tăkou, B. *s.*	Cordon, petite corde, tresse.
Tăkou, *v.*	Être fidèle, loyal, juste, probe.
Tăkou, G. *s.*	Zèle, affection ardente pour quelque chose.
Tăkoukat, B. *s.*	Fidèle, loyal, celui qui est vrai, qui garde sa foi.
Taktak, L. *s.*	Lumière du feu, la flamme.
Talalä, *v.*	Tendre, bander quelque chose comme une corde, tirer.
Talata, D. *s.*	Mardi, le troisième jour de la semaine.
Tali, *v.*	Agréer, accueillir, trouver bon, être au gré.
Taliba, B. *s.*	Écolier, disciple, apôtre, élève.
Tallä, *v.*	Allumer, mettre le feu à certaines choses combustibles.
Tamä, *v.*	Habituer, accoutumer, pratiquer, mettre en pratique, acclimater.
Tămaka, D. *s.*	Tabac, plante.
Tamaraje, B. *s.*	Soufre, corps jaunâtre dont la combustion produit l'acide sulfureux.
Tamatey, B. *s.*	Pomme d'amour, tomate.
Tămbä, *v.*	Flotter, être porté sur l'eau.
Tămbâlou, *v.*	Perdre patience, marcher sans savoir où l'on va.
Tamdarette, *nom de nomb.*	Un million, dix fois cent mille.
Tame, B. *s.*	Habitude, coutume, pratique.
Tamjaret, B. *s.*	Janvier, la lune de janvier.

Wolof.	*Français.*
Tamou, *v.*	S'habituer, s'accoutumer, s'acclimater.
Tamsire, B. *s.*	Chef, juge des affaires qui concernent la religion des nègres.
Tändalé, *v.*	Hasarder, exposer au hasard.
Tandaley, B. *s.*	Hasard, cas fortuit.
Tandarma, D. *s.*	Datte, fruit du dattier. (Il se dit aussi du palmier qui produit les dattes.)
Tändhiou, *v.*	Épier, en parlant des graminées.
Tandou, *v.*	Prophétiser, prédire l'avenir par inspiration divine.
Tangalä, *v.*	Chauffer, donner de la chaleur.
Tangalou, *v.*	Se chauffer, s'approcher du feu pour en recevoir la chaleur.
Tangaye, B. *s.*	Chaleur, principe de la composition et de la décomposition du corps.
Tangue, *adj.*	Chaud, qui contient une certaine quantité de calorique.
Tanjasse, B. *s.*	Membre, partie extérieure du corps de l'animal, comme le pied, la main, &c.
Tänje, G. *s.*	Un trait, un coup de vin.
Tanke, B. *s.*	Pied, partie de l'animal et des choses, ce qui soutient, ce qui sert de base. — Douze sous ; valeur en numéraire de France, dix sous.
Tankjalä, *v.*	Abasourdir, étourdir, contester, incommoder, causer de l'incommodité.
Tannä, *v.*	Choisir, élire, opter.
Tanthiä, *v.*	Serrer, être rapproché, joindre.
Tanthialo, *v.*	Se serrer, se rapprocher, se joindre.
Taou, B. *s.*	L'aîné des enfans.
Tapä, *v.*	Fouler, presser quelque chose avec la main.
Tapandar, *adj.*	Plat.

S *

Wolof.	*Français.*
Tapangué, M. s.	Mouton châtré que l'on engraisse.
Tapargny, v.	Froisser, meurtrir, faire une contusion.
Taparka, B. s.	Battoir, morceau de bois travaillé servant à fouler les pagnes.
Tari, adv.	Couramment, facilement, avec facilité. (Il ne se dit qu'en parlant de la lecture.)
Tarka, D. s.	Bride du cheval.
Târre, B. s.	Charme, beauté qui ravit.
Tassă, v.	Défaire, détruire ce qui était fait, démolir, aplanir, niveler.
Tăssă, v.	Harper, prendre et serrer fortement avec les mains.
Tâssă, v.	Supprimer, empêcher de paraître, ou faire cesser de paraître.
Tassarante, G. s.	Natte, espèce de tapis dont les nègres se servent.
Tassé, v.	Rencontrer, trouver en son chemin.
Tăssekat, B. s.	Celui qui harpe.
Tassendiaée.	Mot dont on se sert pour saluer le roi.
Tasso, v.	Disperser.
Tâte, V. s.	Derrière, les fesses et le fondement, le cu, le fond, le derrière d'une chose.
Tathie, adv.	Rien, nulle chose.
Tathiou, v.	Claquer des mains.
Tăw, v.	Pleuvoir. (Il se dit de l'eau qui tombe du ciel.)
Tawată, v.	Plaindre, avoir compassion des maux d'autrui.
Tăyă, v.	Être indifférent, se soucier peu.
Tayelé, v.	Engager quelque chose, mettre en gage, nantir.
Tayelé, M. s.	Action de gager, de parier.
Tayelékat, B. s.	Celui qui fait des paris.

Wolof.	*Français.*
Téde, G. s.	Vertu, sagesse.
Tédhiou, B. s.	Serrure, fermeture, ce qui sert à fermer une porte, &c.
Téé, v.	Soutenir, empêcher de tomber.
Tégalä, v.	Circoncire, couper le prépuce à quelqu'un.
Tégale, B. s.	Circoncision, action de circoncire.
Tégne, B. s.	Coussinet, petit coussin.
Tégou, v.	Se circoncire, opérer la circoncision sur soi-même.
Téguéyou, v.	Éviter de voir, refuser d'écouter, feindre.
Téje, adj.	Heureux.
Téke, adj.	Immobile, fixe, inébranlable, qui ne se meut pas.
Téki, v.	Détacher, démarer, délier. — Expliquer, analyser, traduire, servir d'interprète.
Tékikou, v.	Se détacher, se démarer.
Tékjalé, v.	Séparer ceux qui se battent.
Tékjargni, v.	Détordre, déplier ce qui est tors.
Téléthie, B. s.	Gourde, espèce de bouteille, calebasse.
Téllä, v.	S'aplatir, devenir plat.
Téllalä, v.	Aplatir, rendre plat.
Témer, B. s.	Cent, nom de nombre.
Tépe, adv.	Trop.
Téplé, v.	Avoir trop, posséder trop.
Téralä, v.	Considérer, respecter, estimer, rendre hommage.
Térale, M. s.	Hommage; vénérable, titre d'honneur qu'on donne aux hommes.
Téralkat, B. s.	Celui qui aime à rendre hommage.
Téré, B. s.	Le livre.
Téré ou bâte, Y. s.	Dictionnaire, le livre des mots.
Téré ou dhiney, D. s.	Grimoire, le livre du démon.

Wolof.	*Français.*
Térou, B. *s.*	Port, lieu propre à recevoir les vaisseaux et à les tenir à l'abri des tempêtes.
Térou vérre, V. *s.*	Le premier jour de la lune.
Térre, B. *s.*	Crasse, ordure.
Térré, *v.*	Être crasseux, avoir de la crasse.
Térrékat, B. *s.*	Crasseux, qui a de la crasse.
Teubă, *v.*	Sauter, cabrioler, s'élever de terre avec effort.
Teubantoukat, B. *s.*	Cabrioleur, faiseur de cabrioles.
Teube, B. *s.*	Cabriole, saut d'un danseur qui s'élève agilement.
Teubekat, B. *s.*	Sauteur, celui qui aime à sauter.
Teudă, *v.*	Se coucher, aller prendre du repos.
Teuffi, *v.*	Cracher, rejeter de la bouche, de la gorge ou du poumon, la salive, le sang.
Teufflikat, B. *s.*	Cracheur.
Teufflikaye, B. *s.*	Crachoir, vase dans lequel on crache.
Teuguă, *v.*	Être forgeron, forger.
Teugue, G. *s.*	Forge, le lieu où l'on travaille le fer.
Teugue, B. *s.*	Insecte du genre scarabée.
Teuguekat, B. *s.*	Forgeron, celui qui travaille le fer.
Teuradi, *v.*	Se tourner souvent en dormant.
Teurală, *v.*	Coucher quelqu'un, le mettre au lit.
Teusseli, *v.*	Éternuer, faire un éternument.
Teusseli, M. *s.*	Éternument, l'action d'éternuer.
Téw, *v.*	Être présent.
Téw, *adv.*	Maintenant, présentement.
Tey, *conj.*	Et.
Téyă, *v.*	Être claire, limpide (en parlant de l'eau). — Être prudent, avoir de la prudence.
Téye, *adv.*	Aujourd'hui.
Téyelou, *v.*	Avoir de la prudence, être prudent, savoir discerner le bien.

Wolof.	Français.
Téyelou, M. *s.*	La prudence, discernement de ce qui convient dans la conduite.
Thia, *prép.*	Au, à, dans (éloigné).
Thiäau, B. *s.*	L'enfer, le lieu destiné à punir les méchans.
Thia bă, *adv.*	Aussitôt, lorsque, pendant, durant.
Thiäbe, B. *s.*	Le paquet, le ballot.
Thia bir, *prép.*	Dans, au-dedans, dedans, en-dedans.
Thia digue, *prép.*	Au travers, au milieu.
Thiaga, B. *s.*	Veuve, femme qui a perdu son mari, soit par la mort ou par abandon. (Il se dit aussi des hommes.)
Thia guenaou, *prép.*	Derrière, en arrière.
Thia kaw, *prép.*	Au-dessus de.
Thia keurre, *prép.*	Chez, en la maison de.
Thiakje, B. *s.*	Le collier, rangée de perles que les dames portent au cou pour se parer.
Thialaba, G. *s.*	Chaîne, suite d'anneaux entrelacés.
Thiampore, L. *s.*	Cire, matière molle produite par les abeilles.
Thia soufe, *prép.*	Sous, au-dessous, en bas de.
Thiébe, B. *s.*	Riz, orge mondé.
Thier, B. *s.*	Partie, portion.
Thiérey, D. *s.*	Kouskous, nourriture ordinaire des nègres.
Thiéw, B. *s.*	Rayons lumineux.
Thiéwali, *adj.*	Bleu, qui est de couleur bleue.
Thioéthioé, *v.*	Marcher avec empressement.
Thiofă, *v.*	Becqueter, donner des coups de bec.
Thiogou, B. *s.*	Manteau, casaque, houppelande.
Thiolbette, L. *s.*	Bergère (oiseau).
Thiono, B. *s.*	Peine, souffrance, fatigue.
Thionthiou, B. *s.*	Coude, partie du bras.
Thioróne, B. *s.*	Automne, saison de l'année.

Wolof.	Français.
Thioujoume, B. s.	Moustache, barbe qu'on laisse au-dessus de la lèvre supérieure.
Thiouthie, B. s.	Poussin, le petit de la poule.
Thirire, B. s.	Nageoire, partie du poisson qui lui sert à nager.
Thy, *prép.*	En, à, de, par, au (présent).
Thy, *prép.*	De la, du (ablatif).
Thy goudaye, *prép.*	Le long de.
Thy ndimal, *adv.*	A l'aide, avec le secours.
Thy véte, *prép.*	Auprès, à côté, proche, vers, du côté de.
Ti, *v.*	Tenir, prendre, empoigner, serrer avec le poing.
Ti, *adv.*	Encore.
Tiamigne, L. s.	Le frère. (Il ne se dit que quand une sœur parle de son frère.)
Tibă, *v.*	Prendre avec la main.
Tidhi, *v.*	Ouvrir.
Tiflé, *v.*	Tuer un animal pour en vendre la chair.
Tiflékat, B. s.	Boucher, celui qui tue les animaux pour en vendre la chair.
Tiflékaye, B. s.	Boucherie, lieu où l'on tue les animaux.
Tignelé, *v.*	Interroger, questionner.
Tilă, *v.*	Trancher, séparer en coupant.
Tile, B. s.	Tranche, morceau coupé un peu mince.
Tilimă, *v.*	Être sale, malpropre.
Tilimală, *v.*	Salir, rendre sale.
Tilime, G. s.	Vilain, qui n'est pas beau, qui est sale, qui n'est pas propre.
Timă, *v.*	Regarder en bas.
Tină, *v.*	Pardonner, oublier, remettre une faute. — Céder, donner.

Wolof.	*Français.*
Tindhie, B. *s.*	Deuil, affliction, tristesse, marque de douleur après la mort d'une personne à laquelle on est attaché.
Tine, M. *s.*	Le pardon, l'action de pardonner.
Tinkje, *v.*	Trancher, séparer en coupant.
Tinkje, B. *s.*	Paume de la main, le dedans de la main.
Tinkjo, B. *s.*	Séparation des phalanges, jarret, &c.
Tinou, *v.*	Demander pardon, prier, solliciter avec instance.
Tioje, B. *s.*	Le son, ce qui reste de la farine.
Tiolaite, B. *s.*	Détour, sinuosité, pointe, endroit qui va en tournant, cap, golfe, &c.
Tiou, B. *s.*	Endroit où le bras se joint avec la main, le poignet.
Tipanté, *v.*	Tacheter, tigrer, moucheter comme un tigre, marquer de diverses taches.
Tipantey, B. *s.*	Tacheté, marqué d'un grand nombre de taches.
Tire, G. *s.*	Huile de palme.
Titä, *v.*	Être étonné, être surpris.
Titelo, *v.*	Étonner, surprendre par quelque chose d'inopiné.
Todhiä, *v.*	Casser, résilier, briser, dévaster, piller, rompre.
Todhialä, *v.*	Éclore. (Il se dit des petits qui cassent la coque des œufs.)
Todhiälé, *v.*	Casser, briser, détruire quelque chose en le cassant.
Todhite, V. *s.*	Décombre, éclat d'un corps dur fracturé, esquille, morceau, fragment, &c.
Tognä, *v.*	Faire tort, offenser.
Togne, *adj.*	Tort, ce qui est opposé à la justice et à la raison, dommage, offense.

Wolof.	*Français.*
Tôgou, B. *s.*	Chaise, banc, fauteuil, tout ce qui sert pour s'asseoir.
Tôguă, *v.*	S'asseoir, se poser sur quelque chose pour reposer.
Toguă, *v.*	Cuire, assaisonner les alimens.
Togué, G. *s.*	Arrière-faix, membranes qui enveloppent l'enfant dans la matrice de certaines femelles.
Toguekat, B. *s.*	Cuisinier, celui qui est chargé de faire cuire les alimens.
Tojă, *v.*	Fumer, prendre du tabac en fumée.
Tojagnou, *v.*	S'essuyer les yeux.
Tojekat, B. *s.*	Fumeur, celui qui a coutume de prendre du tabac en fumée.
Tojou, *v.*	Se déloger, changer de demeure, abandonner son logement.
Tolalé, *v.*	Comparer, mettre ensemble deux choses, confronter, examiner.
Tolană, *v.*	Demander son passage sur un bateau, demander passage.
Tôle, B. *s.*	Jardin, champ, pièce de terre labourable, terre cultivée.
Tolo, *prép.*	A l'opposite, en face, vis-à-vis.
Tolou, *v.*	Être haut, avoir de l'élévation, être grand, être élevé.
Tognetognă, *v.*	Tuer un animal pour en vendre la chair.
Tontou, *v.*	Répondre, faire réponse à une question.
Topă, *v.*	Suivre, accompagner, aller après, escorter, imiter.
Topando, *v.*	Imiter, fréquenter, hanter, aller avec.
Toră, *v.*	Fuir. (Il se dit de l'ombre qui fuit.)
Torajă, *v.*	Être honteux, avoir de la honte.

Wolof.	*Français.*
Torajalä, *v.*	Déshonorer, perdre d'honneur, de réputation.
Tôre, B. *s.*	Goberges, petits ais de bois qu'on met en travers sur un lit pour soutenir la paillasse, &c.
Toskaré, *v.*	Être pauvre, malheureux, indigent.
Toskarélo, *v.*	Appauvrir, rendre pauvre, rendre indigent, malheureux.
Toskarey, D. *s.*	Indigence, grande pauvreté, misère.
Tostannä, *v.*	Éclore. (En parlant de l'incubation des œufs lorsqu'elle est achevée.)
Totä, *v.*	S'asseoir, se poser sur quelque chose pour se reposer.
Toubä, *v.*	Perdre l'habitude de, se déshabituer, se corriger.
Toubabe, B. *s.*	Homme blanc.
Toubelo, *v.*	Faire perdre l'habitude de, corriger.
Toubéye, D. *s.*	Espèce de culotte dont se servent les nègres.
Toudä, *v.*	Alléguer, nommer, prononcer le nom de quelqu'un.
Toufä, *v.*	Bassiner, laver les yeux à quelqu'un.
Toufou, *v.*	Se bassiner, se laver les yeux.
Touke, *interj.*	Fi, fi donc, horreur!
Toukjä, *v.*	Être épais, compacte.
Toumbate, B. *s.*	Concombre, fruit long et légumineux qui vient sur couche.
Tounde, V. *s.*	Montagne, colline.
Toungare, B. *s.*	Carquois, étui à flèches.
Toungouney, B. *s.*	Nain, nabot, homme de petite taille.
Toungue, B. *s.*	Écritoire, ce qui contient les choses nécessaires pour écrire.
Tourä, *v.*	Renverser, changer de situation, renverser la marmite, &c.

Wolof.	*Français.*
Toure, V. *s.*	Nom, le terme dont on a coutume de se servir pour désigner une personne ou une chose.
Touronaye, B. *s.*	Renversement, l'action de renverser.
Tousse, *adv.*	Point du tout.
Toyă, *v.*	Être mouillé, être humecté, imbibé.
Toyală, *v.*	Mouiller, humecter, rendre humide, imbiber.
Toyaye, B. *s.*	Humidité, qualité de ce qui est humide, mouillé, moite, &c.

V

Va, *art.*	Le, la (éloigné). *(Voyez* la *Grammaire.)*
Vadhiă, *v.*	Rôtir, faire cuire de la viande à la broche en la tournant toujours devant le feu.
Vadhie, B. *s.*	Rôti, viande rôtie; charbonnée, côte de bœuf grillée sur le charbon.
Vadhiekat, B. *s.*	Rôtisseur, qui vend des viandes rôties, qui fait rôtir les viandes.
Vâgne, V. *s.*	La cuisine, lieu où se préparent les alimens.
Vagni, *v.*	Diminuer, retrancher, ôter quelque chose des extrémités, rogner, rendre moindre, alléger, rendre moins pesant.
Vagnikou, *v.*	Se diminuer, se rétrécir.
Vaidiaye, B. *s.*	Reniement, renonciation, action de renier.
Vaidi, *v.*	Contredire, contester, dire le contraire, se dédire, se rétracter, parjurer, nier ce que l'on a dit.

Wolof.	*Français.*
Vaidi, M. *s.*	Contradiction, l'action de contredire.
Vaidi betajel, *v.*	Contremander, révoquer l'ordre qu'on a donné.
Vaidikat, B. *s.*	Contredisant, qui aime à contredire.
Vaifä, *v.*	Arracher les cheveux, la barbe, le poil; peler.
Vaigne, G. *s.*	Le fer, métal, acier.
Vaijä, *v.*	Être amer, avoir de l'amertume.
Vaik, V. *s.*	Se dit du choc d'un navire contre quelque écueil.
Vaikä, *v.*	Accrocher, attacher, suspendre, pendre en haut.
Vaikjä, *v.*	Donner des coups de pied.
Vairä, *v.*	Adosser, mettre le dos contre quelque chose. — Entourer, environner. — Essorer, exposer à l'air pour sécher.
Vairak, B. *s.*	Acacia, gommier.
Vairanté, V. *s.*	Contestation, discussion, débat.
Vairanté, *v.*	Contester, discuter, soutenir un débat.
Vairou, *v.*	S'adosser, mettre son dos contre quelque chose.
Vaite, G. *s.*	Côté, la limite, le bord, le contour, l'extrémité, les confins.
Vajambaney, V. *s.*	Jeune homme, homme imberbe.
Vajandey, V. *s.*	Coffre, ustensile de ménage, malle, valise.
Vajetanä, *v.*	Causer, parler, converser, s'entretenir.
Vajetou, V. *s.*	Heure, la vingt-quatrième partie d'un jour.
Vakirlou, *v.*	Assurer une dette, répondre pour quelqu'un, être caution, garant.
Vakje, V. *s.*	Jarret, partie du corps qui est derrière le genou.

Wolof.	*Français.*
Vală, *v.*	Couler, fluer, laisser échapper sa liqueur. (Il se dit des liquides.)
Vană, *v.*	Montrer, indiquer, démontrer, faire voir.
Vanague, V. *s.*	Commodités, lieux d'aisances, latrines.
Vandél, V. *s.*	Rotation, mouvement circulaire d'un corps qui tourne sur lui-même.
Vandélou, *v.*	Flaner, courir les rues sans y avoir affaire.
Vané, *v.*	Montrer, exposer en vue, faire voir, indiquer.
Vanéatou, *v.*	Remontrer.
Vangalanga, V. *s.*	Licorne, animal qu'on trouve dans les déserts qui avoisinent le Sénégal.
Vaninte, V. *s.*	Ophthalmie, maladie des yeux.
Vannă, *v.*	Avaler, humer quelque chose.
Vannekat, B. *s.*	Avaleur, celui qui avale.
Varaje, V. *s.*	L'âne chargé.
Vărathie, V. *s.*	Fruit à noyau qui a quelque rapport avec la pêche.
Varé, *v.*	Haranguer, prononcer une harangue en public, prêcher, annoncer la parole de Dieu, &c.
Varékat, B. *s.*	Harangueur.
Varey, M. *s.*	Harangue, discours fait à une assemblée, oraison.
Varguidhia, B. *s.*	Antilope (animal).
Varră, *v.*	Monter à cheval, aller à cheval.
Varrâ, *v.*	Falloir, devoir, il importe, être de nécessité, d'utilité.
Vărre, *prép.*	Autour, à l'entour.
Varrekat, B. *s.*	Cavalier, celui qui sait monter ou qui monte à cheval.

Wolof.	*Français.*
Varrou, B. *s.*	Empeigne de soulier.
Vässä, *v.*	Oter les écailles d'un poisson, en nettoyer la peau avant de le manger.
Vassale, M. *s.*	Éjaculation, émission de la semence avec une certaine force.
Vassinä, *v.*	Accoucher, enfanter.
Vatä, *v.*	Raser, couper le poil, la barbe, tout près de la peau.
Vate, *v.*	Aviron, rame, ustensile de navigation.
Vayangne, V. *s.*	Grelot, sorte de petite sonnette.
Vathietôre, V. *s.*	Écaille de poisson, ce qui couvre la peau des poissons.
Vatou, *v.*	Se raser, couper sa barbe.
Vätou, *v.*	Garder, conserver pour un autre temps, veiller à la conservation, prendre garde.
Vätoukat, B. *s.*	Gardien, celui qui garde.
Vaukä, *v.*	Égratigner, faire une légère blessure avec les ongles.
Vayä, *v.*	Se coaguler, se cailler, en parlant de certains liquides.
Vayalä, *v.*	Coaguler, cailler, faire prendre une certaine consistance.
Vé, V. *s.*	Ongle, partie dure qui couvre le dessus du bout des doigts, &c.
Vé ou fässe, V. *s.*	Sabot de cheval.
Végne, V. *s.*	La mouche, insecte.
Véjalä, *v.*	Blanchir, rendre blanc.
Véje, *v.*	Être blanc.
Véjetane, V. *s.*	Fiel, liqueur amère et jaunâtre contenue dans un petit sac attaché au foie.
Vékä, *v.*	Échouer.
Vekjou, *v.*	Trépigner, regimber, remuer les pieds.

Wolof.	*Français.*
Véne, v. *s.*	Sein, mamelles des femmes.
Vérä, *v.*	Être guéri, avoir bonne santé.
Vérală, *v.*	Guérir, délivrer de la maladie, recouvrer la santé.
Vérală, *v.*	Perfectionner, rendre plus parfait.
Vére, v. *s.*	La lune (planète). — Mois, une des douze parties de l'année, lune.
Vére vou măte, v. *s.*	Pleine lune.
Vére vou dée, v. *s.*	Fin de la lune.
Véri, *v.*	Voyager, faire un voyage.
Verlé, *v.*	Se guérir soi-même.
Vérou, *v.*	Être malheureux.
Verre, v. *s.*	Ver, chenille (insecte).
Véte, *prép.*	A l'entour, autour.
Véteigne, v. *s.*	Taon, grosse mouche qui s'attache ordinairement aux bœufs.
Véthié, *v.*	Changer, quitter une chose pour en prendre une autre, permuter.
Véthiékat, b. *s.*	Changeur, celui qui change.
Véthikou, *v.*	Échanger, faire un échange, substituer.
Véthikou, m. *s.*	Échange, troc d'une chose pour une autre.
Véthikoukat, b. *s.*	Échangeur.
Veugoukaye, b. *s.*	Abreuvoir.
Veuguă, *v.*	Puiser, abreuver, faire boire, en parlant des troupeaux.
Veup, *adv.*	Tout, entièrement, sans exception, sans réserve.
Veyă, *v.*	Passer, aller d'un lieu dans un autre.
Vi, *art.*	Le, la (présent). (*Voyez* la *Grammaire.*)
Vîre, m. *s.*	Voile, toile servant à diriger un bateau, &c.
Vithiajă, *v.*	Secouer les doigts.

Wolof.	*Français.*
Vithiñjou, *v.*	Se secouer les doigts.
Voé, V. *s.*	Chanson.
Voée, *v.*	Chanter.
Vogassou , *v.*	Se trousser, retrousser ses habillemens.
Vongne, V. *s.*	Taloche, coup donné sur la tête à quelqu'un avec la main.
Vongue, V. *s.*	Espèce de danse.
Vôralä , *v.*	Prouver, faire connaître la vérité.
Vorrä , *v.*	Tromper, trahir, conspirer. — Tourner, décrire un cercle en tournant.
Vorre, B. *s.*	Circonférence, le tour du cercle, circuit.
Vorrekat, B. *s.*	Trompeur, traître, qui trahit, qui conspire.
Vou, *art.*	Le, la (proche). (*Voyez* la *Grammaire.*)
Voude, V. *s.*	Écurie, lieu d'une maison destiné à loger les chevaux, les bœufs, &c.
Voundou, V. *s.*	Chat, animal domestique qui prend les rats et les souris.
Vourousse, V. *s.*	Or, métal le plus précieux, monnaie d'or, &c.
Voutä , *v.*	Chercher quelqu'un, quelque chose.
Voutä garap, *v.*	Herboriser, chercher des plantes dans les champs, dans les bois, &c.
Voutatou, *v.*	Rechercher, chercher de nouveau.
Vouté, *v.*	Être dissemblable, différent.
Vouténe, V. *s.*	Coton, espèce de laine que renferme le fruit du cotonnier.
Vovä, *v.*	Être sec, être privé d'humidité.
Vovalä, *v.*	Sécher, faire sécher, exposer au soleil.
Vove, *adj.*	Sec.
Voyofä, *v.*	Être léger.
Voyofalä, *v.*	Rendre léger, diminuer le poids.
Voyofalé, *v.*	Être un peu léger.
Voyofaye, B. *s.*	Légèreté, qualité de ce qui est léger et peu pesant.

T

Wolof.	*Français.*
Voyofe, *adj.*	Léger, qui ne pèse guère. — Lége, terme de marine. (Il se dit d'un vaisseau qui revient sans charge, à vide, ou qui n'a pas assez de lest.

W

Wadhiă, *s.*	Monsieur (éloigné).
Wadhiou, *s.*	Monsieur (proche).
Wadhy, *s.*	Monsieur (présent), titre que l'on donne par honneur et civilité aux personnes à qui l'on parle et à qui l'on écrit.
Wadiane, v. *s.*	Jument, la femelle du cheval.
Wagni, *v.*	Tourner, mouvoir en rond.
Wagnikou, *v.*	Se retourner, virer, aller en tournant.
Wăjă, *v.*	Parler, dire, proférer.
Wajalé, *v.*	Marchander, demander et discuter le prix d'une chose.
Wajaley, B. *s.*	Convention, accord, pacte que deux ou plusieurs personnes font ensemble.
Wăjanté, *v.*	Pourparler, conférence sur une affaire.
Wăjatou, *v.*	Répéter, redire, dire ce qu'on a déjà dit.
Wâje, B. *s.*	Bois de bambou.
Wăjekat, B. *s.*	Bavard, qui parle beaucoup.
Wakă, *v.*	Étouffer, serrer le cou de quelqu'un, faire perdre la respiration.
Wal, v. *s.*	Part, portion d'une chose divisée entre plusieurs personnes.
Wălă, *v.*	Souffler, faire du vent en poussant l'air avec la bouche. — Moudre, piler, écraser du grain pour faire de la farine.

Wolof.	*Français.*
Walakăna, v. s.	Squelette, tous les ossemens d'un corps mort décharnés, joints ensemble.
Walando, v.	Piler ensemble.
Walando, v. s.	Le lieu où l'on pile ensemble.
Wălankey, v. s.	Matière fécale, les excrémens de l'homme.
Walbati, v.	Tourner, mouvoir en rond.
Walbatikou, v.	Se tourner, se placer dans un sens contraire.
Wale, B. s.	Contagion, communication d'une maladie maligne.
Wălekat, B. s.	Meunier, pileur.
Walissă, v.	Siffler, former un son aigu en serrant les lèvres en rond et en poussant son haleine.
Walissekat, B. s.	Siffleur, qui siffle.
Walmawalmy, adj.	Intrigant, flatteur qui court les maisons pour se faire un mérite.
Wălou, v.	Secourir, donner aide.
Waloukaye, B. s.	Le lieu où l'on pile, où l'on moud, moulin.
Wălla, conj.	Ou, ou bien.
Walwal, B. s.	Clochette, petite cloche.
Wandey, conj.	Mais, pourtant, néanmoins.
Warjoje, nom prop.	Capitale du royaume d'Yolof.
Warlou, v.	Approuver, agréer une chose.
Wărsak, v. s.	Le bonheur, la fortune, l'état prospère d'une personne.
Wărwârane, v. s.	Cloporte, petit insecte.
Wastă, v.	Oter les feuilles à un arbre, effeuiller, cueillir.
Wătă, v.	Traîner quelqu'un.
Wată, v.	Jurer, affirmer.
Wătâsse, B. s.	Otage, la personne qu'un général ou un prince remet à ceux avec qui il traite.
Wâtăthiă, v.	Attacher des choses ensemble, les envelopper.

Wolof.	*Français.*
Wätäthie, B. *s.*	Paquet, assemblage de choses attachées ensemble ou enveloppées.
Wäthiä, *v.*	Laisser aller, abandonner.
Wathiä, *v.*	Descendre, aller de haut en bas.
Wathié, *v.*	Débarquer du bateau, descendre quelque chose.
Wathiou, *v.*	Vomir, rejeter par la bouche ce qu'on a dans l'estomac.
Wathiouatou, *v.*	Revomir, vomir une seconde fois.
Wätite, V. *s.*	Trace, vestige d'un homme ou d'un animal.
Watou, *adj.*	Traînant, qui traîne.
Wätou, *v.*	Se traîner, se vautrer, ramper.
Wäye, D. *s.*	Maître.
Wôä, *v.*	Appeler, nommer, dire le nom d'une personne, chercher, faire venir.
Wôé, *v.*	Appeler, crier, faire venir.
Woignä, *v.*	Corder, faire de la corde, cordeler, tresser en forme de corde. — Tordre, tourner en long et de biais en serrant. — Supputer, calculer, compter.
Woignarä, *v.*	Tortiller, tordre à plusieurs tours.
Woignatou, *v.*	Recompter, compter une seconde fois.
Woigne, B. *s.*	Le compte.
Woigne, G. *s.*	Ficelle, petite corde. — Fil à coudre.
Woignekat, B. *s.*	Calculateur, qui calcule.
Wolof, B. *s.*	Nègre, nom d'une nation qui habite la Sénégambie.
Wôrä, *v.*	Être certain, ne pas douter, avoir la certitude.
Wori, *v.*	Voyager, faire voyage, aller en pays éloignés.

Wolof.	*Français.*
Wôrou, *v.*	Être incertain, douter, être dans l'incertitude.
Woyană, *v.*	Célébrer, exalter, louer avec éclat.
Woyane, V. *s.*	Quête, cueillette pour les pauvres, pour les œuvres pieuses.

Y

Ya, *art.*	Les (éloigné). *(Voyez* la *Grammaire.)*
Yaâ, *v.*	Être large, avoir beaucoup de largeur.
Yaâ, *adj.*	Large, ample, qui a de la largeur.
Yaâlă, *v.*	Élargir, rendre plus large.
Yaâtou, *v.*	S'élargir, devenir plus large.
Yâaure, B. *s.*	Juif, qui professe le judaïsme.
Yaâye, B. *s.*	Largeur, qualité de ce qui est large.
Yabi, *v.*	Rejeter quelque chose de la bouche.
Yafoussa, *nom propre.*	Japhet.
Yăgală, *v.*	Avertir, donner avis, annoncer.
Yagalekat, B. *s.*	Celui qui avertit.
Yagâye, B. *s.*	Longueur dans le temps.
Yăgou, *v.*	Ignorer, ne pas savoir.
Yaguă, *v.*	Durer, continuer d'être, durer long-temps, retarder.
Yague, *adv.*	Long-temps.
Yaigoukaye, B. *s.*	Escalier.
Yaiguă, *v.*	Monter, se transporter en un lieu plus haut que celui où l'on est.
Yaikaté, *v.*	Hausser, élever, rendre plus haut, augmenter la hauteur.
Yaikatiatou, *v.*	Hausser encore, rendre encore plus haut.
Yaimadi, *adj.*	Injuste, ce qui est contraire à la justice.
Yaine, *pron.*	Vous.

Wolof.	*Français.*
Yaitä, *v.*	Charpenter, écarrir, tailler du bois de charpente, le couper, le préparer.
Yaite, M. *s.*	Charpente, ouvrage de pièces de bois taillées et écarries.
Yaitekat, B. *s.*	Charpentier, artisan qui travaille en charpente.
Yaitite, B. *s.*	Copeau, éclat de bois enlevé par quelque instrument tranchant.
Yaïanä, *v.*	Ménager trop, économiser à l'excès.
Yaïanaye, B. *s.*	Réservation, action par laquelle on réserve.
Yaïanekat, B. *s.*	Économe, celui qui a soin de la conduite d'une maison.
Yaïe, B. *s.*	Os, parties solides du corps des animaux.
Yaïenitte, G. *s.*	Squelette, tous les ossemens d'un corps humain.
Yäkä, *v.*	Tirer le manger du feu.
Yäkätä, *v.*	Sangloter, pousser des sanglots.
Yäkäte, M. *s.*	Sanglot, soupir redoublé, poussé avec une voix entrecoupée.
Yakjä, *v.*	Gâter, casser, endommager, consumer, dissiper.
Yakjalä, *v.*	Nuire, faire tort, porter dommage, entrer en concurrence.
Yakjale, B. *s.*	Concurrence, prétention de plusieurs personnes à la même chose.
Yakjekat, B. *s.*	Destructeur, celui qui détruit, qui gâte, qui casse.
Yakjou, *v.*	S'abymer, se gâter, se rompre, s'endommager.
Yal, B. *s.*	Lézard tacheté (reptile).
Yâlé, *v.*	Charroyer.
Yaley, *pron.*	Ceux-là, celles-là.
Yalla, D.	Dieu, le créateur de l'univers.

Wolof.	*Français.*
Yalla térey, *interj.*	Dieu me garde, Dieu me défend, jamais.
Yămă, *v.*	Être juste, probe, équitable.
Yămalé, *v.*	Ajuster, être moyen, ni trop ni trop peu, médiocre.
Yămalékat, B. *s.*	Ajusteur.
Yamarkithie, B. *s.*	Moelle épinière.
Yămbale, B. *s.*	Bois d'acajou.
Yămbe, V. *s.*	Abeille, insecte qui produit le miel.
Yăme, *adj.*	Moyen, qui est entre deux. — Loyal, qui est juste, droit, probe, équitable.
Yâme, B. *s.*	Seau, vaisseau propre à puiser de l'eau.
Yămou, *v.*	Rugir (en parlant du lion).
Yăngală, *v.*	Balancer quelqu'un, remuer, mouvoir quelque chose, vibrer.
Yangatală, *v.*	Secouer, ébranler, remuer, mouvoir.
Yangatale, B. *s.*	Remuage, action de remuer une chose.
Yăngatou, *v.*	Se balancer, se mouvoir.
Yăngatou, M. *s.*	L'action de se balancer.
Yăngatoukat, B. *s.*	Celui qui se balance.
Yangatousoufe, S. *s.*	Tremblement de terre.
Yăngnabă, *v.*	Marcher de tous côtés.
Yangui, *prép.*	Te voici.
Yankjală, *v.*	Branler, remuer, faire aller de çà et de là.
Yape, V. *s.*	Viande, chair.
Yară, *v.*	Élever, nourrir, avoir soin.
Yarake, B. *s.*	Collier, rangée de perles, de grains de corail, &c.
Yarame, V. *s.*	Le corps des animaux.
Yărame, G. *s.*	Compassion, pitié, mouvement de l'ame qui rend sensible aux maux d'autrui.
Yârame, B. *s.*	Prince, nom de dignité.
Yăramlou, *v.*	S'importuner, se tourmenter, se faire du chagrin.

Wolof.	*Français.*
Yaramloukat, B. *s.*	Celui qui gémit, qui se lamente.
Yärmandey, B. *s.*	Pitié, sentiment de compassion.
Yarou, *v.*	Avoir une bonne réputation.
Yarou, B. *s.*	Réputation, renom, estime publique.
Yarre, B. *s.*	Fouet, férule, verge.
Yathio, D. *s.*	Rougeole (maladie de la peau).
Yauté, *v.*	Jouer au yauté.
Yauté, B. *s.*	Jeu qui consiste à ficher plusieurs petits piquets dans la terre (espèce de jeu de dames).
Yâye, D. *s.*	Maman, mot enfantin qui signifie ma mère.
Yébä, *v.*	Charger un navire, un bateau.
Yébalä, *v.*	Ordonner, commander, envoyer.
Yébe, B. *s.*	Charge, faix, fardeau, ce que peut porter un bâtiment, un bateau.
Yébi, *v.*	Décharger un navire, débarquer.
Yéblé, *v.*	Ordonner.
Yéblékat, B. *s.*	Commandant, celui qui commande.
Yébou, *v.*	Desirer, souhaiter. — Être intéressé, agir de bonne foi.
Yée, *v.*	Éveiller quelqu'un.
Yéfrä, *v.*	Être abominable, exécrable, détestable, être en horreur.
Yéfre, B. *s.* et *adj.*	Infame, abominable, détestable.
Yégalä, *v.*	Déclarer, faire connaître, manifester, découvrir, avertir.
Yégallä, *v.*	Convaincre, persuader.
Yéle, B. *s.*	Tibia, os de la jambe.
Yélwanä, *v.*	Mendier, demander l'aumône.
Yélwane, D. *s.*	L'aumône.
Yélwanckat, B. *s.*	Mendiant, celui qui ne vit que d'aumônes, qui mendie.

Walof.	*Français.*
Yénă, *v.*	Charger quelqu'un, mettre quelque chose sur la tête d'une personne.
Yéné, *v.*	Être complaisant, aimer à rendre service, donner avec complaisance.
Yéné, *v.*	Crier, jeter un ou plusieurs cris.
Yénékat, B. *s.*	Complaisant. — Crieur, celui qui crie, qui fait du bruit, qui annonce.
Yéney, G. *s.*	Complaisance.
Yéni, *v.*	Décharger quelqu'un, le débarrasser de sa charge.
Yénikou, *v.*	Se décharger, quitter le fardeau que l'on porte.
Yénou, *v.*	Porter sur la tête.
Yénoukat, B. *s.*	Porteur, celui qui porte quelque chose sur la tête.
Yénne, *adj.*	Quelqu'un.
Yénnker, *adv.*	Quelquefois.
Yéou, *v.*	S'éveiller, cesser de dormir.
Yéow, *v.*	Amarrer, attacher, lier.
Yéowou, *v.*	S'attacher, se lier.
Yérey, Y. *s.*	Linge servant à une personne.
Yérră, *v.*	Regarder par le trou d'une porte, fixer, épier.
Yésse, *adv.*	Moins, comparatif de peu.
Yéte, V. *s.*	Bâton, canne.
Yételou, *v.*	Parler, chanter à voix basse.
Yeuke, V. *s.*	Taureau, le mâle de la vache.
Yewană, *v.*	Être généreux.
Yewane, *adj.*	Généreux.
Yéwi, *v.*	Délier, détacher, démarrer.
Y, *art.*	Les.
Yi, *art.*	Les (présent). (*Voyez* la *Grammaire.*)
Yijă, *v.*	Lambiner, agir lentement.

Wolof.	*Français.*
Yijă, *v.*	Tarder, différer à faire quelque chose, s'arrêter.
Yijaye, B. *s.*	Lenteur, manque d'activité, de célérité.
Yije, B. *s.*	Ralentissement, relâchement.
Yijekat, B. *s.*	Lambin, qui lambine.
Yskine, *interj.*	Hélas !
Yiwe, V. *s.*	Grâce, faveur qu'on fait à quelqu'un sans y être obligé, complaisance.
Yo, *pron.*	Tu, toi, te.
Yobal, B. *s.*	Vivres, nourriture, toutes les choses dont un homme peut se nourrir, subsistance.
Yobantey, B. *s.*	Commission, charge donnée à quelqu'un de faire quelque chose.
Yobou, *v.*	Porter, emporter, enlever.
Yobouatou, *v.*	Remporter, porter une seconde fois.
Yogorlou, *adj.*	Triste, affligé, abattu de chagrin.
Yojă, *v.*	Faire prendre le feu dans une maison, incendier une maison.
Yojekat, B. *s.*	Incendiaire, celui qui met le feu volontairement à une maison.
Yokji, *v.*	Être poltron, lâche, peu hardi.
Yôlă, *v.*	Récompenser, donner une récompense, une rémunération.
Yolămbală, *v.*	Détendre, relâcher ce qui était tendu.
Yôle, B. *s.*	Récompense, prix d'une bonne action, d'un service.
Yolof, *nom propre.*	Pays, contrée, royaume de Bourba-Yolof.
Yôlou, *v.*	Se récompenser.
Yombă, *v.*	N'être pas cher.
Yombe, *adj.*	Sage, juste, probe, honnête.
Yombe, B. *s.*	Concombre.
Yomédiny, D. *s.*	Jugement dernier.

Wolof.	*Français.*
Yône, v. *s.*	Loi, règle qui est établie par l'autorité divine ou humaine.
Yône ou Issa, v. *s.*	Christianisme, la loi et la religion de Notre Seigneur Jésus-Christ.
Yone, v. *s.*	Fois, terme qui sert à désigner la quantité et le temps des choses.
Yônne, v. *s.*	Chemin, route, espace qui mène d'un lieu à un autre.
Yonné, *v.*	Envoyer.
Yonnékat, b. *s.*	Celui qui envoie.
Yonngană, *v.*	Chercher, provoquer, exciter.
Yonninte, b. *s.*	Législateur, prophète, envoyé de Dieu.
Yoô, v. *s.*	Moustique, cousin, maringouin (insecte).
Yoôtă, *v.*	Épier, observer secrétement ce que dit ou fait quelqu'un.
Yope, *adj.*	Tout, toute.
Yope bénne, *adj.*	Tout, toute.
Yôre, g. *s.*	Cerveau, moelle cérébrale.
Yotă, *v.*	Se traîner, se glisser en rampant.
You, *art.*	Les (proche). (*Voyez* la *Grammaire.*)
Youjă, *v.*	Pleurer, répandre des larmes.
Youjou, b. *s.*	Cri, voix haute et repoussée avec effort.
Youkje, b. *s.*	Moelle, substance molle et grasse contenue dans la cavité des os.
Youkjolă, *v.*	Avoir le hoquet.
Youkjole, b. *s.*	Le hoquet, mouvement convulsif de l'estomac.
Youkjolou, *v.*	Se hausser, s'élever, se mettre plus haut.
Youkyouki, *v.*	Marcher en cadence.
Youle, b. *s.*	Gras de la cuisse.
Yoûle, v. *s.*	Taon, insecte du genre diptère.
Youloule, v. *s.*	Bave, salive, qui découle de la bouche.
Yoûre, v. *s.*	La grêle.

Wolof.	*Français.*
Yoută, *v.*	Baver, saliver, rendre beaucoup de salive.
Yowe, *v. s.*	Dragon, serpent.
Yoyă, *v.*	Être maigre, avoir peu d'embonpoint.

FIN.